福建省软科学项目阶段性研究成果（2019R0016）

自然资源资产审计问题研究

许　萍　吴雯彦◎著

中国财经出版传媒集团

图书在版编目（CIP）数据

自然资源资产审计问题研究/许萍，吴雯彦著．—北京：经济科学出版社，2020.1
ISBN 978 －7 －5218 －1331 －9

Ⅰ．①自…　Ⅱ．①许…②吴…　Ⅲ．①自然资源－国有资产－经济责任审计－研究－中国　Ⅳ．①F239.66

中国版本图书馆 CIP 数据核字（2020）第 024656 号

责任编辑：孙丽丽　撖晓宇
责任校对：王肖楠
责任印制：李　鹏　范　艳

自然资源资产审计问题研究
许　萍　吴雯彦　著
经济科学出版社出版、发行　新华书店经销
社址：北京市海淀区阜成路甲 28 号　邮编：100142
总编部电话：010 －88191217　发行部电话：010 －88191522
网址：www.esp.com.cn
电子邮件：esp@esp.com.cn
天猫网店：经济科学出版社旗舰店
网址：http：//jjkxcbs.tmall.com
北京季蜂印刷有限公司印装
710 × 1000　16 开　14 印张　220000 字
2020 年 1 月第 1 版　2020 年 1 月第 1 次印刷
ISBN 978 －7 －5218 －1331 －9　定价：56.00 元

前　　言

党的十八大以后，绿色发展成为五大新发展理念之一。自然资源资产保护和增值是落实绿色发展理念、建设美丽中国、满足人民对美好生活需要的基础环节。在生态文明体制改革备受关注的时代，实行自然资源资产离任审计，是落实生态文明建设责任制的重要举措。

党的十八届三中全会提出对中央及地方党政领导干部实施自然资源资产离任审计，2017 年中共中央办公厅、国务院办公厅又出台了《领导干部自然资源资产离任审计规定（试行)》，对自然资源审计提出了具体要求。本书系统地梳理了党的十八届三中全会以来我国自然资源资产审计的研究成果及开展情况，总结了自然资源资产审计的经验与教训，基于福建生态文明示范区的实际，深入探讨了自然资源资产审计的主要内容和评价指标，分别从自然资源资产分类角度和生态功能区划角度构建了自然资源资产审计评价指标体系，对自然资源资产审计的重点、自然资源资产负债表的编制及大数据共享平台的建设等提出了初步的构想，以期推动自然资源资产审计的逐步完善。本书对自然资源审计理论与实际的探讨，将为审计人员进行自然资源资产审计提供借鉴。

本书是福建省软科学项目（2019R0016）《大数据时代生态文明审计创新研究——基于福建省“国家生态文明试验区”背景》的阶段性研究成果。本书写作过程中，福建省审计厅农保处、福建省审计科研所的专家们给出了建设性的修改意见，本书的出版得到了中国财经出版传媒集团吕萍女士及经济科学出版社孙丽丽女士、撖晓宇女士的大力支持，在此表示衷心的感谢！

由于作者研究能力和水平有限，本书尚有诸多不足之处，恳请专家、学者提出宝贵意见。

目　　录

第1章　绪论 …… 1
1.1　研究背景及意义 …… 1
1.2　文献综述 …… 5
1.3　研究思路、内容和方法 …… 26
1.4　本书特色之处 …… 28

第2章　相关概念及研究的理论基础 …… 30
2.1　相关概念界定 …… 30
2.2　研究的理论基础 …… 33
2.3　自然资源资产审计的目标 …… 36
2.4　自然资源资产审计的三方关系人 …… 37
2.5　自然资源资产审计的方法 …… 41
2.6　自然资源资产审计的依据 …… 47

第3章　自然资源资产审计的现状分析 …… 57
3.1　政策颁布情况 …… 57
3.2　各省份工作开展情况 …… 60
3.3　福建省自然资源资产离任审计开展情况 …… 96
3.4　自然资源资产审计工作存在的问题 …… 112

第4章　自然资源资产审计评价指标体系的构建：基于自然资源资产分类视角 …… 116
4.1　自然资源资产审计评价指标体系构建原则 …… 116
4.2　审计评价指标体系的构成 …… 118
4.3　经济评价指标 …… 119
4.4　专项评价指标 …… 119
4.5　评价方法 …… 134

第5章　自然资源资产审计评价指标体系的构建：基于生态功能区划视角 …… 137
5.1　福建省生态功能区划及特征 …… 137
5.2　评价指标体系的构成 …… 140
5.3　专项评价指标 …… 141

第6章　自然资源资产离任审计的重点内容 …… 154
6.1　土地资源审计 …… 154
6.2　森林资源审计 …… 158
6.3　水资源审计 …… 161
6.4　海洋资源审计 …… 167

第7章　自然资源资产审计的推进 …… 170
7.1　编制自然资源资产负债表 …… 170
7.2　建立自然资源环境台账 …… 177
7.3　加强审计队伍的建设 …… 178
7.4　搭建大数据共享平台 …… 179
7.5　探索自然资源资产审计常态化模式 …… 197
7.6　制定结果运用办法，加大责任追究力度 …… 197

第 8 章　结论 …… 199
8.1　研究结论 …… 199
8.2　研究不足及未来研究方向 …… 200

参考文献 …… 201

第1章
绪　论

1.1　研究背景及意义

审计是对被审计者进行监督、进而约束其行为的一种监督机制。我国政府审计工作长期以来以财务审计为主，近年来政府绩效审计日益受到重视，但也主要是针对政府各部门财务收支及其经济活动的真实性、合法性进行审计，对财政资金使用的经济性、效率性和效果性进行专项审计。开展自然资源资产审计，是实现审计“全覆盖”的重要内容之一，是生态文明建设的重要举措之一。自然资源资产审计不仅拓展了审计的领域、拓宽了传统财务审计的范围、增强了审计功能，也有利于促使领导干部在追求经济发展的同时，充分考虑保护环境，寻求经济发展与环境保护的平衡点。

1.1.1　研究背景

生态环境是人类社会生存和发展不可或缺的自然基础，近年来，全球环境污染和生态破坏日趋严重，不仅影响经济社会可持续发展，而且已经成为一个影响人民健康的突出的民生问题。加强生态文明建设，是以习近平同志为核心的党中央作出的重大决策部署。“既要金山银山，也要绿水青山”，既要发展经济也要保护环境，寻求经济发展与环境保护间的平衡点，是我国今后发展中要关注的重要问题。人民群众对青山绿水的渴望，说明加强自然资源和生态环境保护已刻不容缓。在全面推进生态文明建设进程中，我们发现自然资源资产的种类和数量日益减少、环境污染程度日趋严重，有些地方甚至出现生态系统退化现象。因此，坚守生态保护红线、启动重拳治理模式是将生态文明建设落到实处的重要保障。党的十八届三中全会通过的《中共中央关于全面深化改革若干重大问题的决定》（以下简称《决定》），提出“探索编制自然资源资产负债表，对领导干部实行自然资源资产离任审计，建立生态环境损害责任终身追究制”。开展自然资源资产审计工作，是贯彻绿色发展理念、打好污染防治攻坚战的重要抓手，是贯彻落实习近平生态文明思想、推进生态文明建设的重要举措，对牢固树立社会主义生态文明观、推动人与自然和谐发展具有重大的意义。积极探索并逐步完善自然资源审计制度，形成一套成熟的审计规范与切实可行的审计程序与方法，可以确保审计工作得以有序开展，同时可以纠正部分领导干部唯 GDP 论的错误政绩观，规范领导干部在日常工作中的行为。虽然各省市都在陆续开展自然资源资产离任审计，将自然资源资产数量及质量的变化情况纳入考核范围，但受我国长期以来对领导干部任期经济责任考核和离任审计的关注重点主要集中在国民经济增长速度、专项资金的管理使用等方面的影响，再加上自然资源资产负债表的编制尚无统一的规范，自然资源资产审计缺乏统一的评价指标体系，全面推行自然资源资产审计仍然面临着较大困境。

1.1.2 研究意义

开展自然资源资产审计，是全面解决生态环境方面存在的突出问题、提升生态建设和环境保护水平的基本前提。审计作为一项监管工具，其产生的背景是所有权与经营权的分离。自然资源资产，例如土地、海洋、森林等，所有权属于国家，而非个人私有财产；领导干部作为自然资源资产的管理者，其拥有管理、开发利用自然资源资产的权利。自然资源资产所有权与经营权的分离，是推动自然资源资产审计的根本原因。领导干部自然资源资产管理权利是国家与人民赋予的，在履行自然资源资产管理职责过程中应心系国家、用权为民，不能以权谋私。因此，开展自然资源资产审计就是对其履职行为进行监管，不仅要考核其工作情况，审查是否存在违法乱纪的行为，更为审查其对自然资源资产开发与利用情况，为我国生态文明建设顺利进展提供保障。开展自然资源资产审计是经济新常态下的必然选择，关乎人民福祉，关系民族未来，是功在当代、利在千秋的措施。

开展自然资源资产审计是实现审计全覆盖的必然趋势。随着经济的发展、社会的进步及改革进程的推进，单纯的财务审计或传统的经济效益审计已无法满足社会的需求，拓展审计的内容，实现审计全覆盖已成为审计发展的必然要求。自然资源可根据其特性，将其分为两类：一类是可再生资源，如森林资源、风能、太阳能、水资源等；另一类是不可再生资源，如矿产资源等。如果只顾发展经济，过度、无序地开采、使用不可再生资源，必将违背可持续发展的原则。即使是可再生资源，如果不注意保护、任意取用，也有可能变成不可再生资源。而且，自然资源一旦被破坏，其恢复成本一般都很高，必须花费巨大的人力、物力及财力才能予以恢复。因而，开展该项审计工作有利于增强领导干部的环境保护意识，避免过度使用或破坏自然资源，重走先污染后治理之路。同时，也有利于政府督促企业积极探索技术创新，注重排污治理，转变经济发展模式，提高对自然资源资产的开发及利用效率，在以实现追求经济增长的同时也做到保护环境，达到经济增长与自然资源资产可持续发展的双赢结果。

开展自然资源资产审计是反腐倡廉的有效措施，是我国全力建设廉洁型政府的重要保障。党中央秉持廉洁奉公的原则，全力推进廉洁型政府的建设。本次审计工作将领导干部任期前后自然资源资产数量和质量的变化情况、财政专项资金的管理使用情况等纳入业绩考核，在实现审计“全覆盖”的同时，也落实了领导干部的“责任清单”，加强党对领导干部的监督管理，使反腐倡廉工作走向精准化，从而促进良好政治环境的营造，推动廉洁型政府的建设。审计部门应根据自然资源资产审计工作情况出具专项审计报告，该审计报告的主要作用是：（1）根据审计结果对被审计领导干部任期内自然资源资产管理情况进行考核评估、对生态环境保护情况变化产生的原因进行综合分析，客观评价被审计领导干部履行自然资源资产管理和生态环境保护责任情况。对存在恶意破坏自然资源资产或维护不当行为时，应及时给予制止，并予以追责；对于生态环境有较好改善、自然资源资产得以高效使用及维护的，应给予肯定及奖励。（2）审计结果可成为编制自然资源资产负债表的基础之一。由于自然资源资产种类繁多、分布分散，且大部分自然资源资产难以量化估计，数据收集工作费时费力，如果将审计工作与报表编制工作二者结合同时进行，并搭建信息化数据共享平台，则可避免重复收集数据造成的人力、物力、财务的浪费现象。（3）审计结果可以作为下一任领导干部的工作指导。下一任领导干部可以通过审计报告充分了解辖区自然资源资产的现状，并按照审计报告指出的问题提出有针对性的整治方案，做到少走弯路、提高工作效率。

构建自然资源资产审计评价指标体系，将审计结果予以量化，科学评价领导干部对自然资源资产的利用与维护情况。根据我国自然资源资产开展工作的情况，本书提炼出主要审计内容如下：（1）审查自然资源资产约束性指标和法律法规、政策措施的执行情况。约束性指标是政府在自然资源资产管理方面对有关部门提出的工作要求，政府要通过合理配置公共资源和有效运用行政力量，确保有关指标的实现。（2）审查自然资源资产的开发、利用及维护情况。将实际开发、利用及维护情况与目标进行对比，审查该地区目标任务的完成情况；将不同地区的开发、利用及维护情况进行对比，以便不同地区间相互借鉴、取长补短。（3）审查专项资金的征收管理和使用情况。财务审计仍然是审计工作的重要内容，在对自然资源资产开展审计的过程中，与之相关的财政专项资金的使用情况也应是审计关注的重点内容。（4）审查灾害的发生情况。通过对灾害发生的频率以及类型的审查，建立相应的监督预警机制，以达到最大限度保护自然资源资产，减少灾害造成的浪费和损失。基于以上四项自然资源资产审计的主要内容，本书构建出与之口径一致的审计评价指标体系，作为领导干部业绩考核的参考依据。

综上所述，开展自然资源资产审计拓展了审计的内容，促进领导干部树立兼顾科学发展的政绩观，推进廉洁型政府建设。同时，政府行为引领企业发展的方向，促进企业在追求经济利益的同时也能切实履行合理有效利用自然资源资产、加强环境保护的社会责任，从而达到政府与企业齐抓共管，全面推动我国生态文明建设，为实现“美丽中国”保驾护航。实行自然资源资产审计，是推动生态文明建设的一项巨大制度创新，同时为审计工作开拓了新的业务领域。在新形势下有序、有效地推进自然资源资产审计工作，是审计理论研究和实务工作的一项重大挑战。

1.2 文献综述

自然资源，狭义上指的是实物性的以原始状态存在的自然物，例如森林、土地、矿产、水、大气、海洋等。它们不仅共同作用于生态平衡，也能够为人类的生产和生活创造巨大的价值。国际上对自然资源资产核算的时间比较早，相关文献也比较丰富。随着人类对生态环境的保护越来越重视，在国外，人们开始进行环境审计，即对生态环境实施审计。国外学者对环境审计的研究于20世纪70年代开始，当时环境审计初具雏形，因此，国外与环境审计有关的文献也比较丰富。

相比于国外，我国在自然资源资产核算方面的研究则起步较晚，受益于国外学者的研究，2000年后我国对自然资源资产的核算也进入了一个较为活跃的时期。虽然我国对于环境审计的研究时间不长，但是随着党中央将生态文明建设纳入“五位一体”的内容，党的十八届三中全会通过的《中共中央关于全面深化改革若干重大问题的决定》中提出要“探索编制自然资源资产负债表，对领导干部实行自然资源资产离任审计”，人们的环境保护意识加强，从此，关于自然资源资产审计的研究数量快速增加。

1.2.1 国外研究现状

1. 自然资源资产核算

国际上对自然资源资产核算的研究最早开始于19世纪下半叶。国外关于自然资源资产的核算可以分为以下三大部分：自然资源资产价值核算、生态系统服务功能核算、不同尺度下的自然资源资产核算研究。目前，相关研究主要有以下几个方面。

（1）自然资源资产价值核算。

早在1972年，美国为了促进各地区域的生态环境建设而成立了国家自然资源调查局，通过采用野外抽样调查统计的方法对国家自然资源资产进行调查和核算，调查与核算结果的发布周期是5年，这就是最初的自然资源资产核算。但当时的理念框架不够完善，核算方法也不够规范。随后，便有许多学者开始对全球的自然资源资产价值进行研究。麦克尼利等（McNeely et al.，1991）认为生物资源价值包括直接价值和间接价值两部分，其中，直接价值包括消耗性利用价值和生产性利用价值，间接价值又包括非消耗性利用价值、选择价值和存在价值。理查德（Richard，1998）对热带雨林的自然资源资产价值进行了核算，并提出了保护热带雨林可持续发展的建议。

进入21世纪后，人类对自然资源资产的核算体系框架的构建则越来越完善。得到人们广泛认可的是联合国、欧洲委员会、国际货币基金组织、经合组织和世界银行五大国际机构编写并发布的《国民核算手册：环境经济综合核算2003》（SEEA2003），其所阐述的环境与经济核算原理为搭建自然资源价值核算框架奠定了基础。2014年2月，国际各大组织又联合修订了《环境经济核算体系2012》（SEEA2012）。其中指出，自然资源资产的实物量和价值量核算都非常重要，并且对自然资源资产实物量以及自然资源资产作为经济的自然投入直接使用所产生的价值量给出了核算方法。以森林资源为例，在实物量核算方面，既要对森林资源的实物存量如木材资源蓄积量进行核算，也要对实物流量如森林生态系统自然投入量进行核算。在价值量核算方面，要对经济投入的价值量进行核算，例如各个经济单元之间与生态环境有关的自然资源环境投入量。对那些虽然不容易被辨识，但是已经被计量入国民经济核算框架中的活动如自然资源开发利用的活动也要进行计量。

此外，诸如挪威、芬兰、美国等许多发达国家较早开始进行自然资源资产核算，并且形成了较为完善的理论体系。例如，挪威于1978年就开展了自然资源资产核算，它在森林资源、能源资源、矿产资源和渔业资源核算方面构建了较为系统的自然资源资产价值核算框架，并发布了研究报告《挪威自然资源核算》。芬兰在借鉴了挪威的编制经验后建立了行之有效的核算框架，核算范围涵盖了环境保护支出和生态数据，并且将森林资源作为进行资产核算研究的重点。进入21世纪后，美国在2000年提出通过市场估价法对自然资源资产进行核算。英国目前已初步完成对森林资源、土地资源等的价值评估核算，并尝试编制了自然环境白皮书，将自然资源价值纳入环境账户中。澳大利亚则对水资源、土地资源和矿产石油资源的核算进行了尝试，其自然资源资产核算体系的特点是采用实物量与价值量双重计量、计量单位相对统一、遵从一定的平衡关系、既有流量表又有存量表等。除此之外，日本、加拿大、印度尼西亚等国也对自然资源核算展开了研究。总之，这些国家的自然资源资产价值核算体系和方法值得我国借鉴。

（2）生态系统服务功能核算。

生态系统服务是指自然生态系统及其物种通过各种生态效应提供的能够满足和维持人类生活需要的过程（Gretchen Daily，1997）。生态系统服务功能表现为自然生态系统不仅使自然资源资产相互联系，还将自然资源资产与人类之间的利益联系起来。

联合国大学在《人类对全球环境的影响报告》（1970）中首次提出了生态系统服务功能的概念。报告还指出，生态系统服务功能涵盖了灾害控制、渔业、土壤形成、水土保持、气候调节、洪水控制、物质循环和大气组成等功能。在此基础上，霍伦和埃里希（Holdren and Ehrlich，1974）认为生态系统还应具备调节土壤肥力和保护基因库这两项功能。戴利（Daily，1997）率先开展了对生态系统服务功能的系统研究，对其概念、服务价值评估、不同生物系统的服务功能以及区域生态系统服务功能等进行了研究与阐述，他的研究内容对国内外生态系统服务功能价值研究产生了深远影响。科斯坦萨（Costanza，1997）对全球生态系统服务功能进行了划分和评估，他将生态系统服务功能归纳为17种类型，并按不同的生物群系以货币形式进行估算。估算结果表明：在存在不确定因素并且许多服务功能价值被排除在现行市场体系之外而无法核算的情况下，全球生态系统服务功能价值估计每年保守估计量范围在16万亿~54万亿美元，平均每年有33万亿美元。科斯坦萨的研究结果更是引起了学者们的高度关注。但以皮尔斯（Pearce）为代表的“环境经济学派”对科斯坦萨研究成果中的生态系统服务功能价值的可核算性、核算方法以及核算过程中采用的技术手段等方面持有异议。塞拉菲等（Serafy et al.，1998）从经济学的角度进行分析，认为对不同的相互独立的生态系统服务功能价值进行加总的评估结果难以令人信服，因此对生态系统服务功能的价值进行核算是不科学并且不可行的。虽然不同学者对科斯坦萨研究成果存在争议，但是科斯坦萨对生态系统服务功能价值核算的研究成果仍然为国内外后续学者的研究奠定了坚实的基础，并且拉开了学术界对生态系统服务功能价值的研究序幕。随后，范·沃伦（Van Vuren，2000）从生态足迹的角度出发进行区域生态系统服务功能核算。理查德（Richard，2002）则在体系上更为全面地核算了生态系统服务功能价值。加里·勒克（Gary W. Luck，2003）认为生物多样性也是生态系统服务功能的一部分，因此核算了生物多样性的服务功能价值。2005 年联合国的《千年生态系统评估》（2005）较为系统地提出了生态系统生态服务功能评估框架，对各个国家开展生态系统服务功能价值评估具有重要意义。

（3）不同尺度下的自然资源资产核算研究。

①全球或大区域尺度的价值核算。

较有代表性的首先就是科斯坦萨（1997）的研究成果，他认为自然资源生态系统直接或间接地为人类的生存和发展产生了贡献，并对全球生态系统服务功能按照 17 种类型进行划分和核算。布曼斯等（Boumans et al.，2002）对不同假定模式下的生态系统服务功能相对价值进行了研究，得出 2000 年全球生态系统服务功能相对价值约为世界生产总和的 4.5 倍。联合国的《千年生态系统评估》（2005）对开展全球或 33 个区域尺度的生态系统服务功能价值评估工作具有指导意义。

②单个生态系统的价值核算。

世界上各个国家都或多或少地拥有一定数量的森林资源，因而森林生态系统的价值核算研究起步时间较早，并且已取得了瞩目的成果。早在 1972 年，日本就开始采用等效替代的方法对日本的森林资源进行核算。安杰等（Adger et al.，1995）对墨西哥的森林资源资产价值进行核算，与麦克尼利等（McNeely et al.，1991）的核算方法相似，将森林资源资产价值分为直接价值和间接价值来核算。结果表明：森林资源的最大价值体现在水分循环和碳循环这两个生态服务功能上，并且这两个功能还具有全球效应。2000 年，日本又通过设定水源涵养等六大指标对森林资源的公益机能进行经济价值核算。

国际上也有学者对湿地生态系统的价值核算做过相应研究。杜纳（Turner，1991）就曾将分别核算湿地生态系统的可利用价值和不可利用价值，并对不同价值类型的核算方法进行介绍。1997 年，全球湿地经济网络在瑞典召开了第四次专题讨论会，会议主题是讨论如何对湿地生态系统的价值进行更加准确的核算，由此可见国际组织对保护湿地生态系统的关注度之高。伍德沃德（Woodward，2001）提出可以将湿地生态系统的服务功能分为十类以进行价值核算，并同样介绍了每种价值类型的核算方法。

国外对水资源生态系统价值核算的探讨始于20世纪70年代。1974年秘鲁在对灌溉用水的水资源价值估算中采用了余差法和线性规划法。1991年美国对水资源的价值研究具有一定开拓性。汉斯（Hanse，1991）研究了美国河流旅游价值，但这仅仅体现了水资源生态系统服务功能价值的一部分。进入21世纪后，国际上对于水资源价值核算的研究则主要集中于水资源经济价值与定价、水资源管理的可持续性和水资源价值的经济影响等方面。富兰克（Frank，2002）对格兰德流域农业用水的价值进行了核算，并指出水资源具有一定的经济价值。

2. 自然资源资产环境审计

环境审计源于西方企业内部审计行为，随着生态环境恶化以及可持续发展理念的提出，环境审计逐渐浮出水面并被引入政府审计。环境审计的发展主要经历了两大阶段：20世纪70年代以来，环境审计的审计内容仅局限于评估企业活动的合法合规性；1990年后环境审计及报告已纳入环境管理系统，在政府审计中逐渐占据重要地位。

国外学者对环境审计的相关研究比较深入，本研究对相关文献进行归纳梳理，发现国外研究焦点主要集中在以下四个方面。

（1）环境审计概念的探究。

①环境审计的定义。

在研究起始阶段，由于未确定对环境审计的一致定义，因此学者们对其展开了多项研究。汤姆林森和安特金森（Tomlinson and Atkinson，1987）首先对现存的七种定义进行研究，这七种定义包括：环境影响报告草案审计、决策点审计、执行审计、绩效审计、项目影响审计、预测技术审计和环境影响评价程序审计，他认为这些定义都过于片面，只能代表环境审计过程中的不同环节和内容，概括性较低。汤普森和威尔森（Thompson and Willson，1994）以先前的研究为基础来重新定义环境审计，他们认为环境审计是一种自我评估程序，企业或单位通过环境审计可以判断自身行为是否符合法律要求、是否达到环境目标。希拉里（Hillary，1998）则认为环境审计是一种环境管理工具，有助于政府和企事业单位更好地进行环境管理。莱特博迪（Lightbody，2000）认为环境审计的审计内容涵盖范围广泛，还应包含广义上的环境评价和复合。托迪亚等（Todea et al.，2011）在总结了一些国际组织和国际文件对环境审计定义的基础上，认为环境审计是对企业环境影响的系统分析。由此可以看出，国外学者对环境审计的定义仍是各有侧重，并没有一个准确的定义。

②关于环境审计的目标。

因为环境审计最初是作为西方企业的内部审计，所以博文（Boivin，1991）就曾指出，环境审计的主要目的是衡量企业的经营活动的合法合规性，并且他还认为环境审计有助于开发减轻环境风险的弥补性计划。

③关于环境审计的内容与种类。

对于环境审计的内容与种类，国外学者也未形成一致观点。汤姆林森和安特金森（1987）认为预测技术审计是环境审计类型之一，其有利于提升环境影响评估实践。汤普森和威尔森（1994）则认为环境审计有三种类型：设备审计、废料审计和财产转让审计。环境审计包括四个基本要素：验证企业对监管要求的遵循性、验证企业与行业标准的一致性、评价企业常规环境管理情况和编制行动计划纠正已发现的缺陷。斯坦威克等（Stanwick et al.，2001）和布鲁克斯（Brooks，2004）也曾提出，环境审计的内容可以分为遵循审计、环境管理系统审计、交易审计、污染防范审计、环境负债审计、产品审计等。

④关于环境审计的驱动力和发展趋势。

汤普森和威尔森（1994）认为，早期环境审计的出现是为了满足监管方的要求以及出于对诉讼的担心。随着人们环保意识的加强以及环境治理成本的提高，融资机构、董事会、行业组织、政府、股东、会计职业团体等利益相关者都开始逐渐成为环境审计发展的驱动力。

汤普森和威尔森（1994）认为环境审计有三个发展趋势，即环境审计标准化、审计师专业化，并且参与环境审计的职业团体数量将不断增加。布莱克（Black，1998）认为环境审计将在以下五个方面有所发展：审计内容更加丰富、环境审计过程整合化、环境审计涉及面更加广泛、环境审计人员经过外部统一认证、环境审计与内部审计作用相结合，以发挥更好的管理作用。

（2）环境审计小组人员构成的探究。

审计是所有权与经营权相分离后的产物，而传统的审计工作主要是对被审计单位的财务状况展开审计，审查是否存在挪用、滥用资金等违法行为。注册会计师作为审计小组的主要成员，在财务审计的开展过程中具有举足轻重的地位。然而，随着审计内容日益丰富，环境审计日趋重要，学者们开始探讨注册会计师是否应该进行环境审计以及应该如何进行环境审计。托泽尔等（Tozer et al.，1994）对环境审计小组的成员构成进行调查，发现审计小组主要是由生物与化学等专业领域人员组成，并且调查结果显示目前没有企业聘用会计师参与环境审计工作。铂尔（Power，1997）发表了自己对注册会计师进入环境审计领域战略问题的看法。蒋和莱特博迪（Chiang and Lightbody，2004）对新西兰环境审计领域的注册会计师进行研究，发现从事该领域的注册会计师数量在21世纪比以往有所增加。但可能由于本身不具备相应的专业技能或者没有从事环境审计业务的需求，社会上大部分的注册会计师仍没有从事环境审计工作。穆尔和比德尔（Moor and Beedle，2005）指出，阻碍注册会计师进入环境审计领域的原因是缺乏执行环境审计的公认准则。穆尔和比德尔（2005）以环境审计与财务报表审计的关系为出发点，认为注册会计师和科学家等不同领域的专业人员应当参与环境审计，因为审计小组成员的多样性可以使审计结果更客观地对企业的经济效益、企业活动对环境的影响进行评价，也有利于审计全覆盖的实施。奥兹布莱切克利（Ozbirecikli，2007）也赞成注册会计师应当参与到环境审计中。迪克逊（Dixon，2004）认为注册会计师未能参与环境审计的主要原因是大部分注册会计师不具备环境审计所需的专业知识，因此迪克逊提出不仅要对注册会计师进行相关培训，还应颁布环境审计实施指南，让注册会计师在审计的过程中有据可依。穆尔和比德尔（2005）也对此表示赞同，认为缺乏标准的环境审计准则是造成注册会计师参与程度低的因素之一。

除了探讨是否将注册会计师纳入审计小组中，塔克和卡斯帕（Tucker

and Kasper，1998）发现随着环境审计的地位越来越重要，不论是为了评价环境风险敞口还是为了计量环境负债，都需要具有专业会计知识的环境审计师。当前的环境审计人员主要还是由环境科学领域的专业人员占据主导，因此应当考虑让内部审计师也参与到环境审计过程中。他们还提出要对内部审计师进行相关培训，以使其能够在环境审计过程中发挥更大的作用。弗纳尔（Funar，2010）对农业及自然资源财政审计进行研究，认为农民具备农业生态环境方面的专业知识，提出应当发挥农民在实务方面的优势，将其纳入农业生态资源审计小组，使农业生态环境审计工作得以有效完成。特拉普尔（Troppel，2013）对领导干部业绩评价进行研究，发现在中国主要运用目标考核、领导干部考评以及一票否决制的方法对领导干部进行评价，他认为这三种方法虽然适用于领导干部考评但没有考虑民众的意见，因此特拉普尔提出公众也应当参与到考评环节中。

（3）环境审计成本与收益的探究。

显然，环境审计有益于企业和社会的良性发展。汤普森和威尔森（1994）认为实行环境审计的一个益处在于可以收集到公司层面的环境影响信息，并以此作为国家或地区层面环境状况报告和新国民账户体系的基础。斯坦威克（Stanwick，2001）认为开展环境审计可以使企业预防环境危机和突发事件的发生并树立良好的公众形象。穆尔和比德尔（2005）认为环境审计最主要的作用是事后控制，即环境审计能改进企业经济行为，使损失最小化。雷宁斯等（Rennings et al.，2006）则认为环境审计的发展有利于环境管理系统和环境流程的革新，环境报告也促进了技术性环境革新的普及。

环境审计成本与收益往往并存，其所涉及的成本也源自多个方面，譬如环境审计费用、信息公开成本等。而直接成本与间接成本都是环境审计有效开展的阻碍。卡斯（Kass，1995）探讨了企业通过自行环境审计发现并纠正问题后，是否能不追究其先前不环保行为的法律责任，即企业的改正成本能否弥补法律成本。此外，卡斯认为自觉履行环境责任对企业的发展是有益的，可以通过提高公司的声誉进而达到易于融资和易于发行证券的效果。斯滕斯瓦格（Stensvaag，1998）则从法律的视角对实行环境审计后企业是否享有豁免权的问题进行了探讨。里昂（Lyon，1995）提出为让企业自觉地披露更多环境信息，不能只用处罚制度进行约束，更重要的是鼓励企业建立环境管理系统。朗（Lang，1999）在分析了环境审计的立法、司法对公司的不利情形后，认为公司可以采取遵循性的审计计划向外界表明已经遵守环境保护的相关法律法规并且会关注公司本身所产生的环境影响。

（4）自然资源量化的探究。

氏川和惠次（2014）将《2012 年环境经济核算体系：中心框架》作为其研究的理论基础，探索如何对环境资源实行量化。他们提出在对环境资源进行量化时，可以采用账户以及报表类型的核算结构，从流量和存量、货币量和实物量两个方面来衡量资源的变化情况。

1.2.2 国内研究现状

1. 自然资源资产核算

国外学者在自然资源资产核算方面的研究结果对我国在这方面的研究和探索产生了深远影响。我国的学者在自然资源资产核算方面的研究多是建立在国外学者戴利和科斯坦萨的研究基础上。现将我国自然资源资产核算的研究成果分为以下几个方面。

（1）自然资源资产价值核算。

①以行政区域为对象核算自然资源资产价值。

陈仲新等（2000）根据科斯坦萨的研究方法和经济参数，按照面积比例对我国生态系统的服务功能经济价值进行了评估，估算出我国生态系统服务功能的经济价值约为 56098.46 亿元/年，并且还按照陆地和海洋的分类各自核算其生态服务功能价值。陈仲新等的研究成果很快便引起国内学者们的关注。随后，越来越多的学者投身自然资源资产核算的研究中，其中便有许多学者是按照行政区域的尺度对自然资源资产的价值核算展开研究。谢高地等（2003）综合了科斯坦萨等人的部分研究成果以及对我国专业人士的生态问卷调查结果，以中国陆地生态系统单位面积生态服务价值表为基础，进一步校正了生物量等因子后，对青藏高原不同生态系统的服务功能价值进行估算。该研究成果也被广泛地应用在国内后来的生态系统服务功能价值的核算中。于谦龙（2010）基于绿当量的理念，通过分块核算不同生态系统的服务功能价值后得到新疆地区的自然资源资产总价值。大尺度区域的生态系统价值评估往往不如小尺度区域的生态系统价值评估来得更加精确。王红岩和高志海等（2012）的研究就侧重于小尺度范围的县级自然资源资产价值评估，以河北省丰宁县为例，以中高空间分辨率的Landsat－5 TM 和 SPOT－5 遥感数据为主要数据源，提出了县级生态资产价值遥感评估的指标体系，研究建立了县级区域生态资产遥感测量的技术体系，对指导县级生态建设和推动社会经济可持续发展都有一定的重要意义。

②以单一的生态系统为对象核算自然资源资产价值。

在多种生态系统类型中，我国学者对森林资源生态系统的价值研究起步时间较早，研究成果也更加丰富。21 世纪之前，侯元兆（1995）、毕绪岱（1998）就曾分别对中国的森林资源价值和森林生态系统的服务功能进行了价值核算与评估。蒋延玲等（1999）采用了科斯坦萨的价值核算方法并利用全国第三次森林资源清查资料对我国 38 种类型的森林资源生态系统服务功能的总价值进行了估算。韩维栋等（2000）采用了环境经济学的方法核算了我国现存自然分布的红树林生态系统的自然资源价值。余新晓等（2002）初步研究了北京山地区域的森林资源生态系统的自然资源价值。赵同谦等（2004）在分析了森林生态系统服务功能的基础上，将森林生态系统的服务功能划分为四大类：提供产品、调节功能、文化功能和生命支持功能，并通过建立了 13 项功能性指标对森林生态系统的服务功能进行评估。潘勇军等（2005）对武陵源自然保护区内的森林资源生态系统服务功能价值采用了实物量和价值量的方式双重计量。王让会等（2008）在生态经济原理的基础上，先是分析了对生态系统自然资源资产进行评估的可行性，然后选择了量化评估的参数，通过多种模式与方法尝试核算了乌鲁木齐市的森林生态系统自然资源资产价值。孟祥江和侯元兆（2010）在参考了多种分类方法的基础上，将森林生态系统的服务功能初步分为涵养水源、保持水土、固碳释氧、净化环境、农田防护、景观游憩以及生物多样性维护等 7 类，并在此基础上阐述和总结了森林生态系统价值核算的理论与评估方法。王顺利和刘贤德等（2012）利用全国第七次森林资源清查公布的权威数据核算了甘肃省不同树种生态系统服务功能的价值。韩秋萍和张修玉等（2014）采用了多种研究方法核算了韶关市森林资源6项生态服务功能的价值，并得出涵养水源的功能价值最高的结论。范小杉和何萍（2016）总结和梳理了国际上具有较大影响力的有关森林资源资产核算的相关文献，并提出了对我国森林资源资产价值核算研究的启示：首先，我国森林资源资产的概念及内涵界定必须明确且与国际接轨；其次，应当严格区分我国森林资源资产的存量和流量；再次，要重视森林资源资产对森林相关产业产生的经济影响；最后，重视以实物方式量化森林资源资产。

国内也有许多学者对土地资源生态系统进行了相关研究。我国著名生态学家欧阳志云（1999）首先采用了科斯坦萨的研究成果中关于生态系统服务功能的概念，分析了生态系统服务功能和生态经济价值评价的理论与方法。在此基础上对中国陆地生态系统的6种服务功能价值进行了研究，初步核算出我国陆地生态系统服务功能的经济价值。肖寒等（2000）采用GPS技术手段对海南岛生态系统中的土壤侵蚀量和土壤总价值进行了核算。刘鸣达等（2008）系统分析了农田生态系统的服务功能。唐秀美和陈百明等（2010）指出当前核算土地生态服务功能价值的研究中普遍存在缺乏对现实通货膨胀因素的考虑，导致研究的估算结果偏小。石垚等（2012）对中国的陆地生态系统服务功能价值进行了核算，其创新之一就在于运用中国历年的CPI指数变化缩小了现实通货膨胀因素带来的影响。胡喜生和洪伟等（2013）先是对土地生态系统服务功能价值核算的方法进行了分析和总结，进而建立了包含空间异质系数、社会发展系数和资源稀缺系数的土地生态系统服务功能动态价值估算模型，并对福州市的土地生态系统服务功能静态价值和动态价值进行估算。为使评估结果更加合理，采用折现率对研究区域的土地生态系统服务功能价值进行修正，而且将静态模型下的价值数据与动态模型下的价值数据相对比，其研究结果有利于为区域土地生态系统保护和经济发展综合决策提供更加及时、准确的有益信息，对区域生态环境建设和保护具有重要的现实意义。

湿地是地球生命支持系统的重要组成单元之一。出于对湿地资源的有效保护和可持续利用的目的，如何科学地评价湿地生态系统的服务功能价值也已成为学者们关注的研究对象。辛琨等（2002）综合运用了环境经济学、资源经济学、模糊数学等研究方法，以辽河三角洲盘锦地区湿地为例，核算了该地区湿地生态系统的服务功能价值。段晓男等（2005）在通过实地调查获取大量翔实数据的基础上，对内蒙古乌梁素海建立了湿地生态系统服务功能及价值评价的框架和方法。张华和武晶等（2008）应用生态经济学的理论和研究方法，将辽宁省的湿地生态系统划分为近海及海岸湿地、河流湿地、湖泊湿地、沼泽化草甸湿地和库塘湿地五大类 11 种类型，并根据辽宁省林业厅提供的湿地资源调查数据核算了辽宁省湿地生态系统 8 项服务功能的经济价值。许妍和高俊峰等（2010）以太湖地区的湿地为例，核算了该地区湿地生态系统的服务功能价值。马占东等（2014）以山东省的南四湖湿地生态系统为例，通过遥感和地理信息系统软件处理高清影像解译生成的景观数据以及 MODIS 处理生成的 NPP 数据，并运用多种方法对南四湖湿地生态系统的服务功能价值进行估算。

在国内，有关陆地生态系统服务功能价值的研究已取得了很大的进展，相比之下，针对海洋生态系统服务功能价值的研究则比较少。吴姗姗和刘容子等（2008）将海洋生态系统服务功能分为 9 类，并以渤海海域为例，分别对 9 项生态系统服务功能价值进行了定量核算。研究结果还表明，渤海海域的生态系统服务功能价值以支持功能价值为主，并且间接使用价值远大于直接使用价值。但是不足之处是该评估值与实际值存在一定程度的偏差，海洋生态系统服务功能的分类和价值评价方法还有待进一步完善。张玉洁和张杰（2015）分析了我国目前对于海洋生产总值、海洋资源价值、海洋生态价值的核算方法，进一步探讨了各种核算方法的不足之处，在此基础上构建了核算指标动态价值关联的绿色海洋经济核算模型。

我国学者对矿产资源价值核算的研究内容较少。范振林（2014）对矿产资源核算的理论基础、意义、研究现状、内容和方法进行了论述，界定了矿产资源核算的内涵及对象并分析了矿产资源核算过程中存在的问题，构建了矿产资源核算的基本框架。

（2）自然资源资产核算方法研究。

目前国内较为成熟的核算方法有条件价值法、直接市场法、影子工程法、旅游费用法等，这些方法主要是基于单位面积价值对总量进行静态估算。每种方法都存在优缺点，因此应当根据不同生态系统服务功能的特点选择合适的研究方法。薛达元等（1999）运用直接市场法对长白山自然保护区的森林资源资产价值进行了核算。徐中民等（2002）采用条件价值法核算了黑河流域额济纳旗生态系统的总经济价值。姜文来（2003）采用了影子工程法核算了森林涵养水源的服务功能价值。后来，学者们大多数是采用多种研究方法相结合来进行自然资源资产核算的研究。郭其强等（2009）采用了市场价值法、影子工程法和生产成本法对西藏林芝地区的森林生态系统服务功能价值进行了核算。廖忠明等（2010）采用重置成本法、现行市价法和影子价格法等不同方法对东江源区森林净化环境的服务功能价值进行了核算。近年来，不少学者开始采用绿当量模式对自然资源资产进行核算。生态绿当量模式是影子工程法的分支，其优点在于当某种生态系统的环境价值难以直接计量时，可以通过计算方式相近且可计量的另一种生态系统来间接评估。于谦龙（2010）就是基于绿当量的理念对新疆地区的自然资源资产价值进行核算。杨艳林和王金亮等（2017）也是基于生态绿当量的模式核算了云南省抚仙湖流域1992～2014年的自然资源资产价值。

另一类动态估算方法是在考虑生态系统类型及质量状况差异的基础上，通过建立动态自然资源资产测量模型来进行核算。例如，遥感与地理信息技术的引入就有利于对自然资源资产进行动态监测。李昭阳和汤洁等（2008）利用多源遥感技术，在对生态参数测量的基础上，从不同生态系统类型的角度对松嫩平原腹地的自然资源资产价值进行定量核算。马占东等（2014）通过遥感和地理信息系统软件处理高清影像解译生成的景观数据以及MODIS处理生成的NPP数据，并运用多种方法核算了山东省南四湖湿地的生态系统服务功能价值。

（3）自然资源资产核算计量模式。

蒋洪强（2014）认为，对自然资源资产的价值核算，应当从环境容量、环境质量以及生态环境三大系统着手，重点在于利用实物量和价值量相结合的计量模式，并以此数据作为编制生态环境资产负债表核算框架的基础。孙玥璠等（2016）认为，在核算自然资源资产价值时应将生态系统服务价值考虑在内，这有利于解决低估核算结果的问题，也有利于更好地体现自然资源资产的价值及其对经济的影响，同时也为更好地为进行领导干部自然资源资产离任审计和建立生态环境损害责任终身追究制奠定基础。

（4）其他相关研究。

杜鹏（2017）总结并阐述了现有学者的相关理论后，以生态审计和生态文明建设的现实需求为导向，构建了生态系统服务功能价值的评估框架体系，其中包括了生态系统产品服务、调节服务、文化服务等。但是他也指出，为了能更好地运用该体系进行生态系统服务功能价值评估，仍需要明确生态价值核算的核心指标、规范核算指标数据的收集程序、标准化生态服务价值核算的方法以及确定科学的生态安全阈值的参数体系。

2. 领导干部自然资源资产离任审计

党的十八届三中全会召开之前，领导干部离任审计的主要内容是对领导干部任职期内的财务情况展开审计，例如审查任期内履行职责的情况、经营事项的真实性、使用财务资金的合法性等。虽有部分地区将环境指标纳入审计范围，但仅作为辅助指标。而党的十八届三中全会提出“探索编制自然资源资产负债表，对领导干部实行自然资源资产离任审计，建立生态环境损害责任终身追究制”后，国内学者们将研究重点转移到领导干部自然资源资产离任审计上，并对此进行了广泛的讨论。目前，国内有关自然资源资产离任审计的研究仍处于探索阶段，近年来已有文献的研究方向大致可分为以下四个方面。

（1）自然资源资产离任审计理论研究。

①自然资源资产离任审计的目标、主体和对象。

蔡春和毕铭悦（2014）认为自然资源资产离任审计的目标是发挥审计的功能以满足保护自然资源资产的内在要求。林忠华（2014）提出，建立领导干部自然资源资产的终身责任追究制有利于社会经济的可持续发展，并将自然资源资产离任审计的目标定义为保护自然资源以及生态环境安全。陈献东（2014）将审计目标分为直接目标和根本目标，认为其直接目标是建立健全自然资源资产管理制度体系，而根本目标是维护国家资源安全，维护人民群众的根本利益，促进领导干部树立正确的政绩观，推动社会经济的可持续发展。

关于自然资源资产离任审计的主体，就是要解决“谁来审”的问题。王平波（2014）以现有的审计体制为依据进行分析，认为国家审计机关及其审计人员应当是实施领导干部自然资源资产离任审计的主体。陈献东

(2014) 认为可以按照不同的职责对领导干部进行分类，以对应不同的审计主体，包括国家审计机关、内部审计机构和社会审计机构。蔡春等(2014) 也认为，审计主体是多元的，不仅包括国家审计机关，社会审计和内部审计也应当参与领导干部的自然资源资产离任审计，但他们也指出，现阶段的审计主体仍然是国家审计机关及其审计人员。

关于自然资源资产离任审计的对象，李彩霞 (2014) 认为，领导干部自然资源资产离任审计的对象应包括自然资源资产及其相关的环境问题。福建省审计厅 (2015) 采用实地调查的方法，走访了福建省的国土、林业、水利等自然资源资产相关部门，认为自然资源资产离任审计的对象除了国土、水利、林业及海洋等自然资源以外，还应包括环境保护审计。钱水祥 (2016) 也对离任审计的对象进行划分，认为领导干部自然资源资产离任审计应包括土地资源、森林资源、水资源、海洋资源、矿产资源和大气污染防治六个方面。

②自然资源资产离任审计的内容。

领导干部自然资源资产离任审计是一种特殊的经济责任审计，也是一种特殊的资源环境审计。学术界对审计内容的讨论经历了从单一到多元的逐渐丰富的过程，审计业务内容随着社会经济发展以及人们需求的增加而不断革新。在此背景下，蔡春等 (2007) 提出，审计内容除了领导干部的经济责任履行情况以外，还应对领导干部所应承担的社会责任进行审计。黄溶冰等 (2010) 从外部宏观环境的视角分析了党政领导干部绿色经济责任审计，认为其审计内容重点在于领导干部履行经济责任所需的外部环境成本而非经济业绩情况。林忠华 (2014) 通过探究领导干部自然资源资产离任审计与经济责任审计和资源环境审计之间的联系，开拓了研究自然资源资产离任审计的新视角，并指出审计重点内容包括领导干部是否严格执行自然资源资产管理制度以及是否制定经济可行的自然资源资产决策等。陈波等 (2014) 以我国的自然资源资产管理制度为研究背景，将我国对自然资源资产负有管理责任的领导人员分为三类：地方政府的领导人员、自然资源资产直接管理部门的领导人员和相关国有企业的领导人员。针对不同的领导干部自然资源资产离任审计监督对象，审计内容的侧重点也将会不同。例如，地方政府领导人员对地方的自然资源资产负主要管理责任，因此对其审计的内容侧重于地方政府领导干部在创造 GDP 以增长经济业绩的同时是否兼顾外部资源环境的保护；直接管理部门的领导人员对相应的自然资源管理负有直接责任，因此要对其所制定的自然资源资产领域政策程序的合规性与科学性以及其对自然资源资产的利用现状进行具体考核；相关的国有企业领导人员可以在法律规定情况下批准国有企业对自然资源进行有限制的开采和利用，因此主要考察其是否按规定进行相关授权以及是否进行完整的自然资源资产核算。蔡春等（2014）提出构建审计理论体系的十大关键性问题，包括界定责任主体、确立目标责任、划定责任范围、选择计量属性与计量方法等。陈献东（2014）考虑了各政策文件的规定，确定了以自然资源资产使用、管理、监管情况为审计内容。

（2）领导干部自然资源资产离任审计技术方法和审计模式研究。

梳理有关领导干部自然资源资产离任审计技术方法的文献，李京等（2003）提出，应采用多尺度遥感对地观测技术、构建遥感评估模型以满足自然资源资产审计的特殊需要。潘耀忠等（2004）也提出，可以利用 NOAA/AVHRR 和其他辅助数据来构建遥感评估模型。苗正红等（2011）提出可以运用 TM/ETM + 卫星影像对生态资产进行定量测量，并收集吉林省 2000 ~ 2008 年自然资源资产的相关数据进行案例分析。综上可知，学者们多采用遥感技术对自然资源资产进行定量测量，与遥感技术相关的研究又可根据其研究尺度分为两个阶段，第一个阶段多研究尺度大的区域，第二个阶段多研究中小地理尺度。王红岩等（2012）的研究属于第二个阶段，以 Landsat - 5 TM 和 SPOT - 5 遥感数据作为主要数据源构建遥感评估指标体系，并对河北丰宁县具体情况进行分析。陈红蕊（2014）提出，为提高审计效率，可采用数据综合信息分析平台、互联网审计技术，运用 GPS 全球定位系统、航拍仪设备等来创新审计技术。李四能（2016）在对我国领导干部自然资源资产离任审计方式研究现状进行分析的基础上，探讨了存在的问题，并提出现阶段的领导干部自然资源资产离任审计应当创新运用联合审计、交叉审计、联动审计等审计方式，探索“多审合一”以减少工作重复性，在审计技术越来越发达的时代背景下要重视运用在线监测法、外包审计法、统计分析法和“大数据”信息技术等现代审计技术方法。马志娟等（2016）首次探讨了将“互联网 +”模式与自然资源资产离任审计相结合的审计模式，提出利用云计算技术收集和处理自然资源资产信息，通过联网预警机制实时监控自然资源资产的变动以解决离任审计存在的滞后性问题。洪宇（2018）详细分析了GIS地理信息系统和大数据分析技术在自然资源资产离任审计中的运用。商思争（2018）以海洋自然资源资产离任审计为例，研究了大数据和云计算相结合的云审计平台的具体应用。马志娟、廖飞和戴欣妤（2018）对2017年在南京审计大学召开的资源环境审计暨领导干部自然资源资产离任审计理论与实践研讨会的主要观点进行了综述，认为应推进新技术的运用。王振铎、张心灵（2019）结合实例研究了地理信息技术在领导干部草原资源资产责任审计中的运用。

关于领导干部自然资源资产离任审计所应该采用的模式，康媛媛（2014）提出，审计是一个持续的过程，不应将离任审计与任中审计分离。任中审计能发现领导干部任职中出现的问题并及时采取相应措施，还能给离任审计提供参考依据、分担离任审计工作量大的压力。祝素月等（2014）提出，自然资源资产离任审计应由多个审计机关协同专家开展工作，并且应采用离任审计与任期内年审相结合的审计模式，以减少离任审计滞后性带来的弊端。

（3）领导干部自然资源资产离任审计评价指标及体系。

黄溶冰等（2010）认为党政领导干部绿色责任审计应重点关注具体指标如“三废”处理率、水质达标率等。李莹莹（2010）针对国有企业领导人员的自然资源资产审计，从国有资产完整、遵守国家财经法规、企业履行社会责任情况及企业可持续发展能力这个四方面构建了38个具体评价指标。周曦（2011）提出，应以领导干部的基本责任及其阶段性责任为依据来选择评价指标，如环境质量指标、环境保护目标完成情况指标等定量与定性指标。杨斌（2014）认为可以参照领导干部经济责任审计的评价体系来建立科学、完善的自然资源资产离任审计评价体系。张宏亮等（2014）认为审计指标体系的构建要以体现领导干部的受托责任为目标，所以他们选取了耕地占补平衡完成比例、空气质量优良天数等16个评价指标。林进添（2015）从主体功能区视角下重点研究领导干部森林资源离任审计，并建立了包括48项指标的森林资源离任审计评价体系，并在考核过程中对森林覆盖率和森林蓄积量两个约束性考核指标进行重点考核。李博英、尹海涛（2016）运用模糊综合评价理论方法构建领导干部自然资源资产离任审计评价指标体系，并用层次分析法确定指标体系的权重系数。陈朝豹、耿翔宇、孟春（2016）对山东省胶州市开展领导干部自然资源资产离任审计工作进行了分析总结，胶州市根据国家有关政策和资源、环保目标责任考核办法，结合审计试点的实际情况，初步建立了胶州市领导干部自然资源资产离任审计评价指标体系。苏孜、程霞、卫冰清（2017）从可操作性层面出发，根据自然资源经济责任审计的内容分类选取评价指标，运用层次分析法（AHP）构造了判断矩阵，得到指标的权重，并进行一致性检验，计算整体的权重，对评价指标进行分类设计，初步构建了自然资源经济责任审计评价指标体系。申稳稳、张伟、王景波（2017）选取领导干部矿产资源资产离任审计为研究对象，研究了领导干部矿产资源资产离任审计指标体系的构建方法。首先运用理论分析法、频度统计法和专家咨询法列出初始评价指标体系，然后对初始指标集合进行重要性、差异性和相关性分析，得到矿产资源资产离任审计评价的指标体系。顾奋玲、吴佳琪（2017）根据乡镇领导干部土地管理特点，选取北京市某乡镇领导干部为审计对象，研究其土地资源资产离任审计的重点内容，探索责任界定及评价标准。房巧玲、李登辉（2018）基于 PSR 模型构建领导干部资源环境离任审计评价体系。刘宇晨、王振铎、张心灵（2018）通过分析草原资源的特性，明确草原资源资产负债审计的目标和对象，合理界定出草原资源资产、负债所包含的审计内容，在此基础上构建了草原资源资产负债审计指标体系。

（4）自然资源资产负债表编制研究。

自从 2013 年党中央提出可以通过编制自然资源资产负债表来实施领导干部自然资源资产离任审计，学者们就从各个方面探索了自然资源资产负债表的编制。目前，相关研究仍处于探索阶段，国内学者对其编制的内容以及方法等有着不同的见解。

①自然资源资产负债表的理论基础、考核体系、核算要素、表内勾稽关系。

封志明（2014）在梳理总结了国内外自然资源资产核算研究成果的基础上，对自然资源资产负债表的框架构成及编制的可能途径进行了探讨。

胡文龙（2014）和陈红蕊等（2014）都认为探索如何编制自然资源资产负债表是循序渐进的过程，应不断摸索以积累经验，并且提出应以会计学原理为基础，对自然资源资产的初始量、消耗量、结余量进行综合列报。耿建新等（2015）基于对SNA2008和SEEA2012的分析，详细阐述了对自然资源资产负债表的概念、内容以及核算要素的看法。陈艳利（2015）从必要性、可行性、制约性和目标性四个角度对自然资源资产负债表的理论基础进行了较为系统的梳理，并在此基础上对报表关键概念进行阐释，并最终设计出国、省两级的基本编制框架。李伟（2015）主要参考了财务会计报表的编制方法，设计了自然资源资产负债表的资产、负债和净资产账户。杨睿宁等（2015）对于自然资源资产负债表的平衡关系有两种观点：一种是自然资源资产负债表的基本平衡关系是“期初数 + 本期增加数 = 本期减少数 + 期末数”；另一种是“自然资源资产 = 自然资源负债 + 自然资源净资产”。熊玲等（2016）在总结了国内外自然资源资产负债表研究成果的基础上，也是从资产、负债和净资产的角度出发分析自然资源资产负债表的构成要素，并初步设计了自然资源资产负债表的框架结构。

②各类自然资源资产负债表的编制。

耿建新（2014）以土地资源与水资源为例，分析了这两种资源账户的自然资源资产负债表的编制。耿建新、范长有、唐洁珑（2017）参照了澳大利亚矿产资源的资产核算体系，结合我国矿产资源核算体系的现状，分析存在的不足后，探讨了编制我国矿产资源负债表的新设想和编制思路。朱婷等（2017）在借鉴国内外对于编制自然资源资产负债表的研究成果基础上，界定了自然资源资产负债表的概念、功能、计量方式、核算步骤等，明确了自然资源资产负债表的核算方法后，以京津冀地区林木资源为例构建了一套森林资源的资产核算体系。

③自然资源资产负债表实物量与价值量的双重核算属性。

张友棠等（2014）提出自然资源资产负债表应同时采用实物计量与价值计量的模式进行列报，以反映资源资产的实物量与价值量。肖序（2015）也认为应当采用实物量与价值量双重核算属性对自然资源资产进行计量，并且提出以自然资源资产、负债和净资产为核心探索编制自然资源资产负债表框架的方式。乔晓楠（2015）阐述了自然资源资产负债表的当期平衡与跨期平衡，提出了对资产负债表形式的设想，在对实物量表和价值量表进行简要分析后探讨了由实物表向价值表转化过程中所需的环境价值评估理论与方法。盛明泉等（2017）基于政府视角指出，自然资源资产负债表应当采用实物量与价值量双重核算。为了使自然资源资产负债表的数据核算更加丰富和精确，他们还认为：一方面，实物量的核算可以采用数量指标和质量指标相结合的方法，一些具有专业性的质量指标能够体现单纯的数量指标所不能反映的自然资源存量情况，能有效满足报表使用者的需求。例如，浑浊度、矿化度、富营养成分等，土壤 pH 酸碱度、土壤侵蚀程度等指标可用于衡量土地资源质量。另一方面，不同的价值量估算方法各有其特点，政府作为自然资源资产负债表的编制主体，应该因地制宜，结合实物量计量方法和具体的自然资源情况，选择适宜的价值评估方法。同时他们还建议引入第三方评估机制，加快建设自然资源资产评估市场以促进自然资源资产的价值评估体系的发展。

④自然资源资产负债表其他相关研究。

高志辉（2015）探讨了自然资源资产负债表的核算方法，提出应采用现金流动制而非收付实现制和权责发生制，现金流动制比收付实现制的核算范围更广也更适合自然资源资产的核算。黄溶冰等（2015）提出可以通过编制自然资源资产存量变化表来反映其数量变化，并以此为依据编制自然资源资产负债表。

1.2.3 评析

伴随着人们环境保护意识的加强以及中央政府对领导干部绿色经济行为的重视，目前，领导干部自然资源资产离任审计已成为当前审计领域的一大热点。我国学者一方面借鉴国外研究成果，另一方面结合我国自身国情特色，现已在自然资源资产的核算和审计领域取得了许多的研究成果。

通过梳理国内外有关自然资源资产的相关文献，可知我国的研究成果是建立在国外学者研究成果的理论基础上的，因而国内外研究成果在某些方面存在共同之处。

一是研究区域的尺度较大。国外关于自然资源资产核算的区域尺度多是侧重全球生态或是国家、地区的生态价值。我国对于自然资源资产价值的核算也多是从全国的或是某一生态地区的角度出发。

二是自然资源资产核算研究思路相似。国内外对于自然资源资产的价值核算侧重于生态系统服务功能价值的核算，也都重视通过将生态系统的服务功能进行分类后核算价值。

虽然我国文献与外国文献存在一些共同之处，但在研究方向和研究目的上存在一定差异。

首先是研究方向上的差异。国外对环境审计的研究较为全面，无论是环境审计相关的理论研究还是实务方面的研究都有丰富的文献基础，已有文献已经对注册会计师开展环境审计的方式、环境审计的成本与收益等方面进行充分讨论，并且国外学者们在进行相关实证研究时更多是研究环境事项及相关信息披露带来的经济后果而非环境因素本身。近年来，国外关于环境审计的相关研究已经逐渐从宏观视角过渡到微观，而我国学术界与此相关的研究已经从自然资源资产离任审计的理论研究、政策解读发展到审计技术方法和评价指标体系等，目前已有少量文献对具体县市的审计应用展开研究，但专项自然资源资产审计的研究较少，可以看出我国在实践性研究方面仍有许多研究空间。目前我国政策提倡应将自然资源资产审计运用到实践中，可以预见自然资源资产离任审计实务方面的研究将是我国未来研究的主要方向。

其次是研究目的上的差异。国外学者们与此相关的研究目的主要是对研究对象在某一时期自然资源资产总量的变化及其原因进行分析，而我国许多学者是以解决领导干部自然资源资产离任审计试点工作中存在的问题为目的展开讨论。因此，我国学者在对自然资源资产变化情况及变化原因进行分析的同时，更重视对自然资源资产责任归属问题的研究。

综上所述，目前很多文献探究的重点是归纳出当前试点工作中遇到的问题。其中，比较突出的问题有以下四个：

一是由于我国当前进行领导干部自然资源资产离任审计并未真正全面开展，所以许多关于领导干部自然资源资产离任审计的基本理论仍存在争议。

二是由于我国的自然资源种类丰富，分布区域广阔，不同的自然资源资产类型分属不同的部门管辖，不同区域的自然资源资源又分属不同的省市管辖，并且由于审计主体的范围没有明确的界定，加大了离任审计的难度，使得领导干部自然资源资产离任审计工作变得“心有余而力不足”。

三是尚未建立公认的评价方法与指标体系。虽然当前已经有许多学者开始初步探索构建自然资源资产离任审计的指标体系，但是仍无法全面、科学、公平地对领导干部进行评价。

四是对于自然资源资产审计中如何编制自然资源资产负债表仍没有统一的定论。国际上的一些组织和国家已经对自然资源资产负债表的编制和运用进行了较为深入的实践，我国许多学者也开始借鉴他们的经验，并结合我国的实际情况来进行编制，但每个地区的不同环境又使得我国的自然资源资产负债表能否广泛适用成为一大难题。

基于领导干部自然资源资产离任审计过程中存在的问题，学者们在研究中不仅对问题进行了分析，并针对存在的问题提出宏观的建议，以期更好地推动领导干部自然资源资产的离任审计工作。

1.3 研究思路、内容和方法

1.3.1 研究思路

本书按照“现状整理—分析问题—提出建议”的思路展开探讨。首先，是对国内外研究现状的整理并予以评述；其次，阐述了相关概念、研究理论基础及审计的方法和方式；再次，系统梳理了我国自然资源资产审计的进展情况，分析审计过程存在的问题及原因；从次，基于福建省建设生态文明先行示范区的要求及福建省的生态环境特色，分别从自然资源区划视角及生态功能视角分别构建自然资源资产审计评价指标体系；最后，提出相应的推进自然资源资产审计的建议。

1.3.2 研究方法和内容

1. 研究方法

本书采用的主要研究方法为文献研究法和实地调研法。通过查阅与经济责任审计、离任审计、环境审计等相关文献，结合通过国家审计署、各省计厅局网站收集到的自然资源资产审计研究及开展现状，结合到福建省审计厅、环保局、土地资源局等相关部门的调研结果，全面梳理当前自然资源资产审计工作的开展情况，归纳分析现行审计工作中存在的主要问题，进而提出完善审计的建议，以期为审计工作的全面开展提供借鉴。

2. 研究内容

本书一共分为7章，主要内容如下：

第1章，绪论。本部分首先阐述了本研究基于的生态环境日益遭受破坏及党中央加强生态文明建设的重大决策部署背景，从提升生态建设和环境保护水平、实现审计“全覆盖”、确保廉洁型政府建设等方面阐述了该项研究的意义。其次是文献综述，在梳理国内外文献并进行分析比较的基础上，本书拟对审计现状、存在问题以及指标体系的构建等展开探讨，以为审计工作的全面推进提供借鉴。再次，阐述了本研究的研究思路、主要内容和研究方法。最后，指出本研究的特色之处。

第2章，相关概念及研究的理论基础。首先，对自然资源资产、经济责任审计与离任审计、自然资源资产审计及自然资源资产离任审计等概念内涵进行界定；其次，简要阐述了委托代理理论、生态经济价值理论、环境经济外部性理论和可持续发展理论，并以其作为本研究的理论基础；再次，阐述了审计的目标、审计涉及的三方关系人，探讨了审计的技术方法；最后，分析了审计的依据。

第3章，自然资源资产审计的现状分析。首先，归纳梳理了党的十八届三中全会以来党中央出台的与自然资源资产审计有关的政策，分析了随着各项政策的颁布审计工作的进展；其次，分析了各省份试点阶段及全面推开阶段的工作情况及工作成效；再次，详细介绍了福建省试点工作的开展情况和全面推开阶段工作进展情况，总结了福建省作为生态省在自然资源资产审计方面的经验与特色；最后，基于当前现状分析及调研访谈的结果，分析了当前自然资源资产审计中存在的问题。

第4章，基于自然资源资产分类视角，构建自然资源资产审计评价指标体系。评价指标体系是审计工作结果进行量化的体现，也是该项审计工作以及生态责任终身追究制得以有效落实的保证。本章基于各省市审计工作的开展情况以及实地调研走访的结果，结合自然资源资产管理相关法规，从自然资源资产区划的视角，构建了普遍适用的评价指标体系。该评价指标体系分为两个部分，即经济评价指标和专项评价指标。综合考虑自然资源资产管理保护与经济发展并重的原则，本书设置了总体经济评价指标，避免自然资源资产责任人过度追求自然资源资产责任，而忽略了经济与环境的协调发展。专项评价指标按照普遍适应性原则，设置常规的分项评价指标，包含森林资源、土地资源、水资源、矿山资源、大气资源和海洋资源六个方面。

第5章，基于生态功能区划视角，构建自然资源资产审计评价指标体系。考虑到自然资源资产的复杂性、多样性及区域性特点，本章结合福建省重要生态功能区的划分，根据各个生态功能区的特征构建了专项评价指标。基于生态功能区划视角构建的评价指标体系，从多角度为审计实务工作提供量化评价方法，使得评价指标体系在具有普遍适应性的同时也具有区域属性。

第6章，自然资源资产离任审计的重点内容。本章以福建省为例，结合福建省自然资源现状，探讨土地资源、森林资源、水资源和海洋资源的审计重点。

第7章，自然资源资产审计的推进。本章针对审计过程中存在的问题，提出了推进自然资源资产审计的若干建议。探讨了自然资源资产负债表的编制，提出了建立自然资源环境台账，构建了生态环境监测大数据平台、探索自然资源资产审计常态化模式等推进措施，切实保障审计工作的深入开展。

1.4 本书特色之处

比较现有文献，本书主要有以下特色：

（1）多角度构建自然资源资产审计评价指标体系。本书基于福建生态功能示范区背景展开研究，分别从自然资源资产分类角度及生态功能角度构建了自然资源资产审计评价指标体系，从多角度为审计人员开展领导干部自然资源资产离任审计提供量化评价方法。

（2）所构建的自然资源资产审计评价指标体系内容全面，既具有普遍适应性也具备地方属性。本书构建的自然资源资产审计评价指标体系涵盖经济评价指标和专项评价指标两部分，基于自然资源资产分类角度构建的分项评价指标体系具有普遍适用性，而基于生态功能视角构建的专项评价指标体系结合福建省的重要生态功能区的划分，根据各个重要生态功能区的特征进行设置。同时，本书在评价指标体系中设置了权重，以供各地按照区域实际情况设置不同的权重。

（3）采用双重判定法对评价指标体系的定性指标进行评价。本书在评价指标体系的评价环节，针对定性指标采用双重判定法，其主要目的是避免人为因素的干扰，增强定性评价指标的客观性。因此，本书在对定性指标打分时，事先对审计人员进行培训，统分中采用去掉一个最高分和一个最低分后再加权平均的方法，并设置了定性指标等级对应表，以确保最大程度降低人为判断因素造成的误差。

（4）提出自然资源资产审计应常态化。我国从2014年提出对领导干部开展自然资源资产离任审计，2015年《关于开展领导干部自然资源资产离任审计的试点方案》的出台标志着此项试点工作正式拉开帷幕，2017年《领导干部自然资源资产离任审计规定（试行）》（以下简称《规定》）的颁布，标志着一项全新的、经常性的审计制度正式建立，2018年起由审计试点进入到全面推开阶段。从当前审计执行现状看，自然资源资产审计主要在领导干部离任时开展，审计结果出来时该领导通常已离开原岗位。这样，不利于审计结果的推广，本书提出自然资源资产审计应常态化，从事前、事中、事后三阶段逐步开展，实行定期审计制度，要求至少每年审计一次。

（5）提出审计对象从领导干部扩展到企业负责人。企业承担着自然资源资产的经营权和开采权。企业利用自然资源资产进行生产、流通、研发、服务等经济活动。企业行为影响自然资源资产的耗竭及再生，生态环境也会产生重大影响，企业或单位的领导干部，也应当成为自然资源资产审计的对象，自然资源资产的审计对象范围从政府领导干部覆盖到企业负责人。

第 2 章
相关概念及研究的理论基础

2.1 相关概念界定

2014 年《中共中央关于全面深化改革若干重大问题的决定》提出对领导干部开展自然资源资产离任审计，2015 年《关于开展领导干部自然资源资产离任审计的试点方案》的出台标志着此项试点工作正式拉开帷幕，2017 年《领导干部自然资源资产离任审计规定（试行）》（以下简称《规定》）的颁发，标志着一项全新的、经常性的审计制度正式建立，2018 年起由审计试点进入全面推开阶段。随着党中央越来越重视该项审计工作以及人们的环保意识逐步增强，近年来越来越多学者投身于此项内容的研究中。本书将对自然资源资产、离任审计、自然资源资产离任审计和经济责任的概念展开阐述，以期帮助读者更好理解该项审计工作的内涵。

2.1.1 自然资源资产的概念

《辞海》中将自然资源定义为“天然存在的自然物（不包括人类加工制造的原材料）并有利用价值的自然物”。联合国环境规划署的定义为：在一定的时间和技术条件下，能够产生经济价值。提高人类当前和未来福利的自然环境因素的总称。王平波（2016）参考会计中资产的定义，将自然资源资产定义为“同时满足以下两个条件时确认为自然资源资产，一是该自然资源财富要素权利很可能给国家和人民带来经济权益；二是该自然资源财富要素权利的成本或价值能够可靠计量”。

综上所述，本章认为自然资源资产应具备三个特征：一是天然存在；二是能带来经济利益；三是能够可靠计量。同时，自然资源资产具备自然资源的三个特征——有限性、区域性和整体性。有限性指自然资源资产的数量有限，有限的资源与人类社会不断增长的需求相矛盾，故必须强调资源的合理开发利用与保护；区域性指资源分布存在数量或质量上的显著地域差异；整体性指每个地区的自然资源要素彼此有生态上的联系，形成一个整体，故必须强调综合研究与综合开发利用。

因此，本书综合考虑了自然资源资产的内涵和特征，结合《决定》的要求，将自然资源资产划分为土地资源、水资源、森林资源、矿产资源、大气资源等。

2.1.2　经济责任审计与离任审计的概念

要理解经济责任审计，首先要理解什么是经济责任。经济责任，更为完整的表述是受托经济责任，即由于受托管理他人资产而承担的相对于委托人的责任。委托代理关系是现代社会中最为重要的经济关系之一。社会上的每个个体、组织都承担着不同性质，不同内容的受托经济责任。于企业而言，职业经理人承担着管理股东资产的受托经济责任；于国家而言，政府官员承担着管理公共资源的受托责任。经济责任审计是审计机关（审计机构）通过对党政领导干部或国有企业及国有控股企业领导人员及其所在地区、部门、单位财政财务收支以及相关经济活动的审计，来监督、评价和鉴证党政领导干部或企业领导人员经济责任履行情况的行为。陈波（2005）认为，经济责任审计在以下四个方面具有特殊性。第一，经济责任审计的目的具有特殊性。经济责任审计的目的是监督、评价和鉴证党政领导干部或企业领导人员经济责任履行情况的行为。经济审计直接对领导干部的经济责任履行情况发表意见、常规的社会审计直接对财务报表发表意见，虽然也涉及对受托人经济责任履行情况的评价，但对受托人的评价不是常规社会审计的主要目的。第二，经济责任审计的审计范围和内容具有特殊性。作为一种政府审计，经济责任审计主要针对党政领导干部和国有企事业单位的主要负责人，审计的内容是领导干部在其任期内的经济决策行为、管理活动等。第三，经济责任审计的审计组织方式具有独特性，区别于由审计机关全权负责的财政审计，经济责任审计通常需要纪检、组织、监察、人事、国有资产管理部门等多部门的协作。第四，经济责任审计的审计路径具有特殊性。由经济责任审计的目的可知，经济责任审计是一项由“人”及“事”的审计。常规的社会审计则是由“事”及“人”，先确定经济业务，再考虑由谁负责；经济责任审计则是先确定责任人，再考虑哪些经济业务由该责任人负责。

经济责任审计包括任中经济责任审计与离任经济责任审计。

离任审计，又称离任经济责任审计，是指审计人员对相关负责人任职期间所承担的经济责任和管理责任进行评价。按照审计内容可以将离任审计分为任期离任审计和破产离任审计，本书提到的离任审计是前者，即对任职期限已满的领导干部进行监督评价，着重审查其任职期间应履行的资金资源资产管理和生态环境保护责任。除此之外，审计人员应根据《中华人民共和国审计法》的有关规定，对离任者展开审计，以保证审计过程有法可依，依法行权。

2014 年 7 月 28 日，国家审计署官方公布了《党政主要领导干部和国有企业领导人员经济责任审计规定实施细则》（以下简称《细则》），该《细则》由中央纪委机关、中央组织部、中央编办、监察部、人力资源社会保障部、国家审计署、国资委七部门联合印发。《细则》细化和完善了经济责任审计对象、审计内容、审计评价、审计报告、审计结果运用、组织领导和审计实施等内容。《细则》在审计对象方面，明确了党政主要领导干部和国有企业领导人作为审计对象的范围，首次明确重点审计对象任期内至少审计一次，并对涉及经济责任审计的一些关注度极高的问题进行了明确。目前，全国各级审计机关对各级次、各类别领导干部的经济责任审计已经全面展开，包括省部级领导干部经济责任审计也已常态化、制度化，形成了以任中审计为主，任中审计与离任审计相结合的审计模式，逐步建立起了重要领导干部任期内的轮审制度。

本书的主要内容为自然资源资产审计。

2.1.3 自然资源资产离任审计的概念

自然资源资产离任审计是党的第十八届三中全会提出的自然资源资产

产权制度。有了具体的考核指标，干部任职不再只是以 GDP 论政绩，而是要考核其所管理的自然资源是否保护。未来可以建立一个具体的评价体系，让生态环境保护纳入政府考核体系更具操作性。钱水祥（2016）认为领导干部自然资源资产离任审计是对领导干部在整个任期内的所管辖区域范围的自然资源资产管理、使用、开发、保护等情况进行审查、鉴证的总体评价活动。领导干部自然资源离任审计与以往的财务审计不同，它是对自然资源资产展开，目的是督促领导干部在发展经济的同时也积极履行环境责任，做到经济发展与自然资源资产的开发利用相协调。提出自然资源资产离任审计是领导干部经济责任审计的补充，两者相辅相成、缺一不可。将自然资源资产纳入审计的范围，是审计全覆盖的表现，有利于丰富经济责任审计的内容，强化对环境保护情况的审计监督，促进经济发展方式的转变。

2.1.4　领导干部自然资源资产离任审计的概念

领导干部自然资源资产离任审计，是指审计机关依法依规对主要领导干部任职期间履行自然资源资产管理和生态环境保护责任情况进行的审计。开展领导干部自然资源资产离任审计，是贯彻落实党中央关于加快推进生态文明建设要求的具体体现，对于领导干部牢固树立绿色发展和绿水青山就是金山银山的理念，坚持节约资源和保护环境的基本国策，推动形成绿色发展方式和生活方式，促进自然资源资产节约集约利用和生态环境安全，完善生态文明绩效评价考核和责任追究制度，推动领导干部切实履行自然资源资产管理和生态环境保护责任具有十分重要的意义。

2.2　研究的理论基础

自然资源资产审计涉及多门学科，它是环境审计与经济责任审计深度融合的产物，是一项具有中国特色的自然资源资产监督管理制度。自然资源资产审计是一个崭新的审计研究领域，是党中央加快生态文明制度建设的重要制度创新和模式创新。作为新兴的审计领域，自然资源审计以传统审计学的理论基础为基石，同时融合了经济学、环境学的理论。本书从审计学、经济学和环境学出发探讨自然资源资产审计理论基础，对委托代理理论、生态经济价值理论、环境经济外部性理论和可持续发展理论进行简要阐述。

2.2.1 委托代理理论

资产的所有者将资产委托给代理人代为经营管理，代理人通过管理资产获取经营管理费用，这就是委托代理关系。在所有权和经营权分离的情况下，所有者和代理人都想要最大化个人利益，二者的利益可能不一致。一旦代理人出现不勤勉工作或是侵占所有者利益为自己谋福利等行为，就产生了委托代理问题。为了解决委托代理问题，所有者可以采取激励或监管的手段，使代理人和自身的利益趋于一致。资产的所有者要求代理人必须承担起管理、使用职责，审计便应运而生了。

自然资源资产审计是环境审计与经济责任审计深度融合的产物。审计产生于所有权和经营权的分离，自然资源资产审计也产生于自然资源所有权和经营权的分离。根据我国法律规定，主要自然资源资产的所有权归国家所有，而国家依据相关的法律法规将自然资源资产的使用权交给各个地区的党政领导干部，因此，国家和领导干部之间存在委托代理的关系。此外，刘笑霞等（2014）认为政府与公众之间具有委托代理关系。一方面，政府所拥有的权利来源于人民，故政府在进行决策等行为时应以公众利益为重，从公众利益出发。而公共财产是全社会共同拥有的，它具有公共属性，属于公众利益，因此，政府有责任有效管理公共财产，切实履行管理职能。另一方面，政府行为应该公开透明化，积极接受公民的监督。因此，政府应及时向公众披露其履职情况，以解除自己的公共受托责任。随着经济的发展，公共受托责任观的范围不断扩大，其范围包含政治、经济、道德、环境等众多领域，形成复合责任实体，其中环境领域的拓展形成了自然资源资产审计。委托代理理论是任何审计工作的理论基石。

2.2.2 生态经济价值理论

生态经济价值理论认为，并非所有生产劳动对消费者和社会都是正产出。如果在生产或者使用过程中造成环境污染、生态破坏，那么这类产品的价值就会减少。如果治理污染、恢复原状的成本高于产品的本身价值，那么该产品对消费者和社会来说就是负产出。因此，我们在发展经济的过程中，除了要关注产出结果，还应该关注各种要素投入。在生态经济价值理论中，要素的投入不仅包括资金投入，还包括自然资源资产投入。同样道理，当我们在衡量评价某个地方领导干部的绩效时，不能仅依据该地区的生产总值增长情况进行判断，还应该考虑自然资源资产的耗用和损害情况，以及恢复自然资源资产原貌的成本，即应该采用绿色 GDP 作为经济发展情况的衡量指标。在生产总收益中减去生产要素成本和自然资源环境的代价得到的收益称为绿色收益，用等式表示为：绿色收益 = 生产总收益 - 生产要素成本 - 自然资源和环境代价，这是计算绿色 GDP 的基础。

2.2.3　环境经济外部性理论

经济外部性这一概念最早是由英国经济学家马歇尔在其经典著作《经济学原理》一书中提出，指某个经济实体的行为使不相关的第三方受益（正外部性）或受损（负外部效应），该经济主体却不会因之得到补偿或付出代价。大部分的外部性都是负外部效应。环境污染就是一个典型的负外部效应。例如，某企业为了减少成本、提高利润而采用了一种新型的生产设备，该设备产生的气体对环境有害，但企业并没有因此而降低出售的产品价格，即企业没有付出任何额外的代价。居民的健康受到影响，却不能因此而得到补偿。大部分负外部性都会使主体获利，使公众利益受损。许多经济学家认为经济负外部性是市场失调的表现，因此，要改变这种不合理的现象，我们需要政府的干预和管制。政府可以通过制定相关法律法规来规范领导干部和企业家的行为，也可以通过税收、财政补贴的方式，减少负外部性对公众利益的影响。

经济外部性从经济学的角度解释了自然资源资产审计的动因。某些领导干部和企业家可能以环境为代价追求个人业绩，我们需要政府干预，需要通过自然资源审计，来改变这种负外部性。

2.2.4 可持续发展理论

1987 年世界环境与发展委员会首次提出可持续发展的概念，可持续发展是指“既满足当代人的需要，又不损害后代人满足需要的能力的发展”，它是科学发展观的核心内容。很多自然资源资产属于不可再生资源，如果没有节制地使用，最终将会用尽。可持续发展理论是在充分考虑自然资源资产有限性的基础上提出的，主张建立人、企业、政府、社会与环境的新型关系，确保人类社会与生态环境的和谐。就我国当前的现状分析，我国人均自然资源数量相对贫乏，生态环境基础薄弱。除此之外，存在部分领导干部持有错误的政绩观，盲目追求任期内的经济发展，甚至不惜以牺牲环境为代价的现象，例如：为了追求 GDP 的高速增长，部分领导干部漠视法律条例，批准未进行环境评估的项目，甚至允许污染环境的企业继续生产经营，导致违规开采矿产资源、违规占用或使用土地、少征和返还土地出让金等现象频频出现，这些行为都违背了可持续发展理论的初衷。因此，李博英和尹海涛（2016）认为对领导干部开展自然资源资产离任审计的出发点和归宿点就是维护经济和社会的可持续发展，可以有效监督自然资源的使用情况，对地方各级领导起到威慑警示与政绩导向作用，为我国实行可持续发展战略提供保障。

2.3 自然资源资产审计的目标

当前我国自然资源资产总体上相对富足，国土总面积排名世界第三位，森林资源蓄积量居世界第六位，矿产资源总量排名世界第三位，淡水资源总量世界排名第六位等，这些丰富的自然资源支持着国民经济的迅速发展，也为我国社会主义事业的建设做出了巨大的贡献。然而，我国又是一个人口大国，自然资源的人均占有量世界排名并不高，人均森林资源世界排名 107，人均矿产资源世界排名 80，人均淡水资源世界排名 121。受“地大物博”的传统观念的影响，缺乏忧患意识，领导干部在发展决策中，常常未能充分考虑自然资源资产的保护和可持续性发展，甚至在经济发展过程中存在浪费、污染和破坏自然资源的现象，导致群众利益受到危害，产生各种社会经济问题。因此，当前我国自然资源资产审计的主要审计目标有以下两点。

2.3.1　明确自然资源资产的管理责任，重视环境的可持续发展

从产权归属角度，自然资源资产的权力可分为所有权和使用权，使用权包括经营权和开采权。按照我国宪法规定，自然资源资产的法定所有权属于国家，政府代理成为所有权的主体。在这一产权背景下，自然资源资产的经营权和开采权由政府分配企业或个人，政府承担着自然资源资产统筹管理责任，承担着对自然资源的合理配置和保护责任。将自然资源发展情况作为对领导干部政绩考核的一个重要标准，明确领导干部对自然资源管理和保护责任，既能反映出领导干部在任期间的管理水平和经营业绩，又能暴露出其决策失误、经济责任以及破坏自然资源和生态平衡等问题。结合审计结果，建立生态环境损害责任终身追究制，从一定程度上遏制破坏自然资源的行为，提高领导干部保护自然资源和生态环境的自觉性和积极性，将这一工作纳入社会经济发展的议程中，督促领导干部重视可持续发展中可能出现的环境问题。

2.3.2　建立起系统的自然资源资产保护制度体系

结合自然资源资产审计，形成并完善自然资源资产的规划制度、核算制度、赔偿制度和监督制度等，督促领导干部重视自然资源的可持续发展以及对环境的保护，正如党的十八届三中全会中提出的："必须建立系统完整的生态文明制度体系，实行最严格的源头保护制度、损害赔偿制度、责任追究制度，完善环境治理和生态修复制度，用制度保护生态环境"，最后形成以资源养资源、发展资源业的良性循环，严惩破坏自然环境的行为，为社会提供更多的经济效益和良好的生态环境，做到社会经济与自然资源共同发展。

2.4　自然资源资产审计的三方关系人

当前，我国的自然资源资产审计主要是对领导干部在其任职期间内履

行自然资源资产管理和生态环境保护责任情况进行审计，在一些较早开始执行自然资源资产审计的国家中，自然资源资产审计还包括对企业承担生态环境保护责任进行审计。自然资源资产审计的三方关系人指自然资源资产审计的审计主体、审计客体（即审计对象）以及审计成果的预期使用者。

2.4.1 自然资源资产审计的主体

审计的主体一般指的是审计工作的执行者，研究自然资源资产审计的主体就是要解决“谁来审”的问题。我国自然资源资产归属国家所有，应当选择国家审计作为其审计的主体。但是考虑到自然资源资产的特性，自然资源资产审计的主体应当选择国家审计机关和自然资源管理部门相结合的方式。

首先，自然资源资产离任审计的发起与组织者应当由国家审计部门来担任，专门在国家各级审计机关中设立针对自然资源资产的审计部门，来完成自然资源资产审计的工作。国家审计部门根据自然资源资产的特点，对各项审计工作制定最基本的审计规范，对审计工作进行全局部署，在审计工作中作为主要参与人，同时协调相关参与部门间的沟通交流与协作机制，参与并监督各项审计任务的执行，保证离任审计工作能够顺利地完成。

其次，从自然资源部、生态环境部、林业和草原局、水利部等国家机构中抽调专家配合自然资源资产审计工作的进行。由于这些机构掌握了我国现有自然资源的范围、总量、过去与当前的状况等信息，在审计过程中，这些信息以及这些国家机构所拥有的技术可以帮助审计人员明确把握离任的领导干部任职期间的工作成果，认定其是促进了和保护自然资源资产的可持续性发展还是增加了对自然资源资产的破坏，这对提高离任审计效率和效果都十分重要。不同的国家机构管辖的自然资源资产不同，因此，在审计过程中，根据实际情况，从相关的自然资产管理部门中严格挑选专门人员配合审计，保证专家的独立性，这样不仅国家机构人员在进行审计时更能了解自然资源资产的具体情况，还可以节约人力物力资源，防止人员闲置。

因此，自然资源资产离任审计的主体应当选择国家审计机关和自然资源管理部门相结合的方式，由国家审计机关统一调配，针对不同地区的自然资源资产项目，选择不同的自然资源管理机构，相互配合进行离任审计，并可以将审计结果向公众公布，让社会舆论成为强有力的监督者，保证审计过程与结论的透明和公正。例如，离任领导干部管辖区域内有森林资源的地区，应当选择林业局和审计机关人员配合审计；而在沿海地区，则应当要求地方海洋局参与到离任审计中；而如果离任领导干部所在地区有矿产或土地资源，那么审计机关应当联合国土资源厅进行审计。

为了确保审计政策的有效实施，本书提出建立自然资源资产审计专家库，集众人的智慧，更好地推动这项工作的开展。专家类型包含审计专业专家及自然资源管理部门的专家。为了保证专家库的有效实施，应该设立审计专家的标准条件，即列明遴选标准，如专业知识技能、实践经验、技术优势等。根据标准条件，将符合条件的专家学者纳入专家人才库，作为人才储备，等到相关审计项目需要时，依据专家的专业特长以及专家人才库的管理办法，抽调相应专家参加审计工作，不仅有利于增强审计小组的专业性，也在一定程度上保证审计过程的客观性。

2.4.2　自然资源资产审计的客体

审计的客体是指审计对象或审计对象信息负责的主体，即被审计单位。研究自然资源资产审计的客体就是要解决“审计谁”“审什么”的问题。明确自然资源资产的管理责任，是自然资源资产审计的重要目标之一。根据自然资源资产所有权与经营权分开的原则，自然资源资产审计的审计对象范围可以从政府和企业这两个角度来考虑。

一方面，政府承担着自然资源资产的配置权、管理权，领导干部代表政府履行这一职责。领导干部在任职期间对整个地区的经济发展负有责任，同时对自然资源资产负有保护责任。为了约束领导干部在发展经济过程中可能产生的污染环境、破坏生态文明等行为，必须要将政府部门领导干部作为自然资源资产审计的对象。

另一方面，从企业角度来看，企业承担着自然资源资产的经营权和开采权。能够利用自然资源资产进行生产、流通、研发、服务等经济活动。企业行为影响自然资源资产的耗竭及再生，也会对生态环境产生重大影响，企业或单位的负责人，也应当成为自然资源资产审计的对象。自然资源多为国有或集体所有，因此这一类资源性企业以国有企事业单位为主，例如对石油、天然气、煤矿等的开采企业、利用海洋资源的海洋渔业与海洋交通运输业、使用森林资源的林场等。应当审计这些企业对所开发利用的自然资源资产的使用情况和保护情况，以防止企业为提高业绩而过度开采或滥用自然资源，从而导致不可再生资源的永久性破坏，影响行业乃至地区经济的发展。

2.4.3 自然资源资产审计的预期使用者

预期使用者指预期使用审计报告的所有组织或个人。本书采用刘明辉和孙冀萍（2016）的观点，将自然资源资产审计的预期使用者界定为全体公民，各级人大，相关政府部门，党政机关及其他利益相关者。

自然资源资产由全体公民共同享有，全体公民是自然资源的所有者。正如公司审计中审计报告的主要预期使用者是企业的所有者，自然资源资产审计的主要预期使用者也是自然资源的所有者——全体公民。作为自然资源的所有者，公民的利益与自然资源的状况息息相关，公民的生活状态也直接受当地自然资源状况的影响。因此，作为与自然资源有着最直接、最密切关系的主要利益相关者，公民是自然资源资产审计的主要预期使用者。

此外，党的十八届三中全会通过的《中共中央关于全面深化改革若干重大问题的决定》提出，“用制度来保护自然资源和生态环境，其中领导干部自然资源资产离任审计是一项重要举措”。自然资源资产审计的目标包括保护自然资源、生态环境以及以审计结果作为领导干部和企业家的考核标准。从保护环境这一目标出发，在审计过程中发现的问题需要当地环保部门、自然资源资产管理部门（例如地方海洋局、林业局等）处理，因此相关政府部门是自然资源资产审计的预计使用者。从业绩考核这一目标出发，自然资源资产的审计结果可以作为领导干部、企业家（尤其是国有企业家）的业绩评价指标之一，那么上级党政机关也是自然资源资产审计的预期使用者。

2.5　自然资源资产审计的方法

自然资源资产具有信息繁杂、分布范围广、数据量大且难以量化等特征。自然资源资产审计尚处于探索阶段，选用恰当的审计方法，是确保审计工作得以顺利进行并实现审计目标的重要保障。

2.5.1　传统审计方法

传统审计方法包括资料审阅法、访谈法、实地调研法、统计分析法。

1. 资料审阅法

资料审阅法是对各种书面材料进行审查，以获取书面证据的方法。资料审阅法是审计人员在审计工作中使用最广泛、最基本的技术方法。

在开展自然资源资产审计中，审计人员应该对领导干部任职期间的相关书面材料进行审核，包括但不限于与自然资源资产相关的凭证、账册、资产负债表、项目书、合同、记录，充分利用审计抽样的方法对账载数据的真实性、可靠性进行核查。与此同时，需要重点关注用于资源环境管理方面的资金，审查自然资源开发、利用和保护的过程中资金的筹集、分配、使用、流向和管理的情况，关注资金计划是否符合实地情况、资金的使用是否都经过适当的审批、资金的发放是否实际落实到位、有无出现非法挪用资金等现象以及投入产出是否合理等。审计人员应查阅领导干部在任期内的重大会议纪要及历次审计报告，从中往往能了解到许多从其财务资料中无法了解到的与其日常经营活动直接相关的重大事项、关键风险点以及潜在的内控缺陷，为整体审计提供方向。

通过资料审阅法获得原始资料，可以从中发现领导干部任期中存在的不足。但是资料审阅法也存在一定局限性，审计中收集到的原始资料有可能是被篡改过的。因此，采用审阅法时，应该判断所获资料是否具有真实性。

2. 访谈法

访谈法是指通过当面、电话或书面的形式向被调查者提出询问，以获取所需信息的调查方法。自然资源资产审计过程中，审计人员应当向单位内部和外部的相关人员进行询问，询问有助于审计目标实现的信息。

通过询问单位内部人员，可以获悉单位内部经营活动情况、规章制度的执行情况、领导干部在任时营造的单位文化以及对自然资源资产的重视程度。同时，还可通过与单位人员进行单独沟通，了解他们对领导干部任期工作情况的评价。

通过询问单位外部人员，比如与自然资源资产有接触或了解情况的群众、相关领域的专家，了解所在地区自然资源的总体情况、领导干部任职前后当地自然资源的变化情况、群众对于领导干部任职期间业绩的评价等。相比于内部人员，外部人员与被审计领导干部之间不存在隶属关系，他们的评价会更客观。因此，通过内部外部多渠道的咨询，获取更客观、更详细的信息。同时，访谈具体执行时应注意掌握面谈的方法和技巧，可采取保密模式，取得对方信任，尽可能让其畅所欲言以取得最真实的评价。

但是，访谈法也存在一定局限，即通过询问法收集到的资料容易受到被访谈对象主观态度的影响，如果仅通过单一的询问法进行审计，会使收集到的数据缺乏客观性。

3. 实地调研法

实地调研法又称直接调查法，是调查者直接参与调查活动，凭借自己的眼睛、摄像器材或在相关资源环境专家的帮助下调查现场并记录，同时对调查内容进行分析研究的一种调查研究方法。实地调研法是对被审计自然资源资产进行最直观的初步认识，能够获取较为可靠的审计证据。

但是，实地调研法也存在局限性，自然资源分布广、实地调研成本高、耗时长等缺点使得审计人员无法对被审计对象进行全面调查，只能进行抽样调查，这就加大了审计风险。沿袭上例，如果审计人员没有到喷涂绿漆的山体附近进行实地考察，那么该领导干部投机取巧的行为就有可能被蒙混过关，进而产生观察误差，影响审计结果的准确性。

4. 统计分析法

统计分析法主要是以指标的形式来衡量审计范围内自然资源资产的发展状况，主要包括成本效益分析法、信息比较分析法以及环境标准分析法。

成本效益分析法，是通过分析为促进当地经济发展所投入的自然资源资产的成本和带来的对环境影响的负面成本以及所产生的经济效益、社会效益，参考项目可行性分析原理，以“单位自然资源”收益率最大化为原则，判断领导干部任职期间各方案决策的可行性、合理性，以此作为审计结论的重要支撑。

信息比较分析法，是将其他地区自然资源使用情况与被审计对象在任职期间自然资源使用情况进行对比，判断被审计对象自然资源资产管理工作完成的好坏。该法是通过搜集不同地区、不同自然资源资产的利用方案的数据，整理汇总后进行分析评价。

环境标准分析法，是指根据我国生态环境部颁布的各项环境标准，比如环境质量标准、污染物排放（控制）标准、环境监测类标准、环境管理规范类标准等，对领导干部所管辖地区的自然资源的管理情况做出评价。

2.5.2　现代审计方法

自然资源资产具有区域性、地带性分布特征，而且还具有“更新性”，传统审计方法在自然资源资产审计中的运用存在一定缺陷，因此，依托计算机技术和遥感技术的现代审计方法应运而生。现代审计方法主要有基于互联网技术的访问调查法、数据库存储技术下的系统查询法、利用大数据共享技术的对比分析法地理信息技术（3S 技术）。

1. 基于互联网技术的访问调查法

随着互联网时代的到来，利用互联网技术进行访问调查的方法克服了传统访谈法样本量小、效率低下、费时费力等弊端，实现快速便捷地远距离访问调查，扩大样本量，增强访问调查的可信度。基于互联网技术的访问调查法，通常以网上问卷的形式对自然资源相关的工作人员、所在地群众或相关领域的专家进行发放。该法适用于审计的任何阶段，审计人员可从反馈回的信息中提取与审计目标相关的数据和文字。在审计计划阶段，通过此法可以帮助审计人员识别可能存在的重大风险，更好地制定审计计划和分配审计资源。在审计实施阶段，运用此法可以帮助审计人员针对发现的问题进行原因分析。

2. 数据库存储技术下的系统查询法

大数据环境下，面对庞大的数据信息，传统审计方式显得低效费力。

为顺应时代发展要求，现代审计方法应改变模式，由“验证型审计”方式转变为“挖掘型审计”。通过数据库存储技术，建立自然资源资产信息系统，实现对多方自然资源相关数据的收集与检测，多地多部门可进行实时的数据传输、整理和存储，审计人员可以在海量数据信息中挖掘所需信息，解决数据过多无从下手的问题。

自然资源资产信息系统中应包含众多数据集，数据集根据资源类别独立建立，数据集中包括独立数据和合作数据。独立数据来源于相应的管理部门，合作数据则来源于除本部门以外的其他部门，例如关于水资源的数据不仅可来自水资源管理部门，也可来自资源规划、环境保护等部门，其中来自水资源管理部门的即为独立数据，来自资源规划、环境保护部门的就为合作数据。此外，对于进入数据库的数据也有一定要求。所收集的数据应要包括自然资源实物量数据、生态环境质量数据以及领导干部政策执行情况等数据，比如森林砍伐率、森林恢复治理率等。

数据库存储技术下的系统查询法有利于审计数据的完整性，便于审计人员对数据的纵向比较，也有助于降低审计成本并提高审计效率。例如，建立一个水资源信息系统，审计人员可以直接根据该系统查询当年降雨量情况、水功能区、水源保护区、湿地保护区、水产品繁殖区以及生活和工业用水排污口情况等，还可以与往年的分水岭情况和水质变化状况进行对比。除了解自然资源的基本情况外，审计人员还可根据该系统审查相关领导干部日常检查情况、报告投诉情况、问题监督情况、任务派发和责任落实等情况。

3. 利用大数据共享技术的对比分析法

自然资源属于国家和全体人民所有，不属于个别单位或个人，与其相关的信息资料可以来源于多领域、多行业、多部门。因此，在自然资源资产审计中，可以利用互联网网络平台的大数据共享技术，将多方数据进行相应的整合，进行关联分析，实现多方面、多层次、多视角的数据跟踪，便于审计人员发现矛盾点，并展开调查，从而获取相关人员在自然资源开发管理过程中违法违规行为的审计证据。

例如，在水资源资产审计过程中，可以利用大数据共享技术下的对比分析法，对海岸线、湖线、水质监测等基础数据进行对比分析。其中，关于海岸线的数据也可以来自国土资源部门，关于水质监测的数据也可以来源于环境保护部门。多部门联合造假的概率较低，因此，审计时可以将来自不同部门的数据进行对比，检验数据的真实性，也便于审计人员发现违法违规行为。

4. 地理信息技术/3S 技术

地理信息技术即 3S 技术，具体包括遥感（RS）、地理信息系统（GIS）、全球定位系统（GPS）。遥感就是通过传感器探测和接收物体发射出的电磁波，并按一定规律转换形成原始图像传给地面站，地面站通过复杂的处理后形成可用的图像。地理信息系统是利用现代计算机图形技术和数据库技术，用以输入、存储、编辑、分析、显示物体图形数据和文字数据的地理资料系统。全球定位系统，顾名思义就是对事物进行定位。3S 技术使我们可以随时获得在不同的时间段、不同区域内的自然资源资产的数据信息，同时，对于审计过程中出现的疑问点还可以通过 GPS 技术进行具体定位，有效降低了自然资源资产审计的人工成本。

（1）依托地理信息技术的审计方法。

依托地理信息技术进行自然资源资产审计的方法具体如下：首先，从自然资源资产数据库中挖掘与审计目标相关的信息导入地理信息系统。由于各行各业适用的标准、规范不一致，不同部门的数据适用的坐标系、格式等也不尽相同，如国土部门的数据采用的是西安 80 坐标系，城建部门的数据采用的是北京 54 坐标系，测绘部门的数据采用的是国家 2000 坐标系；数据格式主要有以下几种类型：shp、wt、wl、wp、dwg、jpg、doc、xls 等多种数据格式。因此为了对自然资源进行客观真实的实物量审计评价，需要将不同部门的数据进行统一处理。这就需要利用 GIS 技术对这些数据进行处理，主要包括数据格式转换、数据投影变换、数据编辑与处理、数据存储与输出、数据分析与查询等，将不同标准的自然资源数据转换成统一标准的数据。目前数据坐标转换主要采用 ArcGIS 软件和 FME 软件，数据格式统一主要采用 ArcGIS 软件、Mapgis 软件和 Maptoshp 等软件。

其次，利用遥感技术，将无人机、卫星遥感传回的影像与经统一坐标系统和数据格式后的数据形成的图像进行图层叠加，发现问题图斑与可疑点。具体操作如下：在取得统一标准的自然资源数据后，借助软件进行预处理（根据天气情况、地表曲率等因素对平面图进行调整），将自然资源的有效矢量图与无人机、卫星遥感图像进行叠加，初步得到问题图斑；接着，剔除由于采集的数据精度不同导致的小面积图斑；最后，再剔除代表国家发展要求允许使用的自然资源的部分图斑，形成最终问题图斑，并计算图斑面积、标注坐标。此部分图斑将是审计的重点，用以检查相关部门责任履行情况以及自然资源是否存在被非法使用。例如，林业资源审计是将林业部门中关于森林总面积、占用面积、人造林面积、砍伐面积等数据与卫星图像进行对比，核实林业部门数据的真实性和准确性；水资源审计是使用国情普查数据与卫星图像进行对比，形成问题图斑，其审计范围主要是省级以上重要区域内主要河道。

最后，针对最终问题图斑，利用全球定位系统技术进行快速、精准的定位，并进行现场测量、拍照取证，核实问题图斑是否存在或大小是否符实。审计人员在前往现场调查之前，应将取证单等相关材料的信息提前填好，节省外出调查时间；同时规划好现场调查路线，提高调查效率；并且确保发现问题图斑的区域至少有一个以上图斑在实地核实。

（2）地理信息技术在水资源、土地资源审计中的具体应用。

在水资源审计中，通过提取水利部门、环保部门、市政部门有关河道管理、水源地保护、市政污水管网、可采砂河段、禁采砂河段、水利建设项目等的数据，在 GIS 软件中进行坐标转换、格式转换等数据处理，并与审计时点遥感图像进行空间叠加分析，提出零星的图斑，初步得到可疑图斑。再与各部门提供的自然资源合法使用的审批材料进行对比，剔除合法的可疑图斑，得到最终图斑。对可疑图斑进行分类，利用 GPS 定位技术对可疑图斑进行精准定位，制作实地调查的审计底图，并准备好取证单，进行现场验证和采集，形成水资源审计证据。

在土地资源审计中，首先，提取原国土资源部有关审计年度土地变化数据，在地理信息系统中进行统计分析。其次，将被审计单位实际指标和与其上级政府签订的计划指标进行对比，根据耕地保有量、基本农田保护面积、土地利用率等数据确定被审单位工作完成情况。至于工作质量，需要提取土壤肥力、坡度等数据进行评价。再次，从原国土资源部、住建部获取有关耕地、基本农田、建设用地、城市规划、土地规划、土地供应、土地整治、土地复垦等数据，利用 GIS 技术进行数据处理，统一自然资源数据，并借助软件形成自然资源矢量图。再利用遥感影像进行空间叠加分析，提取疑似破坏耕地、闲置土地、违法规划使用土地资源的图斑，删除合法的图斑。最后，对可疑图斑进行分类，利用 GPS 定位技术对可疑图斑进行精准定位，制作实地调查的审计底图，并准备好取证单，进行现场验证和采集，形成土地资源审计证据。

在审计实务中，需要多种审计方法和审计技术相互配合，共同实现审计目标。但现代审计方法还处于探索和完善阶段，数据基础相对薄弱，相关技术在运用上也并不成熟，审计人员也缺乏技术技能，现代审计方法在审计实务中普遍运用还有待时日。

2.6　自然资源资产审计的依据

自然资源资产审计的依据主要有两类：

一类是国家法律法规。如《审计法》《农业法》《渔业法》《畜牧法》《环境保护法》《水污染防治法》等，主要法律法规见表 2 - 1。尽管《审计法》等专门法律中没有明确规定资源环境审计的具体内容，但《审计法》在阐述立法宗旨时，开宗明义强调要“保障国民经济和社会健康发展”。中共中央办公厅、国务院办公厅印发的《党政主要领导干部和国有企业领导人员经济责任审计规定》也提出经济责任审计应当关注“与领导干部履行经济责任有关的管理、决策等活动的经济效益、社会效益和环境效益情况”。

表 2 - 1　　国家法律法规

一	自然资源篇
(一)	土地资源
1	中华人民共和国土地管理法（2004 年 8 月 28 日修正）
2	中华人民共和国土地管理法实施条例（2014 年 7 月 9 日修正）
3	基本农田保护条例（2010 年 12 月 29 日修正）

续表

一	自然资源篇
4	土地复垦条例（2011 年 3 月 5 日）
5	中共中央国务院关于加强耕地保护和改进占补平衡的意见（2017 年 1 月 9 日）
6	闲置土地处置办法（2012 年 5 月 22 日修订）
7	土地储备管理办法（2018 年 1 月 3 日修订）
8	自然保护区土地管理办法（1995 年 7 月 24 日）
9	土地调查条例（2008 年 2 月 7 日）
10	土地调查条例实施办法（2009 年 6 月 17 日）
11	土地复耕条例实施办法（2012 年 12 月 11 日）
12	国务院办公厅关于规范国有土地使用权出让收支管理的通知（2006 年 12 月 17 日）
13	土地利用年度计划管理办法（2006 年 12 月 19 日修订）
14	省级政府耕地保护责任目标考核办法（2018 年 1 月 3 日）
（二）	水资源
1	中华人民共和国水法（2016 年 7 月 2 日修正）
2	中华人民共和国水土保持法（2010 年 12 月 25 日修订）
3	中华人民共和国防洪法（2016 年 7 月 2 日修正）
4	中华人民共和国水土保持法实施条例（2010 年 12 月 29 日修正）
5	中华人民共和国水文条例（2017 年 3 月 1 日修正）
6	中华人民共和国水污染防治法（2017 年 6 月 27 日修正）
7	取水许可和水资源费征收管理条例（2017 年 3 月 1 日修订）
（三）	海洋资源
1	中华人民共和国海域使用管理法（2001 年 10 月 27 日）
2	中华人民共和国深海海底区域资源勘探开发法（2016 年 2 月 26 日）
3	全国海洋主体功能区规划（2015 年 8 月 1 日）
4	海域使用权管理规定（2006 年 10 月 13 日）
5	海洋功能区划管理规定（2007 年 7 月 12 日）
6	中华人民共和国海洋环境保护法（2017 年 11 月 4 日修订）
（四）	矿产资源
1	中华人民共和国矿产资源法（2009 年 8 月 27 日修正）
2	中华人民共和国煤炭法（2016 年 11 月 7 日修正）

续表

一	自然资源篇
3	中华人民共和国矿山安全法（2009 年 8 月 27 日修正）
4	中华人民共和国矿产资源法实施细则（1994 年 3 月 26 日）
5	中华人民共和国对外合作开采陆上石油资源条例（2013 年 7 月 18 日修订）
6	矿产资源勘察区块登记管理办法（2014 年 7 月 29 日修订）
7	矿产资源开采登记管理办法（2014 年 7 月 29 日修订）
8	探矿权采矿权转让管理办法（2014 年 7 月 29 日修订）
（五）	森林资源
1	中华人民共和国森林法（2009 年 8 月 27 日修正）
2	中华人民共和国森林法实施条例（2018 年 3 月 19 日修正）
3	退耕还林条例（2016 年 2 月 6 日修订）
4	国有林场改革方案（2015 年 3 月 17 日）
5	国有林区改革指导意见（2015 年 3 月 17 日）
6	森林防火条例（2008 年 11 月 19 日修订）
7	森林病虫害防治条例（1989 年 11 月 17 日）
（六）	草原资源
1	中华人民共和国草原法（2013 年 6 月 29 日修正）
2	草原防火条例（2008 年 11 月 29 日修订）
3	草原征占用审核审批管理办法（2016 年 5 月 30 日修订）
二	生态环境篇
（一）	生态环境保护
1	中华人民共和国海洋环境保护法（2017 年 11 月 4 日修正）
2	中华人民共和国野生动物保护法（2016 年 7 月 2 日修订）
3	中华人民共和国自然保护区条例（2017 年 10 月 7 日修订）
4	风景名胜区条例（2016 年 2 月 6 日修订）
5	城市绿化条例（2017 年 3 月 1 日修订）
6	中华人民共和国防沙治沙法（2001 年 8 月 31 日）
7	中华人民共和国水土保持法（2010 年 12 月 25 日修订）
8	中华人民共和国可再生能源法（2005 年 2 月 28 日）

续表

二	生态环境篇
（二）	环境监管
1	中华人民共和国环境保护法（2014 年 4 月 24 日修订）
2	中华人民共和国环境影响评价法（2016 年 7 月 2 日修正）
3	中华人民共和国环境保护税法（2016 年 12 月 25 日）
4	中华人民共和国环境保护税法实施条例（2017 年 12 月 30 日）
5	农村人居环境整治三年行动方案（2018 年 2 月 5 日）
（三）	污染防治
1	中华人民共和国大气污染防治法（2015 年 8 月 29 日修订）
2	中华人民共和国水污染防治法（2017 年 6 月 27 日修正）
3	中华人民共和国土壤污染防治法（2018 年 8 月 31 日）
4	中华人民共和国清洁生产促进法（2012 年 2 月 29 日修正）
5	消耗臭氧层物质管理条例（2018 年 3 月 19 日修订）
6	中华人民共和国固体废物污染环境防治法（2016 年 11 月 7 日修正）
7	中华人民共和国放射性污染防治法（2003 年 6 月 28 日修订）
三	综合及其他
（一）	农业
1	中华人民共和国农业法（2012 年 12 月 28 日修正）
2	中华人民共和国渔业法（2013 年 12 月 28 日修正）
3	中华人民共和国畜牧法（2015 年 4 月 24 日修正）
4	中华人民共和国进出境动植物检疫法（2009 年 8 月 27 日修正）
5	中华人民共和国动物防疫法（2015 年 4 月 24 日修正）
6	中华人民共和国进出境动植物检疫法实施条例（1996 年 12 月 2 日）
7	畜禽规模养殖污染防治条例（2013 年 11 月 11 日）
8	农药管理条例（2017 年 3 月 16 日修订）
9	农业转基因生物安全管理条例（2017 年 10 月 7 日修正）
10	植物检疫条例（2017 年 10 月 7 日修正）
11	农用地土壤环境管理办法（试行）（2017 年 9 月 25 日）
12	农作物种质资源管理办法（2004 年 7 月 1 日修正）
13	水产种质资源保护区管理暂行办法（2016 年 5 月 30 日修正）

续表

三	综合及其他
14	农业野生植物保护办法（2016 年 5 月 30 日修正）
15	农业资源及生态保护补助资金管理办法（2017 年 4 月 28 日）
16	农业生态环境保护项目资金管理办法（2018 年 1 月 4 日）
17	农业资源与生态环境保护工程规划（2016～2020 年）（2016 年 12 月 30 日）
（二）	节能减排
1	中华人民共和国节约能源法（2016 年 7 月 2 日修正）
2	中华人民共和国可再生能源法（2009 年 12 月 26 日修正）
3	中华人民共和国循环经济促进法（2008 年 8 月 29 日）
4	公共机构节能条例（2017 年 3 月 1 日修正）
5	民用建筑节能管理规定（2005 年 11 月 10 日）
6	工业节能管理办法（2016 年 4 月 27 日）
7	固定资产投资项目节能审查办法（2016 年 11 月 27 日）
8	重点用能单位节能管理办法（2018 年 2 月 22 日）
9	中央企业节能减排监督管理暂行办法（2010 年 3 月 26 日）
10	公共机构能源审计管理暂行办法（2015 年 12 月 31 日）
11	循环经济发展专项资金管理暂行办法（2012 年 7 月 20 日）
12	可再生能源发展专项资金管理暂行办法（2015 年 4 月 2 日）
13	节能减排补助资金管理暂行办法（2015 年 5 月 2 日）
14	“十三五”节能环保产业发展规划（2016 年 12 月 22 日）
（三）	危险废物
1	中华人民共和国固体废物污染环境防治法（2016 年 11 月 7 日修正）
2	中华人民共和国放射性污染防治法（2003 年 6 月 28 日）
3	放射性废物安全管理条例（2011 年 12 月 20 日）
4	危险化学品安全管理条例（2013 年 12 月 7 日修订）
5	医疗废物管理条例（2011 年 1 月 8 日修订）
6	危险废物经营许可证管理办法（2016 年 2 月 6 日修正）
7	禁止洋垃圾入境推进固体废物进口管理制度改革实施方案（2017 年 7 月 18 日）
8	危险废物转移联单管理办法（1999 年 6 月 22 日）
9	电子废物污染环境防治管理办法（2007 年 9 月 27 日）

续表

三	综合及其他
10	固体废物进口管理办法（2011 年 4 月 8 日）
11	危险化学品安全使用许可证实施办法（2017 年 3 月 6 日修正）
12	建设项目危险废物环境影响评价指南（2017 年 8 月 29 日）
（四）	建设项目
1	中华人民共和国城乡规划法（2015 年 4 月 24 日修正）
2	规划环境影响评价条例（2009 年 8 月 17 日）
3	建设项目环境保护管理条例（2017 年 7 月 16 日修订）
4	建设项目环境影响后评价管理办法（试行）（2015 年 12 月 10 日）
5	建设项目竣工环境保护验收管理办法（2010 年 12 月 22 日修正）
6	建设项目竣工环境保护验收暂行办法（2017 年 11 月 20 日）
7	建设用地审查报批管理办法（2016 年 11 月 29 日修正）
8	建设项目水资源论证管理办法（2017 年 12 月 22 日修正）
（五）	其他
1	中华人民共和国刑法（摘录）（2017 年 11 月 4 日修正）
2	中华人民共和国气象法（2016 年 11 月 7 日修正）
3	中华人民共和国资源税暂行条例（2011 年 9 月 30 日修订）
4	最高人民法院关于审理环境民事公益诉讼案件适用法律若干问题的解释（2015 年 1 月 6 日）
5	最高人民法院关于审理环境侵权责任纠纷案件适用法律若干问题的解释（2015 年 6 月 1 日）

另一类是国家的重大政策措施和战略部署。党的十八届三中全会明确提出，“探索编制自然资源资产负债表，对领导干部实行自然资源资产离任审计，建立生态环境损害责任终身追究制”。党的十八届四中全会进一步提出，“完善审计监督制度，保障依法独立行使审计监督权。对公共资金、国有资产、国有资源和领导干部履行经济责任情况实行审计全覆盖”。党中央和国务院印发的《关于加快推进生态文明建设的意见》《深化农村改革综合性实施方案》《国有林场改革方案》等分别提出了要开展领导干部自然资源资产和环境责任离任审计、耕地保护政府领导干部离任审计、

国有林场森林资源离任审计等。与自然资源资产审计相关的主要国家重大政策措施和战略部署见表 2－2。

表 2－2　　国家重大政策措施和战略部署

序号	日期	重大政策措施和战略部署	相关内容
1	2002 年 9 月 16 日	《国务院关于加强草原保护与建设的若干意见》	“地方各级人民政府要把草原保护与建设工作纳入重要议事日程，重点牧区省级人民政府要对草原保护与建设工作负总责，并实行市（地）、县（市）政府目标责任制”
2	2005 年 7 月 2 日	《国务院关于加快发展循环经济的若干意见》	“加强组织领导。各地区、各部门要从战略和全局的高度，充分认识发展循环经济的重大意义，增强紧迫性和责任感，结合本地区、本部门实际，抓紧制定具体的实施方案，采取切实有效措施，加快推进循环经济发展”
3	2006 年 8 月 6 日	《国务院关于加强节能工作的决定》	“切实加强节能工作的组织领导。各省、自治区、直辖市人民政府和各有关部门要按照本决定的精神，努力抓好落实。省级人民政府要对本地区节能工作负总责，把节能工作纳入政府重要议事日程，主要领导要亲自抓，并建立相应的协调机制，明确相关部门的责任和分工，确保责任到位、措施到位、投入到位”
4	2010 年 2 月 6 日	《国务院关于进一步加强淘汰落后产能工作的通知》	“建立淘汰落后产能工作组织协调机制，加强对淘汰落后产能工作的领导”
5	2010 年 12 月 21 日	《国务院关于印发全国主体功能区规划的通知》	“把推进形成主体功能区主要目标的完成情况纳入对地方党政领导班子和领导干部的综合考核评价结果，作为地方党政领导班子调整和领导干部选拔任用、培训教育、奖励惩戒的重要依据”
6	2011 年 11 月 8 日	《农业部关于加快推进农业清洁生产的意见》	“推进农业清洁生产，转变农业增长方式，不仅是防治农业环境污染和保障农产品质量安全的需要，也是降低农业生产成本、保障农民收入持续增长的迫切任务”
7	2013 年 8 月 1 日	《国务院关于加快发展节能环保产业的意见》	“要求各地区、各部门要切实加强组织领导和协调配合，明确任务分工，落实工作责任，扎实开展工作，确保各项任务措施落到实处，务求使产业发展见到实效”

续表

序号	日期	重大政策措施和战略部署	相关内容
8	2013年11月15日	《中共中央关于全面深化改革若干重大问题的决定》	提出“探索编制自然资源资产负债表，对领导干部实行自然资源资产离任审计。建立生态环境损害责任终身追究制”
9	2014年10月23日	《中共中央关于全面推进依法治国若干重大问题的决定》	提出“完善审计监督制度，保障依法独立行使审计监督权。对公共资金、国有资产、国有资源和领导干部履行经济责任情况实行审计全覆盖”
10	2015年3月17日	《国有林场改革方案》	提出要开展国有林场森林资源离任审计
11	2015年3月24日	《关于加快推进生态文明建设的意见》	提出要开展领导干部自然资源资产和环境责任离任审计
12	2015年4月10日	《农业部关于打好农业面源污染防治攻坚战的实施意见》	“加强农业面源污染治理，是转变农业发展方式、推进现代农业建设、实现农业可持续发展的重要任务”
13	2015年4月25日	《中共中央国务院关于加快推进生态文明建设的意见》	“强化考核问责，开展领导干部自然资源资产离任审计，考核结果作为领导班子和领导干部综合考核评价、奖惩任免的重要依据”
14	2015年8月17日	《党政领导干部生态环境损害责任追究办法（试行）》	“党政领导干部生态环境损害责任追究，坚持依法依规、客观公正、科学认定、权责一致、终身追究的原则”
15	2015年9月21日	《生态文明体制改革总体方案》	“对领导干部实行自然资源资产离任审计。在编制自然资源资产负债表和合理考虑客观自然因素基础上，积极探索领导干部自然资源资产离任审计的目标、内容、方法和评价指标体系”
16	2015年11月2日	《深化农村改革综合性实施方案》	提出要开展耕地保护政府领导干部离任审计
17	2015年11月8日	《编制自然资源资产负债表试点方案》	“我国自然资源资产负债表的核算内容主要包括土地资源、林木资源和水资源。土地资源资产负债表主要包括耕地、林地、草地等土地利用情况，耕地和草地质量等级分布及其变化情况”
18	2016年4月28日	《国务院办公厅关于健全生态保护补偿机制的意见》	“健全自然资源资产产权制度，建立统一的确权登记系统和权责明确的产权体系。强化科技支撑，深化生态保护补偿理论和生态服务价值等课题研究”

续表

序号	日期	重大政策措施和战略部署	相关内容
19	2016 年 8 月 22 日	《关于设立统一规范的国家生态文明试验区的意见》	“建立领导干部自然资源资产离任审计制度。探索并逐步完善领导干部自然资源资产离任审计制度。2016 年起在莆田市和闽清县、仙游县、光泽县开展党政领导干部自然资源资产离任审计试点”
20	2016 年 10 月 27 日	《全国生态保护“十三五”规划纲要》	“推动将生态状况评估结果应用于产业布局、土地利用、生态环境保护、城乡建设等规划编制，并作为生态补偿、领导干部政绩考核、生态环境损害责任追究、自然资源资产离任审计等生态监管制度的重要参考”
21	2016 年 11 月 24 日	《“十三五”生态环境保护规划》	“资源过度开发利用导致生态破坏问题突出，生态空间不断被蚕食侵占，一些地区生态资源破坏严重，系统保护难度加大”
22	2016 年 12 月 20 日	《自然资源统一确权登记办法（试行）》	“规范自然资源统一确权登记，建立统一的确权登记系统，推进自然资源确权登记法治化，推动建立归属清晰、权责明确、监管有效的自然资源资产产权制度，根据有关法律规定，制定本办法”
23	2016 年 12 月 20 日	《国务院关于印发“十三五”节能减排综合工作方案的通知》	“加强对节能减排工作的组织领导。要严格落实目标责任，国务院每年组织开展省级人民政府节能减排目标责任评价考核，将考核结果作为领导班子和领导干部年度考核、目标责任考核、绩效考核、任职考察、换届考察的重要内容”
24	2016 年 12 月 22 日	《生态文明建设目标评价考核办法》	“考核牵头部门汇总各地区考核实际得分以及有关情况，提出考核等级划分、考核结果处理等建议，并结合领导干部自然资源资产离任审计、领导干部环境保护责任离任审计、环境保护督察等结果，形成考核报告”
25	2016 年 12 月 26 日	《中共中央国务院关于稳步推进农村集体产权制度改革的意见》	“强化组织领导。各级党委和政府要充分认识农村集体产权制度改革的重要性、复杂性、长期性，认真抓好中央改革部署的贯彻落实，既要鼓励创新、勇于试验，又要把控方向、有历史耐心，切实加强组织领导，积极稳妥推进改革”
26	2016 年 12 月 29 日	《国务院关于全民所有自然资源资产有偿使用制度改革的指导意见》	“按照生态文明体制改革总体部署，为健全完善全民所有自然资源资产有偿使用制度，现提出以下意见”

续表

序号	日期	重大政策措施和战略部署	相关内容
27	2016年12月30日	《全国草原保护建设利用“十三五”规划》	“草原是我国陆地面积最大的绿色生态系统，是最重要的自然资源之一，也是牧区牧民群众最基础的生产生活资料。加强草原保护建设利用，是推进生态文明建设、实现绿色发展、保障国家生态安全的重要任务，也是精准扶贫、改善民生和建设美丽中国的重要举措”
28	2017年1月11日	《关于创新政府配置资源方式的指导意见》	“建立健全自然资源产权制度；健全国家自然资源资产管理体制；完善自然资源监管体制，强化各自然资源管理部门监管职能，使自然资源资产所有者和监管者相互独立、相互配合、相互监督”
29	2017年2月7日	《关于划定并严守生态保护红线的若干意见》	“建立考核机制，将考核结果纳入生态文明建设目标评价考核体系，作为党政领导班子和领导干部综合评价及责任追究、离任审计的重要参考”
30	2017年6月26日	《领导干部自然资源资产离任审计规定(试行)》	对领导干部自然资源资产离任审计工作提出具体要求
31	2017年9月21日	《关于建立资源环境承载能力监测预警长效机制的若干意见》	“将资源环境承载能力监测预警评价结论纳入领导干部绩效考核体系，将资源环境承载能力变化状况纳入领导干部自然资源资产离任审计范围”
32	2017年9月21日	《关于深化环境监测改革提高环境监测数据质量的意见》	“强化防范和惩治，研究制定防范和惩治领导干部干预环境监测活动的管理办法”
33	2018年1月2日	《中共中央国务院关于实施乡村振兴战略的意见》	“坚持党管农村工作。毫不动摇地坚持和加强党对农村工作的领导，健全党管农村工作领导体制机制和党内法规，确保党在农村工作中始终总揽全局、协调各方，为乡村振兴提供坚强有力的政治保障”
34	2018年6月16日	《中共中央国务院关于全面加强生态环境保护坚决打好污染防治攻坚战的意见》	“强化考核问责。制定对省（自治区、直辖市）党委、人大、政府以及中央和国家机关有关部门污染防治攻坚战成效考核办法”
35	2018年7月13日	《农业农村部关于深入推进生态环境保护工作的意见》	“各级农业农村部门要切实将农业生态环境保护摆在农业农村经济工作的突出位置，加强组织领导，明确任务分工，落实工作责任，确保党中央国务院决策部署不折不扣地落到实处。深入开展教育培训工作，提高农民节约资源、保护环境的自觉性和主动性”

第3章
自然资源资产审计的现状分析

本章梳理了党的十八届三中全会以来国家颁布的与自然资源资产相关的政策，收集了各省市为有效落实上述政策而开展的准备工作、试点探索及全面开展工作情况，介绍了福建省自然资源资产审计工作的开展情况，并对当前审计工作进行总结评价，分析了当前审计试点工作中存在的主要问题。

3.1 政策颁布情况

开展领导干部自然资源资产离任审计是一个不断积累、循序渐进的过程，本书整理了党的十八届三中全会至今与领导干部自然资源离任审计相关的政策，并且按照政策颁布的时间顺序进行排序，见表3－1。

表3－1　　相关政策颁布情况

时间	政策名称	主要内容
2013年11月	《中共中央关于全面深化改革若干重大问题的决定》（以下简称《决定》）	明确提出了“探索编制自然资源资产负债表，对领导干部实行自然资源资产离任审计，建立生态环境损害责任终身追究制”
2014年7月	《党政主要领导干部和国有企业领导人员经济责任审计规定实施细则》（以下简称《细则》）	进一步明确新时期领导干部经济责任审计对象、审计内容、审计评价、审计报告、审计结果运用、组织领导和审计实施等要求，是做好经济责任审计工作的具体指南

续表

时间	政策名称	主要内容
2014 年 10 月	《国务院关于加强审计工作的意见》	加强对土地、矿产等自然资源，以及大气、水、固体废物等污染治理和环境保护情况的审计，探索实行自然资源资产离任审计
2015 年 1 月	《审计署关于 2015 年地方审计机关开展审计业务工作的指导意见》	要因地制宜，深入研究自然资源资产离任审计的内容、重点和方法，为全面开展此项工作积累经验；积极推进资源环境审计与其他专业审计相结合，在各专业审计中密切关注资源环境审计内容，形成资源环境审计合力
2015 年 5 月	《关于加快推进生态文明建设的意见》	建立领导干部任期生态文明建设责任制。对任期内造成生态严重破坏的要记录在案，实行终身追责，不得转任重要职务或提拔使用，已调离的也要问责。首次提出“绿色化”，绿色化其实就是助推绿色发展的评价标准。对领导干部实行自然资源离任审计，就是要引导与倒逼其走上绿色发展之路，形成人与自然和谐发展的新常态与现代化建设的新格局
2015 年 8 月	《党政领导干部生态环境损害责任追究办法（试行）》	地方各级党委和政府对本地区生态环境和资源保护负总责，党委和政府主要领导成员承担主要责任，其他有关领导成员在职责范围内承担相应责任。《方案》列出八种需要追责的情形，且适用于县级以上领导干部
2015 年 11 月	《编制自然资源资产负债表试点方案》	（1）自然资源资产负债表反映自然资源在核算期初、期末的存量水平以及核算期间的变化量，建立自然资源增减变化统计台账。（2）主要内容：土地资源、林木资源和水资源。（3）试点地区：内蒙古自治区呼伦贝尔市、浙江省湖州市、湖南省娄底市、贵州省赤水市、陕西省延安市。（4）试点时间从 2015 年下半年开始到 2016 年 12 月底结束，目的是提出修订完善自然资源统计调查制度和自然资源资产负债表编制方案的建议
2015 年 11 月	《关于开展领导干部自然资源资产离任审计的试点方案》	（1）审计涉及的重点领域包括土地资源、水资源、森林资源以及矿山生态环境治理、大气污染防治等。（2）审计对象主要是地方各级党委和政府主要领导干部。（3）主要目标是通过审计试点，进一步明确审计对象、审计内容、评价标准、责任界定、审计结果运用等事项，形成一套比较成熟、符合实际的审计操作规范，探索并逐步建立完善领导干部自然资源资产离任审计制度
2016 年 1 月	2016 年地方审计机关重点抓好的十项工作的通知	强调做好专项资金审计工作。（1）要加大对重点国有资源和生态环境的审计力度，重点关注国有资源开发利用和生态环境保护情况，相关资金的征收管理使用和分配情况，资源环境保护项目的建设情况和运营效果，以及资源环境管理部门的职责履行情况等。（2）做好水污染防治资金审计，按时上报审计结果

续表

时间	政策名称	主要内容
2016 年 6 月	《“十三五”国家审计工作发展规划》	在试点的基础上，2017 年制定《领导干部自然资源资产离任审计暂行规定》，2018 年起全面推开，2020 年建立起比较完善的自然资源资产离任审计制度
2017 年 9 月	《领导干部自然资源资产离任审计规定（试行）》	标志着这项工作由试点到全面铺开，走向规范化、制度化、科学化

每一项政策都是在原有探索工作的基础上进行总结、逐步深入，因此，每项政策都可以认为是审计工作开展进程中的里程碑。通过研读这十大政策的内容，本书认为最具有引领性和标志性的是《中共中央关于全面深化改革若干重大问题的决定》（以下简称《决定》）、《党政主要领导干部和国有企业领导人员经济责任审计规定实施细则》（以下简称《细则》）和《关于开展领导干部自然资源资产离任审计的试点方案》（以下简称《方案》）。首先，在《决定》中首次将“领导干部自然资源资产离任审计”的概念呈现于公众面前，也是将生态文明建设纳入“五位一体”的重要表现。其次，《细则》的颁布是对如何开展审计试点工作进行指导，提出审计对象、审计内容、审计评价、审计报告等内容。如果说《决定》是人的骨骼，那么《细则》则是人的血肉，两者相辅相成，缺一不可。再次，《方案》则代表着试点工作正式拉开序幕。虽然在该方案颁布之前，各省地也在摸索开展审计试点工作，但多数是开展专项审计，即对某一项自然资源资产开展审计工作，审计内容单一，不具有全面性。最后，颁布《领导干部自然资源资产离任审计规定（试行)》，对领导干部自然资源资产离任审计工作提出具体要求，明确了开展领导干部自然资源资产离任审计应当坚持的原则和主要审计事项，强调审计机关应当根据被审计领导干部任职期间所在地区或者主管业务领域自然资源资产管理和生态环境保护情况，结合审计结果对被审计领导干部任职期间自然资源资产管理和生态环境保护情况变化产生的原因进行综合分析，客观评价被审计领导干部履行自然资源资产管理和生态环境保护责任情况，要求被审计领导干部及其所在地区、部门（单位)，对审计发现的问题应当及时整改，标志着这项

工作由试点到全面铺开，走向规范化、制度化、科学化。因此，前期的试点工作属于探索性的，为后期审计工作的开展铺垫基础，也符合国家对试点工作分阶段、分步骤实施的规划。

3.2 各省份工作开展情况

3.2.1 试点阶段工作开展情况

本书首先收集了审计署官网上 2013 年 11 月 9 日（党的十八届三中全会）到 2016 年 12 月 31 日之间公布的所有关于“自然资源资产”的信息；其次，针对审计署公布的开展审计试点的地区，查找对应审计厅（局）的网站，收集该项试点工作的进展情况；最后，对收集到的信息进行归纳整理，剔除与研究内容相关性不高的信息，共选取 100 条。本书以表 3－1 的政策为背景，按照时间顺序对 100 条信息进行归类，如表 3－2 所示。

表 3－2　试点阶段各省份工作开展情况

背景	分类	时间	主体	主要内容
《党政主要领导干部和国有企业领导人员经济责任审计规定实施细则》颁布后工作情况	学习阶段	2014 年 7 月 28 日	江苏省审计厅	学习领导干部经济责任审计对象、审计内容、审计评价、审计报告、审计结果运用、组织领导和审计实施等
		2014 年 7 月 28 日	山东省审计厅	
		2014 年 7 月 29 日	山东沂源县审计局	
		2014 年 7 月 29 日	内蒙古审计厅	
		2014 年 7 月 29 日	云南省审计厅	
		2014 年 7 月 29 日	广东省审计厅	
		2014 年 7 月 30 日	浙江省审计厅	
		2014 年 7 月 31 日	安徽省审计厅	
		2014 年 8 月 15 日	山东省青岛市审计局	

续表

背景	分类	时间	主体	主要内容
《党政主要领导干部和国有企业领导人员经济责任审计规定实施细则》颁布后工作情况	措施	2014 年 7 月 1 日	深圳市审计局	2014 年年初，宝安区环保水务局成立了专项课题组对自然资源资产负债表及离任审计制度进行专题探索、研究，并于 2014 年 7 月底形成 7 项初步研究成果，包括《国内外资产审计研究报告》《国内外自然资源资产核算体系经验分析》《自然资源资产产权体系研究》《宝安区自然资源资产核算体系及负债表》及其编制说明和《深圳市宝安区领导干部自然资源资产离任审计制度》及其编制说明等
		2014 年 7 月 1 日	福建省审计厅	福建省选择福州、宁德两个设区市及武夷山一个县级市部署开展审计工作试点，其中福州和武夷山两地的审计工作于 2014 年展开，宁德于 2015 年上半年开展
		2014 年 8 月 22 日	山东省审计厅	海洋资源资产离任审计试点取得初步成果。将贯彻执行国家相关法律法规和政策情况、海洋资源资产的开发利用情况、海洋资源的保护和修复情况、海洋污染防治情况等 4 方面内容作为审计重点，以确保审计成效
		2014 年 9 月 28 日	内蒙古自治区审计厅	健全完善经济责任审计评价体系。突出任期内举借债务、自然资源资产管理、环境保护、民生改善、科技创新等重要事项，关注领导干部应承担直接责任的问题
		2014 年 10 月 11 日	山东省审计厅	山东出台三项经济责任审计制度，建立以审计对象分类管理为主线；建立健全任前告知、任中和离任审计相结合、辅以离任交接为主要内容的经济责任审计管理制度
《国务院关于加强审计工作的意见》颁发后工作情况	学习阶段	2014 年 11 月 20 日 2014 年 12 月 19 日	北京市审计局	开展会议，深入学习贯彻党的十八届四中全会通过的中共中央《关于全面推进依法治国若干重大问题的决定》和《国务院关于加强审计工作的意见》，探索建立领导干部自然资源资产离任审计制度和经济责任轮审制度，推进经济责任审计制度体系建设

续表

背景	分类	时间	主体	主要内容
《国务院关于加强审计工作的意见》颁发后工作情况	措施	2014 年 11 月 19 日	辽宁省沈阳市审计局	2015 年着力开展职业教育经费、残疾人就业保障金、自然资源资产保护开发利用情况及生活垃圾填埋处理情况等资金绩效审计，推动惠民和资源、环保政策落实到位
		2014 年 11 月 27 日	河南省郑州市审计局	制定《县（市、区）长经济责任审计实施方案》，拓宽县市区长经济责任审计内容。首次明确将“自然资源资产的开发利用和保护、生态环境保护以及民生改善等情况”等纳入审计的内容，进行重点关注
		2014 年 11 月 27 日	山东省淄博市博山区审计局	探索把债务管理、民生改善、环境治理、节能减排以及自然资源资产等指标和实绩作为重要评价内容
		2014 年 11 月 28 日	青海省审计厅	探索自然资源资产离任审计，突出对重点地区、部门、单位及关键岗位的领导干部的审计，争取做到任期内至少审计一次
		2014 年 12 月 1 日	贵州省审计厅	贵州省完成自然资源资产负债表理论基础研究、自然资源价值评估研究、自然资源资产负债表基本框架研究 3 个报告，形成森林资源资产负债表编制方案、土地资源资产负债表编制方案、水资源资产负债表编制方案和自然资源资产负债表编制方案共计 4 个方案
		2014 年 12 月 1 日	四川省绵阳市环保局	发布三台县原县委书记、县长的生态环境审计评估结果
		2014 年 12 月 1 日	内蒙古自治区审计厅	组织对领导干部自然资源资产离任审计是一项全新的工作，要开展审前调查和调研工作，科学制定审计实施方案，对包括草原、矿产、土地、森林和水资源等方面的责任审计进行大胆的尝试和探索，稳步扩大试点审计范围，明确审计目标、重点和要求，及时总结归纳审计方法、程序和途径
		2014 年 12 月 1 日	内蒙古自治区审计厅	对鄂尔多斯市、赤峰市、牙克石市、乌拉特后旗 4 个试点地区启动现场审计

续表

背景	分类	时间	主体	主要内容
《国务院关于加强审计工作的意见》颁发后工作情况	措施	2014 年 12 月 25 日	审计署办公厅	推进资源环境审计，加强对资源管理、污染治理和环境保护等情况的审计。开展官员自然资源资产离任审计试点，深入研究审计内容、重点、方法和评价指标体系等
		2014 年 12 月 31 日	江苏省南京市建邺区审计局	按照《细则》，综合运用纵向和横向业绩比较、运用与领导干部履行经济责任有关指标量化分析、将领导干部履行经济责任行为或事项置于相关经济社会环境中加以分析等方法
《审计署关于 2015 年地方审计机关开展审计业务工作的指导意见》颁发后工作情况	2015 年工作安排会议	2015 年 1 月 12 日	湖北省审计厅	要强化对财政支出及支出结构情况的审计，促进提高公共资金使用绩效。要不断深化领导干部经济责任审计，积极探索开展自然资源资产离任审计
		2015 年 1 月 13 日	审计署	安排矿产资源开发利用保护及相关资金征管情况审计，自然资源资产离任审计试点
		2015 年 1 月 15 日	湖北省审计厅	要深化审计业务，推进各项财政、民生、投资、经济责任审计向全覆盖拓展，开展领导干部自然资源资产离任审计试点和资源环保审计新路子
		2015 年 1 月 21 日	湖北省仙桃市审计局	深入推进资源环境审计。开展领导干部自然资源资产离任审计试点，推进中央关于源头严防、过程严管、后果严惩要求落实到位，推动生态文明建设
		2015 年 1 月 23 日	内蒙古自治区审计厅	继续抓好领导干部自然资源资产离任审计试点
		2015 年 1 月 27 日	福建省审计厅	今年全省审计工作的总体思路之一是以服务生态文明和生态产业发展为着眼点，做好自然资源资产审计。从主体功能区总体规划执行情况、开发利用情况、管理体制、保护措施、补偿机制等方面入手，分析自然资源开发利用对经济社会发展与生态环境影响，并关注生态文明的进展情况，及时总结建设成果

续表

背景	分类	时间	主体	主要内容
《审计署关于2015年地方审计机关开展审计业务工作的指导意见》颁发后工作情况	工作进展情况	2015年1月29日	江苏省审计厅	加大对环境保护情况的审计力度，加强对资源管理、污染治理和环境保护情况的审计。继续加大对太湖等区域水环境、重点流域治理情况的审计，积极探索开展领导干部自然资源资产离任审计试点
		2015年2月9日	海南省审计厅	三亚市自然资源资产负债表核算结果发布，成为我国首个完成自然资源资产负债表编制工作的地级市
		2015年2月12日	内蒙古自治区审计厅	开展了领导干部自然资源资产责任审计课题研究，并对2个地市、2个旗（市）领导干部草原、森林、矿产和水资源等自然资源资产责任进行了试点审计
		2015年2月26日	湖南省娄底市审计局	在摸清土地、矿产、水等自然资产资源增减、变化情况的基础上，重点关注了自然资产资源的权属、规模、制度建设、保护和开发利用情况等
		2015年3月10日	浙江省审计厅	高度关注生态环境改善，积极探索领导干部自然资源资产离任审计，深化环境资源绩效审计体系，加强对节能降耗、节约集约用地、生态环保等政策落实情况和专项资金的监督
		2015年3月18日	四川省审计厅	开展自然资源资产责任审计试点。重点关注节能减排统计监督考核体系建设、自然资源资产产权制度建设、主体功能区建设和国土空间开发保护、耕地保护责任考核和土地稽查、矿产资源开发与利用、实施减排和环境质量考核目标实现、实行最严格水资源考核的制度建设与落实、基本农田划定与保护、森林增长指标完成、防沙治沙目标责任考核等内容。该项审计涉及绵阳、攀枝花两个市，结合县级党政主要领导干部任期经济责任审计同步开展
		2015年3月19日	内蒙古审计厅	全区自然资源资产账户编制会议在呼和浩特召开，《内蒙古自然资源资产实物量变动表》编制工作在全区各盟市全面实施

续表

背景	分类	时间	主体	主要内容
《审计署关于2015年地方审计机关开展审计业务工作的指导意见》颁发后工作情况	工作进展情况	2015 年 3 月 20 日	湖北省武汉市审计局	在审计内容上，突出对推动经济社会和事业发展、重大决策、重大预算安排、重大投资、自然资源资产管理等领导干部行使权力的关键领域和环节的监督，不仅关注权力运行过程、权力行使结果，还要划清领导干部应承担的直接责任、主管责任和领导责任
		2015 年 3 月 25 日	中央政府	审议通过《关于加快推进生态文明建设的意见》，审议通过广东、天津、福建自由贸易试验区总体方案、进一步深化上海自由贸易试验区改革开放方案。以资源环境生态红线管控、自然资源资产产权和用途管制、自然资源资产负债表、自然资源资产离任审计、生态环境损害赔偿和责任追究、生态补偿等重大制度为突破口，深化生态文明体制改革，尽快出台相关改革方案，建立系统完整的制度体系，把生态文明建设纳入法治化、制度化轨道
		2015 年 3 月 30 日	江苏省南通市审计局	完成的首个下辖县资源环境责任审计，颁布《关于海安县人民政府 2011 年至 2013 年资源环境情况的审计报告》
		2015 年 4 月 17 日	山东省审计厅	从理论上进一步回答什么是审计、审计什么、怎么审计，从而把握好审计工作的发展方向，筑牢审计工作发展的理论基础
		2015 年 4 月 1 日	福建省审计厅	福建省宁德市福鼎展开审计试点工作，从国土资源、森林资源、水资源、海域资源和环境保护等 5 个方面 22 项重点内容开展审计试点。探索建立了一套涵盖资源保有和消耗、资源环境损害及治理、生态恢复和效益、经济结构调整、环保能力保障等 5 个方面的 44 项评价指标的《宁德市自然资源资产离任审计评价指标》制度
		2015 年 4 月 30 日	安徽省安庆市审计局	将领导干部任职期间重大经济决策、重大经济活动情况、自然资源资产、生态环境保护、民生改善、厉行节约反对浪费以及有关政策的落实执行列入审计内容

续表

背景	分类	时间	主体	主要内容
《关于加快推进生态文明建设的意见》颁发后各地工作情况	丰富审计内容	2015年6月29日	山东省烟台市审计局	首次创新式将自然资产环境资源纳入领导经济责任审计中，按照国家相关法律法规的要求，对领导干部任职期内自然资源资产的开发、利用、保护等受托管理行为的真实性、合法性进行审计
	确定审计重点	2015年7月16日	云南省审计厅	把大气、水、土壤污染防治和推进生态文明建设作为重中之重。对于环境问题突出、重大环境事件频发、环境保护责任落实不力的地方党政领导干部作为先期审计对象
		2015年7月28日	内蒙古自治区第十二届人民代表大会常务委员会第十七次会议	率先开展领导干部草原、森林、水和矿产等自然资源资产责任审计，通过揭露问题，提高领导干部执政责任意识，促使其树立正确政绩观，做到资源资产保护与开发利用并重
		2015年8月4日	湖北省保康县审计局	加强专项资金审计，涉及农业、林业、水利、气象、国土、海洋、城市建设、卫生、交通、财政、发改等多个部门，包括各级财政部门和企事业单位投入的、各级政府向有关单位和群众征收的用于资源环境保护方面的资金
	试点工作	2015年8月1日	福建省审计厅	安排自然资源资产离任审计试点16项，其中省厅负责实施7项，地市局实施9项，包括福州市马尾区、台江区，厦门市湖里区，泉州市安溪县、鲤城区和三明市等
	审计技术	2015年8月26日	山西省审计厅	要加强信息化建设，建立审计管理数据库和审计数据分析平台，探索开展计算机审计
《党政领导干部生态环境损害责任追究办法（试行）》颁布后工作情况	开展试点	2015年9月23日	重庆市九龙坡区审计局	选取自然资源较为丰富的西彭镇，结合任期经济责任审计中开展自然资源资产责任审计试点。每年对不少于1/3、任职超过半年的村（社区）党组织书记或村（居）委会主任开展任中审计
		2015年10月13日	湖北省荆门市审计局	选择沙洋县后港镇党政领导干部经济责任同步审计试点，通过了解任期内自然资源资产的总体状况，审查自然资源资产开发利用的可持续性，土地、水域、森林等自然资源资产经营权或使用权转让的合法性，自然资源资产保护的有效性

续表

背景	分类	时间	主体	主要内容
《党政领导干部生态环境损害责任追究办法（试行）》颁布后工作情况	开展试点	2015 年 10 月 13 日	河北省审计厅	河北省审计厅首次将自然资源资产审计内容纳入，成立专门的工作组，细化分工和任务，联合国土局、农牧局、林业局、水务局、环保局、旅游局等 6 个单位就土地、矿产、水、森林、草原等资源管理和监测评估情况进行调研，了解掌握相关资源的基本情况
		2015 年 9 月 25 日	上海市金山区审计局	围绕节能减排专项资金、大气污染防治、市属工业区环境综合整治以及某区污水管网建设和养护专项资金等做专题报告，并开展培训
《关于开展领导干部自然资源资产离任审计的试点方案》（以下简称《方案》）、《编制自然资源资产负债表试点方案》颁布后工作情况	丰富审计内容	2015 年 11 月 23 日	湖北省武汉市审计局	将自然资源资产纳入经济责任审计内容，探索开展了自然资源资产离任审计
		2015 年 11 月 20 日	湖南省湘潭市审计局	
		2015 年 11 月 12 日	安徽省宿州市埇桥区审计局	首次尝试采取以领导干部任期“经济责任”与任期“环保责任”履行情况横向结合的方式，从土地资源、矿产资源、水资源、林业资源、旅游资源等方面的利用以及土地整治复垦、水环境治理、生态环境建设等多个方面入手，借助任期经济责任审计平台，对被审计领导干部任期内的自然资源资产开发利用及生态环境保护工作履职情况进行同步双重监督
		2015 年 11 月 19 日	江苏省徐州市审计局	领导干部自然资源资产审计重点关注耕地保有面积、补充耕地面积（耕地占补平衡情况）、地表水质情况、城市空气质量二级以上天数比重，PM2.5 浓度年下降率、城镇污水达标处理率、城乡生活垃圾无害化处理率 7 个指标
	措施	2015 年 11 月 25 日	辽宁省沈阳市审计局	成立资源环保审计专门处室，集中研究和开展资源环境审计工作
		2015 年 12 月 1 日	江苏省苏州市审计局	开展区域环境审计

续表

背景	分类	时间	主体	主要内容
《关于完善审计制度若干重大问题的框架意见》及相关配套文件颁布后工作情况	开展试点	2015年12月15日	福建省泉州市审计局	福建省泉州市审计局于2015年10月联合石狮市审计局对石狮市2013~2014年海域资源资产进行试点审计，重点关注海域自然资源现状，资源开发、利用、保护情况，以及海洋环保目标完成、政策执行情况等
	审计技术	2015年12月28日	审计署	要运用大数据，创新审计技术方法。推进以大数据为核心的审计信息化建设，拓展大数据技术运用，形成独特的“国家审计云”
	确定审计重点	2016年1月6日	湖南省审计厅	近日，湖南省政府专门就湘江保护与治理，下发了《关于在湘江流域推行水环境保护行政执法责任制的通知》，强调要加大湘江流域各市党政领导水环境保护执法的追责力度，实行领导干部自然资源资产离任审计，建立生态环境损害责任终身追究制，实行领导班子成员生态文明建设一岗双责制
		2016年1月7日	审计署哈尔滨办	以重点流域水污染防治资金审计和领导干部自然资源资产离任审计试点为重点，积极关注与资源环境保护相关的政策措施、资金项目情况，着力改善生态环境，促进绿色发展
《2016年地方审计机关重点抓好的十项工作的通知》颁布后工作情况	探索指标体系	2016年1月14日	浙江省审计厅	在磐安县开展了党政领导干部自然资源资产审计试点，探索构建水、土地和森林等自然资源资产审计的评价指标体系
	确定审计重点	2016年1月11日	北京市审计局	加强对土地、森林、水等重要自然资源开发利用及保护情况的审计力度，全面提升首都生态文明水平
		2016年2月17日	福建省晋江市审计局	关注《保护发展森林资源目标责任制》的落实情况，林地保有量、森林覆盖率、森林蓄积量等指标完成情况是否达到要求
		2016年2月24日	江苏省连云港市审计局	将审计对象分为A、B、C三类，通过采取“任中必审”“任中抽审”“以离任审计为主、任中审计为辅”三种模式

续表

背景	分类	时间	主体	主要内容
《2016 年地方审计机关重点抓好的十项工作的通知》颁布后工作情况	开展试点	2016 年 2 月 24 日	云南省审计厅	2016 年至 2017 年，省审计厅每年开展 1 个自然资源资产离任审计试点项目，2016 年组织大理州和普洱市审计机关开展 2 个试点项目，2017 年组织德宏州和曲靖市审计机关开展 2 个试点项目。2018 年，全面开展领导干部自然资源资产离任审计工作，建立经常性的审计制度
		2016 年 3 月 1 日	山东省青岛市审计局	选择一个区（市）开展领导干部自然资源资产离任审计；探索自然资源资产离任审计的审计内容、审计评价、审计结果运用等重点环节，建立和完善领导干部自然资源资产离任审计相关制度
		2016 年 5 月 3 日	湖北省十堰市审计局	对竹溪县领导干部自然资源资产离任审计试点
		2016 年	福建省审计厅	对莆田、闽清、漳平等地展开试点
《“十三五”国家审计工作发展规划》颁布后情况	确定审计重点	2016 年 7 月 11 日	湖北省京山县审计局	京山县将以此次“生态审计”试点为契机，结合国家生态县的实际制定审计方案，围绕土地资源、森林资源、水资源、矿产资源和大气资源五大重点，提出六个方面创新举措，确保领导干部自然资源资产离任审计顺利推进
	审计试点	2016 年 8 月 11 日	福建省审计厅	对南平市光泽县 2012 年 12 月至 2016 年 6 月的土地资源、水资源、森林资源、矿山生态环境治理和大气污染防治等展开审计
		2016 年 8 月 15 日		对莆田市 2012 年 12 月至 2016 年 6 月履行自然资源资产管理和生态环境保护相关责任的情况进行审计试点
		2016 年 8 月 22 日		至 2016 年 9 月 30 日，福建省审计厅对仙游县 2012 年 12 月至 2016 年 6 月对自然资源资产情况展开审计
		2016 年 9 月 3 日		对闽清县 2012 年 12 月至 2016 年 6 月自然资源资产展开审计，其中矿产资源和森林资源为审计重点，并结合土地资源和水资源及环境保护情况进行审计
		2016 年 11 月 21 日	湖北省宜昌市审计局	组织实施了神农架林区以及市本级和 8 个县市区自然资源资产审计

续表

背景	分类	时间	主体	主要内容
其他	2014 年至 2015 年，各省级审计机关也积极开展了审计试点。比如，在北京、内蒙古等 10 余个省级审计机关组织开展了领导干部自然资源资产离任审计试点。“省级审计机关的试点突出了各地自然资源资产禀赋特点，除土地资源、矿产资源、森林资源、水资源和大气污染防治领域外，还涉及草原、湿地等自然资源。”			
	浙江省首次探索领导干部自然资源资产审计。省审计厅 2015 年在磐安县开展领导干部自然资源资产离任审计试点，明确了审计目标、审计内容、评价指标和审计方法。全省各地审计机关也因地制宜开展此项试点工作，如绍兴市通过审计模型量化资源资产；安吉县出台了《关于在经济责任审计中开展生态责任审计的实施意见（试行）》；开化县出台了《领导干部自然资源资产审计实施办法（试行）》；遂昌县通过试点构建了由 36 项指标组成的评价体系			

由表 3－2 可知，党的十八届三中全会以来，在党中央政策的指引下各省市的审计试点工作逐步深入。根据收集到的各省市开展工作情况和结合调研结果，本书将审计试点工作分为三个阶段：第一阶段是各地区开展知识技能培训，学习党中央颁布的相关政策，并探索编制自然资源资产负债表和开展审计试点工作；第二阶段是丰富自然资源资产的审计内容，审计内容从最初的专项审计逐步发展到同时对多项自然资源资产开展审计，使得审计内容愈加全面；第三阶段是改进审计方法技术和完善评价指标体系，力求实现 2018 年开始建立经常性的审计制度的目标。

第一阶段，学习相关政策、探索编制自然资源资产负债表和开展审计试点工作。一是相关政策的学习。领导干部自然资源资产离任审计是党的十八大提出的新概念，因此，为了充分了解该项政策的内涵及意义，在《决定》颁布之后，各省市积极召开学习会议并成立学习小组，重点学习党的十八届三中全会的内容，领导干部自然资源资产离任审计的概念和意义。与此同时，由于《决定》中提到将自然资源资产审计纳入经济责任审计的范围，并作为领导干部任期考核指标，因此各省市成立研究小组，讨论如何将此次政策落到实处。例如：福建省审计厅开展审计培训班，邀请福州大学经济与管理学院课题组、福建省经济责任处和法规处的业务骨干对开展自然资源资产审计的相关问题进行专题讲解，提高审计干部对相关知识的理解。与此同时，各地市也实施相关措施，为审计工作的开展做准备，例如：贵州省审计厅与高校展开合作并成立课题小组；福建省在宁德、福鼎探索开展自然资源资产审计专项调研等。二是探索编制自然资源资产负债表。2014 年深圳市大鹏新区推出我国第一个县区级自然资源资产负债表，并以林地资源为例进行核算，完成林地自然资源的试算工作。贵州省是我国首个通过立法来明确开展自然资源资产负债表工作的省份，2014 年 4 月，贵州省统计局、国土资源厅等 4 个部门联合下发文件，确定将赤水市和荔波县作为贵州省探索自然资源资产负债表的试点县；并且 2014 年 5 月 17 日，贵州省颁布《贵州省生态文明建设促进条例》，通过地方性法规立法的方式将编制自然资源资产负债表作为省政府的工作内容。编制自然资源资产负债表是一个不断探索、不断完善的过程，在持续一年多的探索之后，2015 年 2 月 9 日，三亚完成我国首份个地级市自然资源资产负债表。三亚市自然资源核算范围包括自然资源存量和生态系统服务两个部分，对于自然资源存量的核算，主要参考联合国 SEEA—2012 中心框架，而生态系统服务价值估算参考国际核算方法，并兼顾国内已有的森林和海洋等行业生态系统服务价值核算标准。然而，三亚市自然资源资产负债表也存在需要思考和研究的地方，例如：环境投入是作为负债还是投资需要进一步商酌；开展自然资本综合核算时，如何协调核算方法与参数的协调统一等。因此，探索编制工作仍需继续，任重而道远。三是审计试点工作的开展。四川绵阳、贵州、内蒙古、山东、福建、深圳等地都积极大胆地探索开展审计试点。例如：贵州省审计厅于 2014 年 2 月 24 日至 5 月 20 日对赤水市党政主要领导干部履行自然资源资产责任情况展开审计并出具审计报告。赤水市是全国首个由省级审计机关开展该项审计工作的地区，也是全国第一个开展审计和出具审计结果的地区。山东省对领导干部开展海洋自然资源资产的专项离任审计，但是存在法律法规体系不完善、领导干部责任难以界定、无法保证所需数据的准确性等局限，因此，青岛、烟台两市仍在探索如何评估海洋资源以及如何界定领导干部责任。深圳市大鹏新区推出我国第一份县区级自然资源资产负债表，因此，在探索自然资源资产负债表的基础上，深圳市颁布《大鹏新区党政领导干部自然资源资产离任审计制度》，并于 2015 年试行，是全国首个以自然资源资产负债表为量化基础制定的离任审计制度。

第二阶段，丰富自然资源资产的审计内容。随着试点工作的开展范围逐步扩大，为了完善审计工作，各省市逐步丰富自然资源资产审计的内容。试点阶段开展期初是根据某区域的自然资源特点展开专项审计，例如甘肃省酒泉市在开展工作时重点关注草原湿地项目保护；福建省南平市森林资源丰富，市森林覆盖率 74.75%，福建省对南平市领导干部进行业绩评价时，自然资源资产业绩评价指标以森林资源的相关指标为主，其审计形式类似于专项审计。随着试点工作的逐步开展，审计内容也逐步丰富，涉及各个领域，尤其是在《方案》颁布后，对审计内容有了进一步规定，方案指出审计涉及的重点领域包括土地资源、水资源、森林资源以及矿山生态环境治理、大气污染防治等领域，并且各个地区应该因地制宜地增添审计内容，使得审计工作能够更全面。例如，贵州省有著名旅游景区“黄果树瀑布”，除了常规的审计项目外，贵州省审计厅增加了“物质文化遗产和生态旅游资产”作为审计内容。福建省拥有辽阔的海岸线（3751.5 千米），其长度仅次于广东省，位居全国第二，因此，福建省在开展审计工作时，其审计范围也逐步扩大，从最初的土地资源、森林资源、水资源扩大到海洋资源、生物多样性等。

第三阶段，改进审计方法技术和完善评价指标体系。一是改进审计方法技术。为了提高自然资源资产审计的效率与质量，在传统审计方法和技术的基础上，各地区积极探索在审计的过程引入现代审计技术。例如：广西审计厅与广西测绘地理信息局签署合作框架协议，探索运用测绘地理信息技术，揭示了被审计单位在城市规划、土地利用与保护、排污治理等方面的问题，取得了良好的效果。同样，福建省审计厅与福建省国土资源局合作，采用空间地理技术提高审计的质量和效率。湖北省使用全球卫星定位系统（GPS）、环境质量监测技术、排污费核定和污染物减排核算办法等进行数据收集，将收集到的数据与相关部门提供的数据进行比对，寻找差异之处，并根据对比结果进行分析判断，为审计工作提供调查方向和证据。二是完善评价指标体系。完善评价指标体系是一个在经验中不断总结、循序递进的过程，例如：四川省绵阳市较早开始探索编制指标体系，2014 年制定《县市区党政主要负责人离任生态环境审计评估试点指标体系》，并根据该指标体系对三台县离任县委书记和县长展开审计。该指标体系分为 6 个系统和 32 个指标，其中 6 个系统是生态空间、生态环境、生态经济、生态文化、生态人居和生态制度，6 个系统具有抽象、不易评价的局限。此外，由于其颁布时间早于该《方案》，因此，其评价内容也不符合《方案》审计内容的要求。为了让评价指标体系更具全面性和操作性，浙江省审计厅、江苏省连云港市审计局、吉林省审计厅等开始探索如何完善领导干部自然资源资产审计评价指标体系。目前，已有地区省份已经构建了审计评价指标体系，但是存在一定局限，需要进行完善。例如：胶州市根据国家有关政策和资源、环保目标责任考核办法，结合审计试点的实际情况，初步建立了《胶州市领导干部自然资源资产离任审计评价指标体系》，包括综合评价指标与分项评价指标，共 42 项。胶州市审计局制定的评价指标体系具有一定的针对性和可操作性，是全国各厅局学习的范例，但是其可复制性和推广性较弱，如要使现有评价指标体系在更大范围具有适用性，需对其进行优化。

3.2.2　全面推开阶段工作进展情况

1. 工作进展汇总

2018 年自然资源资产审计由试点进入全面推开阶段。本书收集了审计署及各省区市审计厅局官网上从 2018 年 1 月 1 日起至 2019 年 11 月 20 日止全面推进领导干部自然资源资产离任审计的进展情况，对收集到的信息进行归纳整理，将审计署及各省区市（不包括港澳台地区）具体开展情况按照华南—西南—华东—华中—华北—东北—西北排序列示，汇总如表 3－3 所示。除西藏自治区外，我国其他省区市均已不同程度开展领导干部自然资源资产离任审计工作。

表 3－3　　全面推进阶段审计署及各省份工作开展情况

审计主体		具体开展情况或主要工作特色
审计署	审计署广州特派办	（1）利用新的审计技术方法，构建自然资源资产“一张图”审计平台。广州特派办在领导干部自然资源资产离任审计中，运用 eBee 专业测绘级无人机，对某市 2017 年黑臭水体整治效果进行核查，同时进行城市污染源排查。无人机航拍技术具备高精高效和全区域覆盖能力，不仅全面真实、细致可靠地反映了审计区域内环境质量状况，无人机还可以去到被遮挡、被阻断等审计人员难以到现场实地核查的区域，降低了审计人员人身风险的同时大大提高了审计效率，在核查城市黑臭水体整治成效显著；探索使用 ENVI 软件和机器学习方法遥感图像地物识别；使用 WebGIS 技术归集整合矿产、海洋等数据，集中可视化展现，构建多来源、多尺度、多时相的自然资源资产“一张图”审计平台。

续表

<table>
<tr><th colspan="2">审计主体</th><th>具体开展情况或主要工作特色</th></tr>
<tr><td rowspan="3">审计署</td><td>审计署广州特派办</td><td>（2）践行科技强审理念，创新大数据技术的应用。广州特派办在自然资源资产离任审计工作中坚持践行科技强审理念，创新大数据技术应用，取得较好成效。利用林业、环保等直接相关部门业务数据，逐步拓展到交通管理等车辆运行轨迹数据辅助验证；利用数据库格式的结构化数据，逐步拓展到运用网络爬虫等抓取手段；利用监管部门事后档案数据，逐步拓展到尝试使用无人机航拍等获取审计现场实时情况。
（3）优化审计组织方式，引领树立大数据审计思维和能力。优化组织方式，按照水、大气和固体废物等分领域选派业务专业能力强、计算机审计实践经验丰富骨干担任审计项目主审、数据分析组长。以业务为引领，以技术为支撑，通过多数据、多维度分析，发现问题线索，实现精准打击。
（4）借助外部力量资源，加强与自然资源等部门及外部审计专家的合作。充分利用环保督察成果，与自身发现问题及整改情况印证，构建审计线索库、问题库和矛盾库，提升审计成果的质量和数量。坚持开门搞审计，聘请多名遥感、节能等专家加入审计组，借助专家力量突破技术难点，提升审计效率</td></tr>
<tr><td>审计署深圳特派办</td><td>（1）关注海洋资源环境，针对该地区生态特点开展审计工作。审计署深圳特派办根据该地区海域面积广阔、海域资源十分丰富的特点，确定审计重点为围填海项目、海岸带管理和海水养殖，推动被审计领导干部在合理开发利用海洋资源的同时，加强海洋生态环境的保护，促进人与海洋和谐共处。在围填海项目管理、海岸带开发与管理、海水养殖等方面进行了探索和实践。
（2）创新自然资源资产离任审计的审计内容，对自然保护区的审计难点及改进方法进行初步探索。其发现了一些审计难点并提出了相应的解决方法：①部分保护区交叉重叠，主管责任不清晰。保护区具有多部门分管、地方管理为主特点，涉及林业、环保、农业、海洋、旅游等多个部门。部分保护区交叉重叠，分属不同部门管理，具体事项的管理责任划分不清。审计人员应与各主管部门充分沟通，严格按照法规及批复要求查找问题；对争议区域违规问题，按照审批过程逐级追溯，落实责任主体；②数据不全，底数不清。部分市县自行批准设立的保护区未备案，省级主管部门无法提供完整的保护区清单。此外，由于部分保护区设立年代较早，主管部门仅能提供纸质版图纸甚至四至坐标，审计人员无法通过矢量图叠加分析。首先，审计人员对主管部门应掌握未掌握的信息，应尽早取证落实责任，避免不必要的反复；其次选取数据可用性强的部分作为重点，用典型问题带出体制机制问题；此外，还可利用已有的各类检查结果，关注类似问题；③涉密数据多，数据分析专业性强。数据分析工作涉及来自测绘、国土、环保等多部门，数据类型多，分析过程专业性强，且部分为涉密数据。审计组可充分利用当地测绘部门已有的数据平台和人员，通过提出具体审计需求的方式，一方面可以借助被审计单位专业力量提高审计效率；另一方面对涉密数据只取结果不拷贝数据库，不在审计工作用机上处理涉密数据，有效防范风险</td></tr>
<tr><td>审计署成都特派办</td><td>（1）注重审计技术方法创新；注重把握继承历史和开拓创新的关系，在强化创新上，系统谋划、全局推进，以新的技术方法手段助力自然资源资产离任审计的发展。
（2）注重把握审计监督与其他监督的关系，突出审计能够站位全局的特点。突出审计善于贯通穿透特点，注重将资源问题、环境问题和经济领域问题贯通穿透考虑，注重从源头防控角度揭示反映环境问题，注重从经济利益角度深入揭示资源问题，做到“一事双查”，既查资源环境问题，又查经济利益问题，从而起到既明现象，又究实质的作用。
（3）整合内外部力量，实现跨专业融合。将地理信息部门、林业部门、水利部门的专家智力资源及数据资源引入审计过程中，从而为审计工作提供专业支撑，以</td></tr>
</table>

续表

审计主体		具体开展情况或主要工作特色
审计署	审计署成都特派办	有效解决专业障碍导致的信息不对称问题。同时，在积极利用整合外部资源过程中，要以审计视角为主导，聚焦审计目标，秉持审计理念，避免出现超出审计专业能力发表意见等问题，从而有效融合调动内外资源保障审计工作
	审计署上海特派办	(1) 针对地区生态特点展开工作。在领导干部自然资源资产审计的过程中，抓住A省湿地丰富、海岸线长的自然资源禀赋特点，将滨海湿地保护作为重点。 (2) 创新审计技术方法的应用。在数据取得上，审计组充分利用其在地理测绘方面的技术力量优势，以 2010 年湿地调查数据为底图套合，开展审计工作，按图索骥，利用用海审批数据与湿地数据套合分析查处违规重点工程项目
	审计署驻沈阳特派办	注重将技术分析与审计经验有机结合。在运用地理信息技术开展审计中，注重将技术分析与审计经验、审计业务知识有机结合，避免产生低效、低值的分析结果。 (1) 数据采集。自然资源行政主管部门均具备相应管理资源的底图数据、矢量数据、规划数据，这些数据均可利用 GIS 技术软件打开形成直观的地图样区块和边界，并进行技术分析查找疑点。 (2) 审计思路和技术分析。审计人员和外聘技术专家组成数据分析组，以审计人员为主与技术专家研究制定审计思路，务虚结合务实；以技术专家为主与审计人员研究开展技术分析，务实结合务虚。互补又相互促进的合作，既突出了审计目标，又充分发挥技术优势，还兼顾了技术专家的成功经验，并培养了审计人员技术能力，一举多得。除借助技术专家的技术优势外，还借助地理国情数据为审计分析提供更新最及时、呈现最真实、内容最现状的“标准”参考数据。以地理国情数据作为“标准答案”，对比各主管部门的底图数据和矢量数据，寻找差异，可有效避开底图数据和矢量数据更新不及时、数据错误等缺陷带来的麻烦，甚至直接提供问题线索。 (3) 抽查取证。抽查取证环节分为两部分，第一是针对分析疑点的核实确认结果，再对重点问题进行抽查取证，以判断确认结果是否真实可靠。第二是针对以前流程分析疑点开展进一步分析，寻找其他违法违规问题并分析其原因，综合多个疑点寻找管理、审批和制度层面的问题，并核实取证
	审计署长春特派办	(1) 注重地理信息系统在开展领导干部自然资源资产离任审计中的作用。提出不同部门之间的地理信息比对，要进行矢量化处理和统一坐标系工作。使用分析软件，分析方法，将地理信息数据与业务台账的对应关系等，并把遥感影像的截图、实地踏查照片等打印作为证据保存，确保审计工作质量。 (2) 整合内外部资源，开展多部门合作。提出审计可以依托该机构的地理国情数据，再通过结合国土、林业、发改等资源管理部门多方共同确认方式，可以有效降低延伸核实量，提高工作效率
海南省	海南省审计厅	(1) 2018 年积极开展领导干部自然资源资产离任审计，其审计工作内容重点包括：生态环境六大专项整治等省委省政府关于污染防治攻坚战重大决策部署的落实、自然资源管理和生态环境保护职责履行、生态环境保护基础设施项目建设绩效、生态环境保护资金征收和使用等方面的情况。 (2) 增设电子数据审计处，推进大数据审计相关平台建设。认真落实审计全覆盖的要求，多角度着力搭建大数据审计技术环境，夯实数据应用基础，积极建设海南省领导干部自然资源资产离任审计平台建设的组织领导工作。 (3) 大胆创新审计项目组织方式，努力建立对自然资源资产管理和生态环境保护工作全覆盖、无盲区的审计监督机制。以领导干部自然资源资产离任审计为平台，围绕污染防治攻坚战和耕地、森林、海洋资源保护等生态文明建设重要部署，安排资源环境专项审计或审计调查项目，一次完成对一个地区一定时期内生态文明建设工作的审计监督全覆盖

续表

审计主体		具体开展情况或主要工作特色
广东省	深圳市审计局	(1) 合理把握审计成果运用与审计评价的关系，构建审计结果评价等级。在评价领导干部的自然资源资产管理和生态环境保护责任时，分为“好、较好、一般、较差、差”等5个等级。有利于不同的审计结果使用人充分利用审计结果，客观了解被审计领导的履责情况。 (2) 发挥资源环境保护教育与公众监督作用。深圳市审计局积极向公众及时公告领导干部自然资源资产离任审计结果，是保障公众的知情权和监督权，有助于提升审计质量全面实现审计目标
	广州市审计局	在审查韶关市乳源瑶族自治县土地利用总体规划执行情况时，审计人员在使用ArcGIS软件对土地利用总体规划和土地利用现状进行叠加分析筛选出疑点的基础上，使用无人机拍摄技术，对土地现状进行了全方位的拍摄取证
	惠州市审计局	(1) 创新自然资源资产绩效评价方法，构建CDP与GEP“双核算、双考核”体系，采取量化方式，让生态环境质量的变化有了可衡量标准。对各县（区）总耕地资源、森林资源、湿地资源、矿产资源和海洋资源的资产价值（包括直接经济价值和间接经济价值），即生态资源的产出和效益进行定量核算，直观反映地区生态文明建设成效。同时，对生态资产进行跟踪量化评估，监控GEP的变化，并将GEP不降低作为经济发展的约束条件，为制订下一步经济社会发展计划和生态建设规划提供参考。 (2) 构建领导干部自然资源资产离任审计评价指标体系，每年开展自然资源资产绩效评价。绩效评价指标体系包括总耕地、森林、湿地、矿产、海洋等资源资产净值量指标，以及大气、水、土壤环境质量指标，主要评价自然资源资产实物量的增减变化情况、自然资源监督管理工作情况，以及大气、水、土壤环境质量指标变化情况。评价结果分为优秀、良好、合格、不合格4个等次，并向社会公开。对评价等次不合格的，由市委、市政府主要领导约谈县（区）党政主要负责人，提出限期整改要求。同时强化评价结果运用，将评价结果纳入县（区）党政领导干部环境保护责任考核内容，作为履职考核、评先评优、选拔任用的重要依据，对评价中发现的生态环境损害明显、责任事件多发的县区党政领导干部和相关责任人进行责任追究，切实增强对领导干部生态文明建设的硬约束。 (3) 加强领导干部自然资源资产考核，建立生态账本。对全市各县（区）主要自然资源资产实行清单管理，记录自然资源资产实物量的变化情况，以及大气、水、土壤等环境指标的变化情况。清单选取了土地资源、森林资源、水（湿地）资源、矿产资源、海洋资源及生态环境质量等6大方面的34项指标，通过分年度统计对比，形成“生态账本”，对各县区实行生态环境保护“每年结小账、任期满算总账”
广西壮族自治区	广西壮族自治区审计厅	(1) 借助外部力量资源，实现新的审计技术方法的应用；自治区审计厅与区地理信息测绘院签订的框架合作协议。依托高科技遥感信息技术，利用无人机多用途多功能的优势，跨越地理限制，助力审计工作。利用地理信息技术解决了传统审计方法达不到的审计效果，解决了“门难进、图难测、量难核”的难题。 (2) 考虑地区自然环境特点，客观审慎做出审计评价。审计组充分考虑地域因素、气候、季节、生长期等自然因素的影响以及环境问题的潜伏性、时滞性、外部性等，按照权责一致的原则，尝试回答被审计地区自然资源资产实物量和生态环境质量状况变化“多了还是少了、好了还是坏了”的问题，并将定性评价和与定量评价相结合。 (3) 敢于揭示问题，健全问责追责机制建立。各审计组要从大气、水、土壤等领域与人民群众生产生活最为密切相关、群众最关心、反映最强烈的“短板”和“弱项”入手。健全问责追责机制建立，促进领导干部切实履行自然资源资产管理和生态环境保护责任，增强绿水青山就是金山银山意识

续表

审计主体		具体开展情况或主要工作特色
广西壮族自治区	桂林市审计局	(1) 利用新的审计技术方法展开审计工作。桂林市审计局在开展领导干部自然资源资产离任审计的工作中巧妙地利用 GIS 系统及审计软件的 SQL 查询及图表分析、数据分析等工具，快速发现疑点，解决传统技术不能查出的问题，如禁矿区采矿、矿区区域重叠、采矿许可证上矿区面积计算错误、采矿违规占用林地等。 (2) 结合地区生态环境特点及自然资源情况开展审计工作。根据被审计领导干部所在地处几条重要河流的源头，而且矿产资源丰富，因此将是否保护重要河流水质、开采矿产资源是否与重要的河流保持规定距离、采矿带来经济发展的同时是否给当地百姓带来污染为审计重点。 (3) 借助外部审计力量，实现跨专业融合。从该局人员专业结构来看，有一定投资、计算机、财会等专业知识，但无地理信息系统专业技术人员，通过局领导协调，从国土局聘请了理信息系统专业技术人员 1 名，以更好地完善审计队伍
	贺州市审计局	(1) 加强审计人才队伍建设，提高审计人员素质。贺州市审计局重视审计人才队伍建设工作，积极外派审计人员参与广西壮族自治区审计厅组织的领导干部自然资源资产离任审计试点审前培训班。并在内部开展互相学习交流会，力求培养领导干部自然资源资产离任审计专业人才，为审计项目的顺利推进奠定了坚实的理论基础。 (2) 创新学习方法，建立分享机制。在审计结束后，审计组将自然资源资产审计过程中亮点突出的特色工作经验进行有效的总结，在全市自然资源资产离任审计业务培训班上，结合自然资源资产审计试点工作所取得的其他一些好的经验和做法一同分享给全市审计系统的相关人员，实现自然资源资产审计实务技能在贺州审计系统中迅速形成“燎原之势”目标是要实现“1 +1 >2”的良好效果
	苍梧县审计局	(1) 利用新的审计技术方法开展领导干部自然资源资产离任审计。2018 年，在苍梧县狮寨镇自然资源资产审计中，苍梧县审计局首次依托无人机技术力量助力审计工作的开展。此次自然资源资产审计涉及图斑较多、地点分散、距离较远，传统的审计方法难以胜任调查核实和取证工作。利用无人机进行作业，仅用了不到 1 个小时的时间，就完成了对狮寨镇现用水源地二级保护区的现场调查取证工作，传输回来高清晰、大比例尺、小面积、高现势性的图像。“以机代步、以机代眼”的创新审计工作方法，大大缩短了审计时间，提高了审计效率。 (2) 结合地区生态环境特点，借助外部审计资源开展审计工作。苍梧县狮寨镇地处边远、山多地少，山区、土地、水域等自然资源数量庞大且分散，地理环境的限制制约了自然资源资产审计工作的开展。经县委、县政府研究，决定聘请广西地理信息测绘院专家团队，依托高科技遥感信息技术，利用无人机多用途多功能的优势，跨越地理限制，助力审计工作。利用无人机技术助力审计工作，打破了传统审计工作方式方法的局限，掀开了县级审计机关落实科技强审的“新的一页”，为深入高效地开展自然资源资产审计，准确反映自然资源资产管理使用中的问题提供了坚实的技术基础
云南省	云南省审计厅	利用新的审计技术方法，推进领导干部自然资源资产离任审计工作。云南省西双版纳傣族自治州审计局采用“审计眼”、无人机等技术手段，对河（湖）长制执行情况、采砂点规划治理情况、耕地规划保护情况等进行了重点抽查和现场核实，有效推动了审计全覆盖和审计质量提升

续表

审计主体		具体开展情况或主要工作特色
贵州省	贵州省审计厅	（1）整合各部门资源，构建数据共建共享平台。贵州省审计厅积极推进与省直相关部门建立数据共建共享机制，推动加快建立数据共享平台，为推进数字化审计方式提供制度保障和专业支撑。 （2）优化组织方式，整合配置审计资源。在项目实施过程中要切实做到“两个提高”。审计组长和主审要根据省厅工作方案、操作指引倒排时间表、路线图，优化人员组合，加强现场管理，严格控制审计进度和现场实施时间，合理利用大数据等先进技术手段，切实提高审计工作的效率、提升审计成效。加强与省厅业务处室和数据分析人员的沟通交流，各审计组要在其指导下做好数据疑点的分析判断。 （3）针对地区生态特点开展审计工作。贵州省审计厅积极参与领导干部自然资源资产离任审计调研工作，并认为应结合审计区域自然资源资产禀赋特点，对被审计领导干部做出客观实事求是的评价
	贵阳市审计局	（1）利用新的审计技术方法，推动领导干部自然资源资产离任审计工作的开展。贵阳市审计局以无人机航拍技术为审计取证中的重要补充手段，结合地理信息系统 GIS 与遥感影像 RS 技术能够获取高分辨率数据、图像与录像，在核实疑似违规占用土地和林地图斑，界定越界采矿、水污染区域和面积方面发挥着关键作用，为自然资源资产等审计提供有力证据。审计工作人员利用疑点数据与被审计单位的相关数据库进行比对、叠加、分析等操作，以确定疑点数据是否成立，并将成立的疑点数据转为审计发现的问题。 （2）借助外部力量，构建审计评价指标体系。贵阳市审计局借助外部高校的专业力量制定了国土资源、森林资源、水资源和矿产资源相关审计评价指标，并根据被审计领导的岗位职责和所辖自然资源特点重点关注相应的评价指标，对领导干部任期内自然资源资产管理和生态环境保护开展审计评价。 （3）加强制度建设，促进领导干部自然资源资产离任审计工作开展。2018 年 12 月中共贵阳市委办公厅、市人民政府办公厅印发了《贵阳市领导干部自然资源资产离任（任中）审计制度》和《贵阳市领导干部经济责任及自然资源资产离任（任中）审计结果运用暂行办法》。制度和办法的出台促使被审计领导干部切实履行自然资源资产管理和生态环境保护责任，标志着贵阳市领导干部自然资源资产离任（任中）审计在全市范围内从试点阶段进入全面推开阶段，促进贵阳市领导干部自然资源资产离任（任中）审计工作规范化、制度化。 （4）审计队伍的统筹管理，推进领导干部自然资源资产审计和经济责任审计深入融合。积极落实审计项目统筹。①按照“一审多项”“一审多果”“一果多用”的原则，加强项目实施统筹，在开展领导干部自然资源资产审计中做到结合经济责任审计同步实施，同时将减税降费及清理拖欠民营企业中小企业账款专项审计工作内容纳入审计范围，做到一个审计项目覆盖多方面审计内容，最大限度扩大审计覆盖面，推进审计全覆盖更进一步。②配合审计组织方式统筹。在全省审计机关人财物统一管理改革的背景下，积极配合上级审计跨层级、跨专业、跨区域统筹安排审计力量。③突出审计工作重点。将政策落实、顶层设计作为自然资源资产审计和经济责任审计工作重点。审查领导干部贯彻执行中央、省委省政府决策部署情况，关注领导干部本人、政府及有关部门改革相关任务推进落实情况，重点对生态文明建设方针政策和有关自然资源资产和生态环境保护重大战略贯彻落实情况。④完善工作交融机制。明确审计范围和审计分工，把自然资源审计内容安排进经济责任审计，将经济责任审计的成果及时共享到自然资源资产审计，避免同时对同一单位、同一事项、同一建设项目的重复审计，做到自然资源审计和经济责任审计相互配合、相互补充、相互完善。完善审计组内部的衔接、沟通、共享的交融机制

续表

审计主体		具体开展情况或主要工作特色
贵州省	黔东南州审计局	(1) 实现“三结合”模式，推进领导干部自然资源资产审计和经济责任审计、部门预算的深入融合；实行“三结合”模式，改变传统审计组织方式，把 2019 年部门预算审计与本年度经济责任审计、自然资源资产离任审计相整合，形成合力，做到问题同查、信息共享、结果共用，提高审计监督成效。 (2) 创新组织方式，整合领导干部自然资源资产离任（任中）审计项目资源；采取党政主要领导干部经济责任审计和自然资源资产离任（任中）审计与部门预算执行情况审计等同步实施的方式，并在审计方案制定、审计组人员分工、审计报告和审计意见起草等方面，保持了各自的独立性。 (3) 结合地区生态环境特点，构建评价指标体系；黔东南州审计局坚持问题导向，将大气污染防治、土地资源、水资源、森林资源、污水垃圾治理等确定为审计的重点领域。针对性地对被审计单位领导干部任职期间对经济发展、土地资源、水资源、森林资源、大气污染防治以及生态环境治理等领域履行管理和保护责任作出审计评价，推动领导干部守法、守纪、守规、尽责。三是采用数字化审计方式收集大数据、探索评价指标体系。了解收集土地、森林等自然资源资产管理信息，并利用计算机大数据手段进行数据之间的关联分析，提高审计效率。要求相关业务科室收集整理有关环保、国土、林业、农业、水务等部门考核指标，整理归纳指标体系，并在审计实施中予以关注。通过开展领导干部自然资源资产离任（任中）审计，进一步推动领导干部牢固树立绿水青山就是金山银山的意识，促进经济发展和环境保护实现双赢
	三都县审计局	(1) 结合地区生态环境与自然资源特点开展领导干部自然资源资产审计工作；三都县审计局根据乡镇自然资源基本情况和特点，围绕耕地保护、森林资源、矿产资源、环境整治和重大环境污染等五个方面，探索制定审计实施方案，在黔南州 12 个县（市）中，率先探索开展乡镇党政领导自然资源资产离任试点审计，为下一步科学评价和界定乡镇领导干部自然资源资产责任打好基础。 (2) 建立审计规范，深入推进三都县领导干部自然资源资产离任审计工作发展；2017 年和 2019 年，草拟并报县人民政府印发了《三都水族自治县领导干部自然资源资产责任审计试点工作方案》《三都水族自治县领导干部自然资源资产离任审计实施方案》，为全面贯彻落实中央、省、州关于领导干部自然资源资产离任审计工作部署，持续深入推进三都县领导干部自然资源资产离任审计工作发展做出有益探索。 (3) 借助外部力量资源，创新审计方法，探索“1 + N”审计模式。三都县审计局积极探索引进中介力量，运用 Google 地球、GPS、地理信息系统等进行数据核实比对，查找疑点、研判分析，切实提高审计的精准度和实效性。推动自然资源资产审计与经济责任审计、财政预算执行审计同步开展，探索“1 + N”审计模式，一审多果，多果多用，提升审计成效
重庆市	重庆市审计局	(1) 注重大数据审计人才培养，开展全市领导干部自然资源资产离任审计培训工作。运用“3S”技术，以培训遥感技术（RS）、地理信息系统（GIS）、全球定位系统（GPS）基础以及自然资源资产认知方式，突出自然资源资产空间数据处理、增减变化动态分析、空间数据属性和转换利用等方面知识讲解，使用 ArcGIS 软件进行遥感专题图制作、专题信息自动解译，ArcMap 基础操作、数据筛选与整合处理、数据建库及地图制图，以及自然资源数据处理转换的上机操作和结业考试。 (2) 借助外部力量，打破信息壁垒，积极对外沟通审计工作。主动与审计署沟通对接，多渠道向其他省市审计机关“取经”，积极与规划自然资源、水利、林业、生态环境等部门就自然资源资产审计相关业务、技术等问题进行研究，邀请规划自然资源、水利、生态环境等行业专家参与审计与提供技术支持，充实专业力量。

续表

审计主体		具体开展情况或主要工作特色
重庆市	重庆市审计局	（3）优化组织结构，建立健全工作机制，强化部门协作。建立健全自然资源资产数据共享平台，并向审计机关开放。建成全市自然资源资产审计专家库，吸纳各行业领域专家。将审计监督与党管干部、纪律检查等结合起来，强化结果运用，把审计结果及整改情况作为考核、任免、奖惩领导干部的重要依据。 （4）立足当地资源禀赋，针对地区生态特点开展审计工作；根据被审计地区区域特点从“点”上“解剖”，针对不同的审计项目制定差异化的审计实施方案聚焦重点资源、重点问题。另外，以“河长制”执行情况审计为抓手在“面”上“突破”
	梁平区审计局	（1）建立审计制度规范，深入推进梁平区审计局领导干部自然资源资产离任审计工作发展。2018 年梁平区委办公室、区政府办公室印发《梁平区贯彻落实〈领导干部自然资源资产离任审计规定（试行）〉实施方案》（以下简称《方案》），明确今后开展领导干部自然资源资产离任审计的总体要求、审计重点、审计实施程序及工作保障。 （2）根据各地生态特点展开工作，促进领导干部自然资源资产审计工作全面开展。梁平区审计局立足推动打好污染防治攻坚战，围绕水资源、土地资源、森林资源保护和矿山生态环境治理、大气污染防治等方面，充分考虑被审计领导干部所在地区的主体功能定位、自然资源资产禀赋特点、资源环境承载能力等方面，针对不同类别自然资源资产和重要生态环境保护事项确定审计内容。主要围绕贯彻执行方针政策、决策部署工作安排、遵守法律法规、完成保护目标、履行监督责任等方面重点开展审计。 （3）整合内外部力量，推进各相关部门间的协作。建立全区领导干部自然资源资产审计所需相关人才专家库、自然资源资产数据库、自然资源资产管理和生态环境保护登记制度，加大自然资源资产和生态环境领域地理信息数据和相关业务、管理等数据收集、挖掘和分析力度，牢固树立大数据审计理念，逐步建立本区自然资源资产审计数据综合分析平台
	涪陵区审计局	（1）结合地区生态环境和自然资源特点开展审计工作；涪陵区审计局提出应结合涪陵地处三峡库区的特殊地理位置，开展生态审计工作。其中南沱镇试点系全区首次开展乡镇领导干部自然资源资产离任审计，意义重大，有助于进一步增强领导干部生态环境保护的规矩意识、底线意识，推动全区生态环境保护工作的开展。 （2）积极开展外部合作，共同促进领导干部自然资源资产离任审计工作。2019 年 11 月，大连市甘井子区审计局赴涪陵区审计局就领导干部自然资源资产离任审计做工作交流。涪陵区审计局着重从审计项目目标及类型创新、内容创新、组织创新、方法创新、流程创新等方面作了介绍，双方还就经济责任审计等内容展开探讨，助力新形势下高质量完成审计任务
四川省	四川省审计厅	（1）注重审计人才队伍建设，积极开展领导干部自然资源资产离任审计科研论文交流会。四川省审计厅为推进全省县乡党政领导干部自然资源资产离任审计工作的全面开展，2018 年由资源环境审计处牵头，审计厅召集德阳、绵阳等 6 市审计局和厅经济责任审计处、电子数据审计处、科研所负责同志，在成都召开了县乡领导干部自然资源资产离任审计工作方案暨 2018 年审计科研课题研讨会。会议对 2018 年县乡党政领导干部自然资源资产离任审计工作方案（草案）、乡镇党政领导干部主要工作职责，以及领导干部自然资源资产离任审计科研论文（提纲）进行了交流讨论。

续表

审计主体		具体开展情况或主要工作特色
四川省	四川省审计厅	(2) 建立审计制度规范，深入推进领导干部自然资源资产离任审计工作发展。为践行绿色发展理念，推动领导干部切实履行自然资源资产管理和生态环境保护责任，中共四川省委办公厅、四川省人民政府办公厅近日印发了《四川省领导干部自然资源资产离任审计办法（试行）》（以下简称《办法》）。按照要求，领导干部离任时，应当接受自然资源资产离任审计，根据工作需要也可以在领导干部任职期间进行任中审计
	兴文县审计局	“三结合”开展自然资源资产离任审计：(1) 与审计组织方法相结合。针对自然资源资产审计涉及内容繁杂、管理部门较分散的实际，整合局内部资源，统一审计方式和方法，确保在规定的时间内高质量高标准完成审计任务；(2) 与审计重点内容相结合。紧扣领导干部生态环境责任和经济责任履行情况，审计中重点关注自然资源保护法律法规及政策措施落实情况、各项指标和目标责任制完成情况、自然资源资产开发利用和生态环境保护重大决策情况、重大资源环境事件环境风险隐患及相关预警机制建立执行等情况；(3) 与审计绩效评价相结合。将领导干部履行资源环境保护情况融入到经济责任审计报告中，全面、客观地评价领导干部落实生态环境保护责任情况
	宜宾市审计局	(1) 积极构建自然资源资产离任审计考核指标体系，推进领导干部自然资源资产离任审计。宜宾市审计局完善机制，构建评价体系。在客观、完整地反映领导干部任期内生态环保功过的同时，更注重相关数据积累采集、汇总、分析，因地制宜、科学量化，构建领导干部自然资源资产离任审计评价指标体系，为领导干部考核体系提供参考依据。 (2) 优化组织结构，清晰界定责任。对部分自然资源资产问题社会关注度高、表现形式复杂，要求在分析具体问题时要研判成因，区分究竟是领导干部贯彻执行政策不力，部门执法不严，还是企业的独立行为，清晰界定责任。 (3) 整合各部门资源，协调互补，推进领导干部自然资源资产离任审计工作。对自然资源资产和环境保护审计发现的问题，与相关执法部门建立沟通协调机制，在实现执法结果相互通报的同时，完善线索移送、探索联合执法，完善生态环保领域的监督体制
	绵阳市审计局	创新审计模式和审计方法，推进领导干部自然资源资产离任审计工作。绵阳市在全国率先开展党政主要负责人自然资源资产离任审计，通过制定 6 个方面 32 项操作性强的具体指标，将领导干部自然资源资产离任（任中）审计与经济责任审计、财政预算执行情况审计相结合，创新推出“1 + N”审计模式和“三渗透、四结合、五统一”审计方法，确保了客观评价领导干部自然资源资产和环境责任，实现了单一审计向综合审计转变
江西省	江西省审计厅	(1) 优化组织结构，创新机制制度。2019 年 1 月江西省成立领导干部自然资源资产离任审计工作领导小组，推动地方政府加强日常监管和事后整改成为常态。由省厅制定全省领导干部自然资源资产离任审计工作方案，省、市、县三级审计机关在全省统一的审计工作方案框架下同步开展审计，保证同一区域的同一部门不重复审计，统一审计内容、审计重点，体现市、县特点，有针对性反映问题，提出整改措施。 (2) 构建审计评价指标体系，创新评价方法。指标选取涵盖对象涉及市厅级、县（区）级和乡镇级三个层面的党政主要领导干部，涵盖的自然资源涉及耕地及建设用地、森林、湿地、矿产、水资源等，涵盖的生态保护涉及环境治理、环境质量、生态保护、绿色生活等各个方面

续表

审计主体		具体开展情况或主要工作特色
江西省	九江市审计局	建立审计制度规范，深入推进领导干部自然资源资产离任审计工作发展。九江市审计局在2018年自然资源资产离任审计试点的基础上，经多方面、多层次广泛征求意见，代拟了《九江市领导干部自然资源资产离任审计实施意见》（以下简称《实施意见》），在九江市深化改革领导小组第十四次会上讨论并通过。《实施意见》包括领导干部自然资源资产离任审计总体要求、主要任务、保障措施三大部分。从明确审计对象、突出审计重点、推动责任落实、促进问题解决、进行客观评价、依法作出处理，强化运用结果7个方面提出具体要求，强调了自然资源审计领导小组机制、部门之间协调配合以及审计能力建设等问题。《实施意见》的出台为构建九江市领导干部自然资源资产离任审计工作的整体格局、推动九江市生态文明建设、积极融入长江经济带、建设长江经济绿带发展示范区、全面推动领导干部自然资源资产离任审计工作提供了强有力的保障
	吉水县审计局	（1）建立审计制度规范，深入推进领导干部自然资源资产离任审计工作发展。吉水县审计局结合地方实际，制定出台了《吉水县领导干部自然资源资产审计实施方案》，明确今后党政领导干部自然资源资产离任审计的总体目标、基本原则、审计对象、范围及实施计划等，加强组织协作，深入推进吉水县党政领导干部自然资源资产离任审计工作，推动领导干部切实履行自然资源资产管理和生态环境保护责任，确保吉水县自然资源审计工作顺利开展。 （2）针对地区生态特点开展审计工作；根据吉水县自然资源资产的禀赋特点，重点围绕土地资源、森林资源、水资源、矿山生态环境治理和大气污染防治等五大审计领域，以被审计党政领导干部任职前后所在地区主要自然资源资产实物量和生态环境质量状况变化为基础，以其任职期间履行主要自然资源资产管理和生态环境保护责任为主线开展审计
浙江省	浙江省审计厅	（1）整合内外部资源，构建多部门合作机制。2019年浙江省审计厅与省自然资源厅签订战略合作协议，启动新一轮地理信息技术审计应用战略合作。新一轮战略合作协议签订后，省审计厅与省自然资源厅将本着资源共享、优势互补、互相支持、共同发展的原则，进一步推进深化合作。共同推进测绘与地理信息数据、技术、装备和自然资源资产统计数据在审计多领域和审计项目全过程的应用，不断深化合作领域，丰富合作成果。 （2）构建审计数据库平台，促进领导干部自然资源资产离任审计的开展。浙江省审计厅将与省自然资源厅共同构建审计系统与自然资源系统互联互通、具有良好交互和使用体验的专业平台，打造时空大数据共享和分析平台、空天地一体化审计技术方法集成和应用平台、测绘与地理信息成果审计应用能力建设和成果展示平台
	杭州市审计局	（1）通过与浙江大学环境与资源学院签署《共建自然资源资产与环境审计科技创新研究合作框架协议》，建立战略合作机制。 （2）利用浙大在地理信息、遥感技术、GIS系统应用等方面的技术优势和学术优势，共同搭建新时代自然资源资产审计和环境审计大数据应用平台，联合开展自然资源资产与环境审计领域的技术研发、技术推广等，开启自然资源资产离任（责任）审计“政校合作”新模式。 （3）组织编写《自然资源资产审计和环境审计操作实务（2018版）》。 （4）通过政府购买服务的方式，聘请一名环境工程专业的研究生，作为市局一年期常驻资源环境审计协审人员参与日常审计项目

续表

审计主体		具体开展情况或主要工作特色
浙江省	嘉兴市审计局	成立了以市政府主要领导为组长，市政府常务副市长及分管生态文明和分管国土资源的副市长为副组长，市政府秘书长、市政府分管副秘书长、市农办、市经信委、市财政局、市国土资源局、市环保局、市建委、市水利局、市审计局、市统计局、市综合执法局主要负责人以及市委组织部分管负责人为成员的领导干部自然资源资产离任审计工作领导小组
	义乌市审计局	出具了义乌市首份领导干部自然资源资产责任审计意见，对该市水务局局长自然资源资产管理责任履行情况进行客观评价
	绍兴市审计局	(1) 在审计内容确定上，紧盯“责任、政策、资金”三条主线，突破审计资源、审计能力的限制，不眉毛胡子一把抓，以问题为导向对重要事项坚持审深审透。 (2) 在审计重点选择上，选择具有区域禀赋特点，被审计领导干部有权管理、支配、使用的自然资源资产为重点，选择林业、土地以及水库湖泊等有形、有界，且具有一定基础数据、具备基本审计评价条件的自然资源资产作为审计侧重点，保证该自然资源资产的无序利用和损害可追溯、可问责。 (3) 在审计过程中既大胆尝试，又保持审慎，在科学确定收集相关证据的基础上，加强与被审计单位、自然资源主管部门的沟通
	温州市审计局	探索运用地理信息系统（GIS 技术）助力开展审计。通过运用 GIS 技术快速定位问题图斑，再运用遥感影像图进行辨识，准确锁定坐标位置，在实现全面审计的同时提高了审计效率和审计精度
	丽水市审计局	(1) 创新审计模型，构建“1+N”审计统筹推进模式，合力提高审计效率。“1”是指市局实施的国土资源局自然资源资产离任审计项目，“N”则指县级审计机关实施的其他自然资源资产离任审计项目。该局从市级各主管职能部门收集涉审各地区所需数据资料，为县级审计组提供数据支撑。同时加强市县两级审计组沟通交流、协作配合，实现信息资源和经验成果全方位共享，为全市同步推进领导干部自然资源资产离任审计取得实效打下了坚实基础。 (2) 从定性和定量角度，重视审计评价指标构建。丽水市审计局认为应将定性分析与定量分析相结合开展审计。以审计方案为基础，以评价指标为核心，定性与定量评价相结合，对领导干部任职期间履行自然资源资产管理和生态环境保护职责的行为和结果进行量化，做出分等次评价结论。同时按照权责一致的原则，把握好审计重点内容与领导干部履职尽责之间的关联性
	华容县审计局	(1) 优化组织结构，促进领导干部自然资源资产审计工作开展。华容县审计局拟成立由县委书记任组长的审计工作领导小组，下设办公室，办公地点设县审计局，负责统筹协调全县审计工作开展；制定《华容县2018年领导干部自然资源资产离任审计工作方案》，进一步明确审计工作要求。 (2) 重视审计人才培养，突出学习培训。积极选派审计业务骨干赴省厅和其他县市学习考察，熟悉了解法律法规、审计流程、审计内容和审计方法。同时，组织全县审计业务人员进行专题培训，学习中办国办《领导干部自然资源资产离任审计规定（试行）》等相关内容，进一步增强开展领导干部自然资源资产离任审计的思想自觉和行动自觉。 (3) 积极寻求外部力量资源，实现跨专业融合。建立由县住建、县国土和县环保等相关部门业务骨干组成的审计专家库，为审计工作提供专业指导。目前，该县通过前期摸底调查，已掌握域内自然资源资产相关数据，并启动乡镇主要负责人自然资源资产离任审计

续表

审计主体		具体开展情况或主要工作特色
安徽省	安徽省审计厅	(1) 重视审计人才培养，积极开展相关课题研讨。安徽省加强理论课题研讨，深入开展自然资源资产离任审计的方法研究，加大自然资源资产离任审计方法和思路创新整合审计人员，抽调环境、土木工程、工程造价等专业人员组成自然资源资产离任审计攻关组。 (2) 针对地区生态环境问题及特点开展审计工作。安徽省政府对污水处理设施建设运营情况审计调查，重点关注污水处理设施建设项目工程建设管理和投资效益情况，促进城镇污水处理能力进一步提升，改善投资环境。 (3) 优化组织结构，整合审计资源，统一部署开展审计工作。审计组统一部署区内水资源、湿地资源、水环境的调查，结合水质监测数据追根溯源，按图索骥，实地察看区内河流、湖泊、湿地，走访调查污水处理厂、混凝土有限公司等重点企业，检查入河排污口，形成以监测点、河岸线、水系网、资源环境面的系统模式，深入了解区内资源开发利用和环境保护治理情况
	滁州市审计局	(1) 优化组织结构，采取市、县联动的组织方式；滁州市审计局高度重视，深度谋划，多措并举，采取市、县联动的方式，全面开展县、乡两级领导干部自然资源资产离任审计工作。积极组织，全面布局领导干部自然资源资产离任审计工作。2018 年滁州市安排审计项目计划 10 项，其中县级项目 1 项，由市本级实施，乡级项目 9 项，由 8 个县（市、区）分别实施。 (2) 创新领导干部自然资源资产离任审计工作方法；在前期试点工作开展的基础上，滁州市不断强化技术落实，成立了领导干部自然资源资产离任审计大数据应用研究课题组，采取市、县联动的方式，深入探索新型审计方法和科学技术在领导干部自然资源资产离任审计中的应用，加快构建自然资源资产大数据审计方式，积极融合地理信息技术，充分发挥其在综合分析、查找疑点、精准定位等方面的优势，不断优化审计质量和效率。 (3) 重视审计人才培养，加大学习力度。滁州市审计局组织审计人员深入学习、了解自然资源资产离任审计的背景、内容和意义，全面提升审计人员政治思想认识，深入研究《领导干部自然资源资产离任审计规定（试行）》精神，组织人员整理相关法律、法规，通过集中学习和个人自学的方式，提升审计人员业务能力，切实加强培训交流，充分总结县、乡两级试点工作经验，提炼出好的方式、方法，通过业务研讨会等形式，在全市范围内开展业务培训和经验交流。 (4) 协调内外部资源，构建多部门合作，纵深推进领导干部自然资源资产离任审计协调机制。滁州市审计局在充分调动自身审计力量开展项目实施的同时，积极与发展改革、国土资源、环境保护、水利、农业、林业等自然资源资产管理和生态环境保护职责部门对接，整合土地、森林、水等主要自然资源资产基础数据，搭建专业数据共享平台和信息交流渠道，推动建立全市工作协调配合机制，形成合力推动审计项目向纵深发展
	合肥市审计局	(1) 重视审计人才培养，搭建队伍建设平台；合肥市审计局推行多项举措，着力打造高素质领导干部自然资源资产离任审计人才队伍。新招录、选调、遴选多名环境科学、环境工程、生物技术、航道工程等学科专业背景人员，充实到审计机关。成立资源环保审计专题攻关组，聚集林业、环保、计算机、工程等专业人才和骨干力量，认真开展理论研究，靶向发力，攻坚各类难点问题。 (2) 加强各部门的沟通和联审，搭建资源整合平台。合肥市审计局依托市政务信息资源共享门户网有效汇集、按需共享全市资源资产数据信息和相关资料。市审计局、发改委、经信委、农委、建委、统计局、国土局、环保局、水务局、林园局等部门均在数据平台开具账号，各类资源资产及相关的管理数据和相关资料由主管部门上传至平台，市审计局根据需要申请查看下载。

续表

审计主体		具体开展情况或主要工作特色
安徽省	合肥市审计局	(3) 优化组织结构，建立审计制度规范，深入推进领导干部自然资源资产离任审计工作发展；市审计局及时向县（市）区审计机关、市局各审计组传达布置最新的工作要求，并实时开展交流和答疑解惑。研究制定审计操作规程，明晰领导干部自然资源资产离任审计的特点和操作方法，为有可能存在的问题提供解决思路和审计方法。制定领导干部自然资源资产离任（任中）审计工作方案，既统一方案又鼓励创新。在审计中，各审计组能够结合当地资源资产禀赋特点，有针对性地开展审计工作
上海市	上海市审计局	(1) 针对地区生态环境特点开展审计工作。上海市审计局坚持因地制宜，选择重点资源、重点事项进行重点审计，大胆探索适合本区的审计内容、审计方法、评价指标等，积极探索大数据审计模式，加大地理信息数据和相关业务、财务数据的挖掘和分析力度。选择从自然资源和生态环境领域的"短板"和"弱项"入手，推动重点地区、重点行业、重点单位有效防控生态环境安全隐患，推动生态文明体制、机制建立健全。 (2) 整合内外部力量，加强各部门之间的沟通和合作。上海市审计局加强与相关业务主管部门的沟通，推动审计结果在领导干部评价考核和责任追究中的运用，争取相关部门的业务和技术支持，更好发挥审计监督作用。走访区环保、农业、发展改革、规划土地等多个部门，建立沟通协调机制，搭建信息和数据共享平台，为推进审计工作提供支持和保障。 (3) 优化审计方法，采用"研究式""结合型"审计模式。上海市审计局坚持加强与市局和其他区局的沟通，优化审计方式，采用"研究式""结合型"审计模式，在街镇经济责任审计中试点开展自然资源离任审计。 (4) 注重审计人才培养，强化学习实践和人员培训。上海市审计局组织相关人员学习研究自然资源资产离任审计试点工作的实施意见、指导方案等文件精神。对标先进、试点地区，采取走出去学习和请进来授课相结合的方式，组织审计骨干学习理论知识及实践经验，提升业务水平。创新思维与创新审计模式。通过"请进来""走出去"相结合的方式，积极参加审计署、市局各类专题讲座，学习 GPS 工具、图片分析等信息化技术，创新培训模式，丰富培训内容
	嘉定区审计局	(1) 注重审计人才培养，强化人员培训。嘉定区审计局组织相关人员学习研究自然资源资产离任审计试点工作的实施意见、指导方案等文件精神。对标先进、试点地区，采取"走出去"学习和"请进来"授课相结合的方式，组织审计骨干学习理论知识及实践经验，提升业务水平。 (2) 加强部门联动，建立数据共享平台。嘉定区审计局通过走访区环保、农业、发展改革、规划土地等多个部门，建立沟通协调机制，搭建信息和数据共享平台，为推进审计工作提供支持和保障
	崇明区	(1) 注重审计人才培养，强化学习实践；崇明区审计局为进一步提升认识，崇明区审计局邀请了市审计局专家介绍开展自然资源资产离任审计的做法和经验，组织了 10 名审计骨干赴山东学习"胶州经验"，选派了 2 名审计骨干赴市审计局参加领导干部自然资源资产离任审计项目。通过理论学习和项目实践为推进自然资源资产离任审计打牢基础。 (2) 创新审计方式方法，加强走访调查；针对自然资源资产基础数据分散于多部门的现状，一方面由局领导班子成员带队走访调研环保、农业、水务、发展改革、规划土地等部门，了解本区水、土、林、滩等自然资源资产基本情况；另一方面在审计实施中，通过调查问卷、实地查看等方式，进一步掌握自然资源资产实际状况。

续表

审计主体		具体开展情况或主要工作特色
上海市	崇明区	(3) 创新审计模式，促进经济责任审计与领导干部自然资源资产离任审计工作共同开展；在经济责任审计中，积极探索和深化结合式领导干部自然资源资产离任审计。审计中聚焦领导干部任期内的自然资源资产政策法规执行、重大决策、指标任务、项目管理等情况，并探索将自然资源资产审计情况纳入审计结果报告中予以反映
江苏省	江苏省审计厅	采取“以审代训”方式，提升全省自然资源资产大数据审计技能；利用正在对某设区市主要领导干部开展自然资源资产审计之机，采用开放式组织形式，让市级审计机关根据需要派员参加审计组，全程学习省厅自然资源资产审计思路、技术方法等内容，以实际操作提升参训审计人员的地理信息技术与技能
	南京市审计局	(1) 设计“一体两翼”的组织领导架构。明确试点期间，在市经济责任审计工作领导小组统一领导下，成立市领导干部自然资源资产离任审计协调议事机构，与市经济责任审计工作联席会议并行，形成“一体两翼”的组织领导架构。 (2) 拓展审计对象和范围，将审计对象由“各级党委政府主要领导干部”拓展为“各级党委政府和相关职能部门的主要领导干部”，并将“离任审计”拓展为“离任审计”和“任中审计”。 (3) 将生态文明建设中心工作纳入审计重点。审计重点关注土地资源、水资源、森林资源、大气污染防治和矿产资源的开发利用和保护情况，并将市委市政府生态文明建设的中心工作，作为相关领域审计的重点
	南通市审计局	(1) 组织开展了石港镇领导干部自然资源资产离任审计，重点关注村居生态环境，对农村垃圾池设置以及垃圾桶堆放、河道沟塘河面保洁、生态河道绿化保护情况进行了实地走访查看，对河面抛弃垃圾、水花生覆盖、绿化遭附近百姓毁坏等现状提出审计建议。 (2) 在如皋市长江镇主要领导自然资源资产离任审计中，聚焦长江岸线沿江码头生态环境保护情况，重点关注了苏中国际码头、中林港务集团码头等 8 个石化码头的运营管理情况。审计人员通过审阅资料、实地查看、询问交流等方式，对码头货运种类、环评批复、环保验收和现场作业等对长江岸线生态环境的影响进行深入了解核实
	海门市审计局	在开展的领导干部自然资源资产离任审计中，重点关注园区绿化养护、绿化升级改造和绿化面积
	连云港市审计局	在领导干部自然资源资产离任审计中，积极探索运用地理信息系统等软件实现数字化审计模式。(1) 利用地理信息系统（GIS）技术进行叠图分析，在某领导干部自然资源资产离任审计中收集疑点数据，审计人员利用 ArcGIS 软件，对相关数据进行叠加、对比分析。对分析发现相关资源数据与卫星图片中存在差异的地方，通过软件图斑定位和面积测算等功能，确定疑点位置、面积、地块属性等。 (2) 利用谷歌地球（Google Earth）技术进行疑点时效性比对审计人员将叠图比对分析出的审计疑点，输入疑点信息坐标或其他特征，导入谷歌地球（Google Earth）软件中，查看该疑点地块不同时间点上资源分布情况，分析疑点地块出现变化的时间和变化趋势，缩小疑点范围。 (3) 比对分析其他业务资料，进行疑点筛查审计人员将利用地理信息技术筛查出的疑点数据进行整理，与林地保护和开发利用的其他数据资料，如植树造林台账、林木采伐台账等资料进行比对分析，对疑点的有关属性进行再整理，剔除符合条件的疑点数据。 (4) 利用无人机、手持 GPS 等设备技术进行实地调查，针对审计发现的疑点坐标，可以利用无人机、手持 GPS 等设备进行实地调查和数据分析。在某领导干部自然资源资产离任审计中，审计人员利用这两项设备进行疑点确认，极大地减轻审计人员工作量，迅速准确地发现资源环境保护中的问题

续表

审计主体		具体开展情况或主要工作特色
江苏省	泰州市审计局	(1) 建设自然资源资产审计数据综合分析系统。 (2) 探索自然资源资产审计数据综合分析系统，通过项目管理、数据采集、项目操作、评价指标等模块，实现数据分析、图斑检索、疑点标绘、变化趋势分析等功能，实现审计数据“一张图”，提高时空大数据挖掘分析效率
	无锡市审计局	首次试点运用领导干部自然资源资产离任审计平台开展审计
	扬州市审计局	积极利用大数据技术助推自然资源资产审计： (1) 辨别数据真伪，注重真实性审计。在业务数据采集过程中，该局注重收集、整理和汇总不同来源的数据，整合多途径了解的信息，以此来判断有关部门提供的数据真伪。 (2) 进行关联分析，突出重点审计。自然资源资产的数据牵涉到的部门多、数据广，工商、税务、环评、社保等多部门都有自己独立的信息系统，该局注重对上述多个部门的信息系统进行独立而又相结合的审计。 (3) 关注原始台账，实施全面审计。除了开展相关部门的信息系统审计外，该局还注重对资源主管部门的原始台账数据进行比对分析。 (4) 进行逆向分析，关注延伸审计。在审查某县水资源管理使用情况时，该局借用排污费收取情况倒查取水许可证办理情况，取得一定成效。 (5) 借助专业软件，实施专项审计。在开展某地国土资源审计时，该局有力借助了国土部门的 GIS 信息系统实施专业性审计
	宿迁市泗洪县审计局	乡镇、街道主要领导干部经济责任审计与自然资源资产审计相联合，并针对该县水资源及土地资源较丰富的情况，积极开展相关专项自然资源资产审计
山东省	山东省审计厅	(1) 积极探索审计数据分析平台构建工作。数据资源积累等基础工作在全省内广泛开展。从省、市两级审计机关统计分析看，半数以上的审计机关开展了数据采集工作，涉及自然资源等 10 余个政府主管部门的信息系统；数据管理也在逐步走向规范化、常态化，其中有近一半进行了数据整理，有五分之一实现了数据定期报送。如，山东省审计厅已采集土地、矿产等多个领域多种类型的地理空间矢量数据，并完成了数据格式转换、坐标系变换及脱密处理。 (2) 大数据应用取得了初步审计成效。省、市两级审计机关中，有 70% 的审计机关应用 SQL、ArcGIS 等分析技术开展了数据分析工作，涉及多个资源环境审计项目，问题类型涵盖土地、森林等多个资源环境领域。如枣庄市审计局探索运用地理信息技术方法，仅在实施的某市领导干部自然资源资产离任审计一个项目中，所揭示问题就占发现问题总数的 40%。一些地方审计机关主动作为，探索开发了有针对性和有特色的资源环境审计数据分析软件
	日照市审计局	结合生态特点，推动精准审计；结合岚山区自然资源资产禀赋特点，确定大气环保生态环境、海洋资源和土地资源三个方面相关资金征收管理使用和项目建设运行等情况实施审计

续表

审计主体		具体开展情况或主要工作特色
山东省	济南市审计局	形成领导干部自然资源资产离任审计五项工作模式： (1) 协调会议模式。定期召开区农业局、林业局、水务局、国土局等 14 个部门参加的协调会议，实现多部门协作配合，资源整合，信息共享； (2) 地理信息技术审计模式。运用地理信息技术，采取对不同时间、不同形态、不同部门地图进行叠加分析的方法，核实相关审计事项； (3)“五级”评价模式。依法依规，结合定性和定量评价，设立“好、较好、一般、较差、差”五个等级客观评价被审计领导干部履行自然资源资产管理责任情况； (4) 问卷调查模式。针对环境污染及治理情况，设计调查问卷，向辖区内群众发放，查找污染事件、损害群众利益、治理措施不当等问题，让审计长上“顺风耳”； (5) 审计情况模式。跟进项目，及时撰写审计动态、发现问题情况，向区领导报告，切实推进问题整改，完善管理机制，提升审计成效
山东省	胶州市审计局	开展领导干部自然资源资产离任审计工作要求审计人员“上山”“下水”“入田”“进村”，到林场审核市政资金是否使用到位，到河边观测水质是否存在污染问题，在田间地头查看是否有土地闲置现象，在农户家中访问利民政策是否落实
山东省	寿光市审计局	(1) 将资金管理与项目流程作为乡镇自然资源资产审计的两条主线；(2) 将美丽乡村建设、旱厕改造、农村饮用水、农村污水处理、农村人居环境建设等生态文明建设专项行动落实情况作为乡镇自然资源资产审计的重点内容；(3) 把绩效管理理念引入到自然资源资产审计中来，将绩效管理作为自然资源资产审计的重要方向
山东省	滨州市沾化区审计局	(1) 注重审计队伍建设，强化学习培训。先后派审计人员到齐河县审计局、乐陵市审计局等交流学习审计经验；组织选派业务骨干参加全省性的审计业务培训；开展业务研讨，切实学懂弄通基本要求。 (2) 实现审计队伍的统筹管理。组成四个审计组，做到审计项目同部署、同实施，统一制定审计实施方案。实施方案统一交由业务会议审定，各审计组之间相互沟通协作，及时交流经验做法。同时，成立了由分管领导同志、数据分析人员组成的后勤保障小组，负责各部门之间、审计组之间的沟通协调工作，确保渠道畅通
湖南省	湖南省审计厅	(1) 针对地区生态特点开展审计工作。在“审计重点”中，增加了湘江流域等具有湖南省地域特色的自然资源资产审计内容；在“试点目标”中，增加了“总结自然资源资产保护经验，揭示自然资源资产在开发利用和生态环境保护过程中存在的突出问题和风险隐患”的内容。 (2) 通过审计有效推动环境治理。聚焦蓝天、碧水、净土三大保卫战目标完成情况，重点关注柴油货车污染治理、城市黑臭水体治理、长江保护修复、水源地保护、农业农村污染治理等专项目标落实完成情况
湖南省	石门县审计局	开展了易家渡镇党政主要领导干部自然资源资产离任审计，审计人员在从水利、国土、环保、林业和畜牧等部门获取相关数据信息的基础上，重点关注非法占地、禁养区退养和农村环境治理等方面的审计
湖南省	湘潭市审计局	组织召开 2018 年度经济责任审计和自然资源资产离任审计动员暨培训会议，对本年度经济责任审计和自然资源资产离任审计工作进行动员和部署安排

续表

审计主体		具体开展情况或主要工作特色
湖南省	株洲市审计局	（1）深入推进自然资源资产离任审计要做到“三实”：《领导干部自然资源资产离任审计规定（试行）》宣传要实、生态责任要实、审计成果要实；（2）召开自然资源资产离任审计情况反馈会。天元区委书记周建光要求各乡镇、街道办事处以及相关职能部门把生态文明建设作为一项政治任务来抓，作为一项重要的民生工程来抓，对照本次审计发现的问题和自然资源资产管理、生态环境保护相关要求认真履职，补短板，抓落实，压实责任，切实把习近平总书记生态文明建设思想落实到新区发展工作中，做到“为官一任，造福一方，守好一方水土，维护好一方的稳定”
	安乡县审计局	（1）重视审计队伍建设，强化技术培训。组织全局审计人员参加审计署领导干部自然资源资产离任审计网络培训、选派干部参加省厅专项培训及赴南京审计大学系统学习相关业务知识；探索利用 GIS、Google Earth 等工具，开展数据分析挖掘、图形匹配比对，客观反映资源数量的变化，并将后台数据处理、现场审计与实地踏勘核查结合，提高审计工作效率与准确度。 （2）结合自然资源资产特点，明确审计重点。精准确定土地资源和黄山头国家自然保护区矿山生态环境恢复治理两个方面的审计重点。 （3）强化部门联动，推动形成合力。审计组加强与财政、水利、国土、环保、农业、林业等部门的密切配合，全面了解审计所需数据。全面了解与被审计领导干部任职期间履行自然资源资产管理和生态环境保护责任有关的情况，采取联合审计方式，抽调测绘专业技术人员和县区人员参与审计
湖北省	湖北省审计厅	注重对审计人员集中培训学习地理信息系统 ArcGIS 应用方法，高效推进自然资源审计工作，缩短现场审计时间，提高工作效率
	武汉市审计局	“四强化四推动”开展自然资源资产离任审计：（1）强化组织领导，推动建立联动机制；（2）强化统筹协调，推动形成工作合力；（3）强化现场管理，推动做实审计证据；（4）强化责任落实，推动同步整改到位
	襄阳市审计局	在对市林业局及自然保护区领导干部自然资源资产离任审计中，利用地理信息系统技术，将卫星遥感图片与项目原状图、规划图进行对比分析，重点关注全市自然保护区内违法占用林地开矿、采石，违规建设，私设水坝养鱼，以及各县（市）区临时占用林地到期植被恢复情况等，并对疑点图斑进行现场调查核实
	荆门市审计局	（1）实行领导干部自然资源资产离任审计要先行先试，总结积累，探索完善；（2）领导干部自然资源资产离任审计处于起步阶段，没有现成的经验可循；（3）作为审计部门，要做到“三个多”：多试点、多实践、多总结
	黄石市审计局	领导干部自然资源资产离任审计“四步法”：（1）认真学习相关政策制度；（2）选准审计着力点；（3）多方资料相互关联、印证；（4）做好执法台账和现场踏勘相结合
	鄂州市审计局	鄂州市是湖北省自然资源资产审计全省唯一的试点地级市，鄂州市审计局高度重视领导干部自然资源资产离任审计工作的开展： （1）利用新审计方法，构建技术平台。建立鄂州市领导干部自然资源资产离任审计大数据平台和自然资源资产监测平台。将“目审”和“技审”相结合积极探索运用现代技术手段。依托谷歌地球、地理信息系统软件等技术手段，比对分析审计疑点。

续表

审计主体		具体开展情况或主要工作特色
湖北省	鄂州市审计局	(2) 整合内外部资源，实现跨部门融合。成立自然资源资产审计工作领导小组，市领导挂帅，审计局、环保局、水务局等相关部门单位，从组织、人力、物力、财力保障工作的落实。建立部门联动机制，全市各级政府牵头，建立由纪检、组织、审计、财政、发改、环保、国土、建设、水利、农委、林业等部门单位组成的自然资源资产审计工作联动小组，通过跨部门协作机制明确各部门职责，充分发挥各自优势
河南省	河南省审计厅	通过进一步扩大领导干部自然资源资产离任审计试点范围，促进领导干部严格落实自然资源资产管理和生态环境保护责任。 (1) 注重审计队伍建设，加强组织领导。成立了土地、林业、环境、水利等审计小组并指定工作经验丰富的同志担任审计组主审，为实施审计提供人员保证。 (2) 结合实际情况，明确审计目标。重点是围绕饮用水、大气等人民群众生产生活最为密切相关的资源环境领域，摸清被审计领导干部任职期间所在地区重点自然资源资产实物量和生态环境质量状况变化情况，客观评价领导干部履行自然资源资产管理和生态环境保护责任情况。 (3) 突出审计重点内容。审计过程中，坚持以领导干部任职前后重点自然资源资产实物量及生态环境质量状况变化为基础，以其任职期间履行自然资源资产管理和生态环境保护责任为主线
	三门峡市审计局	走进市广播电视台《政风行风热线》直播室，结合 2018 年对陕州区开展的自然资源资产审计，就立项、目标、范围、内容、目的等方面做了详细介绍，向听众讲解了党中央布局生态文明建设的大环境下，如何开展领导干部自然资源资产离任审计
	信阳市审计局	坚持“六围绕”对土地、矿产、水、林业等自然资源管理和生态环境保护进行审计监督，守护信阳绿水青山：围绕政策落实、围绕遵纪守法、围绕重大决策、围绕责任履行、围绕目标完成、围绕项目运行
河北省	邯郸市审计局	利用大数据技术，推动领导干部自然资源资产离任审计；(1) 充分利用多学科高度集成的现代化信息“3S”技术，包括遥感技术（RS）、地理信息系统（GIS）、全球定位系统（GPS）等，通过对地面各种景物进行探测，快速获取大范围地物特征和周边环境信息，从而对地表各类地物和现象进行远距离探测和识别，提高审计精度。利用计算机专业软件，对原始卫星遥感影像进行处理。(2) 将收集到的各类原始资料，进行矢量化、格式转换，坐标投影，导入到 ArcGIS 软件中和遥感影像进行叠加。经过审计解译、分析，转变成相应图像信息，锁定生态红线区内存在耕地、建筑垃圾造林面积真实性和矿权重合区等疑点，完成了人工审计所完不成的目标任务，极大地提高了工作效率和审计目标的指向性
	邢台市审计局	提出要树立“五个意识”探索领导干部自然资源资产离任审计：(1) 树立学习意识。领导干部自然资源资产管理和生态保护情况审计，是新课题，为做好此项工作，必须以习近平新时代中国特色社会主义思想为指导，加强对习近平十八大以来关于生态文明论述的学习，深刻认识开展自然资源资产离任审计与“绿水青山就是金山银山”重要论述之间的关系；(2) 树立服务意识。围绕审计职能，在促改革促发展上做文章，在服务地方经济发展上积极作为；(3) 树立依法审计文明审计意识。尊法用法守法是做好审计工作，规范审计行为的“保障线”。审计组要严格按照审计工作流程实施审计，文明审计，确保参审人员更好地依法行使审计权力；(4) 树立协作意识。牢固树立审计“一盘棋”思想，参审人员分工不分家，加强协作配合，提高工作效率，提升审计质量；(5) 树立纪律意识。成立临时党支部，严格要求自我，防控审计风险，遵守审计八不准工作纪律，管住口手腿，以严格的纪律要求营造凝心聚力、团结向上的工作氛围

续表

审计主体		具体开展情况或主要工作特色
山西省	山西省审计厅	（1）实行审计质量终身负责制，实现审计全程留痕管理；采取“上审下”“交叉审”等方式，做好领导干部自然资源资产离任审计。 （2）利用新的技术方法，助力自然资源离任审计；探索运用大数据和地理信息技术核实疑点，对数据进行再分析、再挖掘，突出问题进行点对点核查，借助测绘部门的地理国情普查、卫片影像和业务部门管理等数据进行多图层交叉叠加分析，初步确定疑点图斑，通过 GPS、国情采集仪等设备实现精确定位。 （3）基层开展试点；在资源环境审计方面，已经开展对 2 市 12 县党政领导干部自然资源资产离任审计试点，对水污染防治、矿产资源开发利用等 31 项专项资金和项目进行审计，促进了生态文明建设
天津市	天津市审计局	（1）利用创新审计方法，注重地理信息资料获取；利用 ArcGIS 软件、谷歌地球等大数据审计工具，对相关数据进行叠加、对比分析，通过软件图斑定位和面积测算等功能，以及地类性质判定、权属核定等新的方式方法，对领导干部任职期间自然资源变化情况进行分析，采用多维度思维模式，精准筛选锁定疑点揭示问题。 （2）创新组织方式，注重审计队伍建设；坚定走“科技强审”之路，完善与测绘部门的协作机制，不断提高审计质量与效率，做到“纵向审计”与“横向审计”结合，搞好自然资源资产离任审计与经济责任审计项目“两统筹”。加快资源环境审计专业人员队伍建设，注重培养各个专业领域的审计“专才”，锻炼一批“领军人才”
北京市	北京市审计局	（1）利用新审计模式，结合全局审计力量；采取了“一托 N”的审计模式，合理统筹预算执行审计、专项审计、经济责任审计、自然资源资产离任审计等审计项目，增强审计工作整体性和协同性，以及加强审计成果的共享。 （2）利用创新审计方法，推进大数据审计；健全和完善数字审计平台财政数据、审计模型与数据报送机制，保证数据的完整性、连续性。强化数据管理，规范电子数据采集、报送、存储、使用等各环节工作，确保数据安全。积极研究探索数据利用的方式和途径。 （3）利用地理信息技术系统（GIS）查找疑点区域，结合现场查勘，核实相关疑点，提高了审计结果的专业性及准确度，继续完善自然资源资产审计对象台账，同时将生态文明建设、环境保护纳入审计范畴，制定科学合理的审计项目管理计划。 （4）结合各区域自然资源特点，开展审计工作；在水资源上，重点关注河长制落实情况、农村安全饮水情况、污水处理情况等。在大气资源上，重点关注空气监测指标变动情况、清洁能源改造项目情况、高值点位预警分析情况等；在森林资源上，重点关注森林资源和城市绿化资源的管理。同时关注了环保专项资金的管理使用情况
内蒙古自治区	巴彦淖尔市审计局	（1）利用创新审计技术方法，开展自然资源资产离任审计工作；采用地理信息技术和计算机审计的深度融合，利用信息化手段管理审计现场，创建审计微信群、光驱传送端，确保成员沟通顺畅，使涉密数据传递得到保障。 （2）进行现场实地取证，获取审计数据；巴彦淖尔市审计局深入机关、荒漠、草原、深山、矿企，走访牧民，协同农牧部门和执法队用 GPS 打点测量，绘制草原征占用平面图，深入违规占用草原的景区明察暗访，获取证据。 （3）积极询问专家和牧民；聘请了矿产、草原方面的两名专家全程参与审计，同时，特派兼通少数民族语言及文字的审计人员在边境苏木嘎查以入户询问和电话询问相结合的方式了解落实相关政策是否到位
	通辽市审计局	建立通辽市自然资源资产数据库，摸清全市自然资源资产实物量，并运用“大数据”进行筛选比对，准确掌握自然资源总量、质量及其变化情况，揭示自然资源利用保护方面存在的问题，探索编制自然资源资产负债表

续表

审计主体		具体开展情况或主要工作特色
辽宁省	辽宁省审计厅	(1) 利用新的审计技术方法，利用大数据思维提高审计质量和效率。通过对各部门的地理空间数据库和关系数据库数据进行比对分析，审查土地、林地、自然保护区及水源保护区等资源的开发利用情况，揭示资源开发利用中存在的问题。 (2) 构建数据分析平台，分析核实各项数据。应用 ArcGIS、SQL SERVER 2008、Google Earth 等软件对采集的数据的分析，核实自然资源资产实物量（数量和质量）数据变化情况。 (3) 整合外部力量，实现数据对接。省审计厅与省国土资源厅进行数据对接，完成数据采集。利用总体规划数据库、卫星遥感影像图等电子数据内容与形式对全省土地信息进行整理，助力了全省领导干部自然资源资产离任审计，做到在进入审计现场前数据分析先行
	本溪市审计局	(1) 强化责任分工，抓紧制订科学有效的实施意见或方案，积极推进编制自然资源资产负债表工作；(2) 强化依法审计，做到应审尽审、凡审必严、严肃问责；(3) 强化审计结果利用，建立健全领导干部自然资源资产离任审计情况通报、整改落实等制度
吉林省	吉林省审计厅	针对水资源特点，开展自然资源离任审计工作。省审计厅对长白山自然保护区水源地进行实地踏查，水源地一级保护区内的基础设施建设情况和水源地保护情况进行细致的检查
	长春市审计局	(1) 利用新的审计技术方法，开展领导干部自然资源离任审计。围绕空间地理应用软件 ARCGIS、MAPINFO、AUTOCAD 等开展空间数据分析工作，创新了审计技术方法，如：对图层的叠加分析；地理座系转换；依据空间数据库进行统计分析；实现了栅格图与矢量图的地理配准等审计技术的突破。 (2) 注重审计工作实效，侧重政策落实与现场勘察相结合。审计组分工中的政策梳理组，对审计年度内的政府政策性文件及中央环保督察整改内容进行重点的梳理排查，从宏观层面指导其他各组有针对性地开展具体审计工作。同时审计组注重将政策落实方面的文件与现场勘察相结合，充分突出审计重点，推动审计责任的落实。 (3) 创新组织方式，统筹组织审计力量。探索“以审代训”提高全地区的审计能力水平。在组建审计组时抽调 d 县、市（区）审计机的关审计骨干，编入审计工作组，通过“以审代训”的方式，共同探索自然资源资产离任审计开展的内容、方式、方法
黑龙江省	黑龙江省审计厅	利用新的技术方法，开展领导干部自然资源资产离任审计。结合黑龙江省自然资源资产禀赋特点和审计重点，以自然资源资产变化情况为切入点，基于多源、多尺度测绘地理信息成果，利用测绘地理信息、遥感监测等技术手段，开展全省范围内每年两期的自然资源变化监测，解决开展自然资源资产离任审计工作空间基础数据缺乏、资源变化量提取困难等问题
	哈尔滨市审计局	(1) 利用新审计方法，重视大数据审计应用。利用环保在线监控数据比对分析，核查国控重点污染源运行、污染物排放情况，利用 GIS 技术精准确定非法占用耕地草原等各类问题，利用无人机航拍技术在土地、湿地、河流等复杂环境下勘察核实审计疑点，生成视频和图片证据，利用网络爬虫搜寻线索，获取了住建部黑臭水体和中央环境督导组污水溢流生态环境问题线索。 (2) 整合外部力量，委托专业机构开展审计。借助第三方专业机构、有偿委托社会专业机构对重点环保事项进行抽样检测，并提供正式鉴定报告，对审计证据形成有力支撑，增强审计结论的权威性和专业性

续表

审计主体		具体开展情况或主要工作特色
黑龙江省	大庆市审计局	整合内部力量，提供数据支持。充分采集了多个部门的相关数据信息，将自然资源、林业、规划、畜牧部门的相关数据信息，全部输入软件系统，为应用地理信息系统技术对水、土地、草原等自然资源资产要素以及地理空间信息的处理与分析提供了数据支撑
陕西省	西安市审计局	（1）根据实际，运用新审计技术方法。针对自然资源资产种类多、面积大、现场核实工作繁重的实际，积极探索购买地理信息技术和水质检测服务的新方法新技术。 （2）针对水生态资源特点展开工作。根据周至县水资源分布、管理、利用和水污染治理等实际，加大了对水生态文明的检查力度
	安康市审计局	整合外部资源，构建技术平台。与国家自然资源部部属陕西基础地理信息中心合作，该中心将充分运用多年的探索实践，通过地理信息技术手段，对平利县的相关数据进行比对分析，并在遥感影像上进行取证，将测绘成果运用到自然资源审计项目中
	蒲城县审计局	（1）整合内部力量，实现跨专业融合。加强与环保、国土、林业、水务等部门联系，将从各镇获取到的数据、资料及时与各个部门的相关数据进行对比核实分析，内部数据与外部数据相结合，做到部门联动，形成工作合力。 （2）查看账目与实地勘察相结合。通过查看自然资源相关的会计账簿，确定审计范围和审计重点，搜集疑点信息，进行实地核查。运用影像数据说话，保证取证的充分性和数据的准确性
甘肃省	甘肃省审计局	深入开展，走进基层。聚焦乡镇领导干部任职期间履职尽责情况，揭示资源环境领域存在的违法违纪问题，客观评价乡镇领导干部履行自然资源资产管理和生态环境保护责任情况
	兰州市审计局	加强审计队伍建设，重视领导干部自然资源资产离任审计人才培养。积极开展培训班活动，对相关政策法规、专业知识进行了解读，对试点案例进行了讲解，就如何广泛运用大数据进行分析，依托地理信息技术、遥感技术、全球定位、无人机航拍、大数据，环境监测分析、水质监测分析等高新专业技术开展审计工作进行了授课，提升审计人员的工作能力和水平
	秦安县审计局	（1）科技强审，积极探索大数据审计模式。综合运用地理信息技术和 ArcGIS、SQL Server、Auto CAD 等分析工具，通过叠加分析、影像卷帘、空间对比等技术方法提高数据利用水平，提高审计工作效率和质量。 （2）整合内外部力量，实现跨专业融合。整合分散在各主管部门的自然资源相关资料，在乡镇领导干部自然资源资产离任审计中要运用创新工作方法，注重审计资料收集、数据采集和整合，为审计工作开展提供基础支持
青海省	青海省审计厅	（1）针对生态特点，展开自然资源资产离任审计工作。从自然资源实物量与生态环境质量专题变化、充分考虑三江源主体功能定位、自然资源资产禀赋特点、资源环境承载能力基础上，研究审计方法，细化审计方案，开展审计工作。 （2）深入开展，走进基层。刚察县审计局开始实施刚察县农牧和科技局领导干部自然资源资产离任审计试点项目

续表

审计主体		具体开展情况或主要工作特色
宁夏回族自治区	宁夏回族自治区审计厅	实施审计队伍统筹管理。采取一次进点、统筹兼顾、侧重各自特点的方法，对领导干部进行任期经济责任和自然资源资产保护责任的合并审计
	固原市审计局	（1）充分利用传统审计方法。通过查阅档案、访谈、分析等方法，分析被审计领导干部资源环境方面的重大事项决策情况；（2）积极开展资源环境大数据分析，进行财务与业务、不同部门之间的数据分析，找出疑点，锁定重点；（3）与自然资源等部门建立合作机制，聘请地理信息和测绘方面专业技术人员，对图斑叠加比对；（4）对水务局原任局长任期经济责任和自然资源资产保护责任进行了合并审计，并分别出具了审计报告和《审计专报》，向区人民政府进行了专题汇报
新疆维吾尔自治区	新疆维吾尔自治区审计厅	（1）实现审计队伍的统筹管理。在审计项目组中分设经济责任审计小组和自然资源资产审计小组，合理调配业务人员，统筹整合审计力量，相互配合，信息共享，切实发挥审计监督实效。 （2）形成创新组织方式。在审计管理模式上做到“五统一”，统一组织领导、统一工作方案、统一工作推进、统一报告模板、统一考核管理，在项目实施中做到“三同步”，即同步进点、同步推进、同步完成。 （3）统筹整体力量，树立大数据审计观。坚持“一盘棋”思想，加强统筹谋划和方案设计，树立大数据审计理念，加大系统数据的收集分析，进一步提高审计效率，提升审计成果
	乌鲁木齐市审计局	（1）利用新的审计技术方法，利用地理信息系统技术。采取卫星遥感影像与测绘部门 ArcGIS、MapGIS、CAD 软件相结合等措施，有效地解决了在土地、水资源和森林等自然资源审计中地域难以界定、土地面积丈量难度大的困难。 （2）整合内外部力量，实现跨专业融合。积极联系国土、水利、林业、农牧、环保等部门，了解资源管理、考核和监测评估等有关信息

2. 工作成效

综合分析各省市全面推进阶段的工作情况，在以下方面取得较好成效：

（1）利用新的审计技术方法开展领导干部自然资源资产离任审计工作。纵观全国的领导干部自然资源资产离任审计开展情况，GIS（地理信息系统）和无人机航拍技术的普及度高，新技术的应用极大地提高了领导干部自然资源资产离任审计的工作效率，全面提升审计效率和审计精度。例如广州特派办在领导干部自然资源资产离任审计中，运用 eBee 专业测绘级无人机，对某市 2017 年黑臭水体整治效果进行核查，同时进行城市污染源排查，降低审计人员人身风险的同时大大提高了审计效率，在核查城市黑臭水体整治成效显著。

（2）统筹内、外部审计资源，加强与其他部门及外部审计专家的合作。各省市在开展领导干部自然资源资产离任审计的过程中，普遍整合其他部门资源，例如开展与国土部门、水利、林业、生态环境等部门就自然资源资产审计相关业务、技术等问题进行研究与合作。积极聘请外部专家，依托自然资源审计专家克服审计工作中的难点问题。

（3）实现资源共享，构建数据共享平台。各省区市在开展领导干部自然资源资产离任审计的实践中，积极运用大数据技术，积极搭建数据共享平台，例如南平市审计局构建审计对象电子数据库：实行领导干部个人信息、被审单位信息、领导干部岗位调整和被审单位撤并调整等信息动态分类管理，逐步扩大平台数据的涵盖范围，实现自然资源审计相关电子数据的定期采集转换、部门间信息交互及数据远程调用、建立可视化分析平台、依托大数据技术、提炼典型案例、精准锁定审计事项，为全面开展大数据分析打下基础。海南省审计厅增设电子数据审计处，推进大数据审计相关平台建设。认真落实审计全覆盖的要求，多角度着力搭建大数据审计技术环境，夯实数据应用基础，积极建设海南省领导干部自然资源资产离任审计平台建设的组织领导工作。

（4）注重审计人才队伍建设。在推进全国各审计自然资源资产离任审计的过程中，提高审计人员素质，培养一批适应审计工作的专业人员至关重要，因此各审计积极开展交流合作会，审计人才培训会等，例如广西壮族自治区贺州市审计局重视审计人才队伍建设工作，积极外派审计人员参与广西壮族自治区审计厅组织的领导干部自然资源资产离任审计试点审前培训班。四川省审计厅为推进全省县乡党政领导干部自然资源资产离任审计工作的全面开展，由资源环境审计处牵头，审计厅召集各市审计局和审计厅经济责任审计处等同志，在成都召开县乡领导干部自然资源资产离任审计工作研讨会，对县乡党政领导干部自然资源资产离任审计工作进行了交流讨论。

（5）针对当地生态特点开展审计工作。在各省市全面推进领导干部自然资源资产离任审计的过程中，各省市能够抓住该区域自然资源资产禀赋的特点开展相关的审计工作。例如，审计署深圳特派办根据该地区海域面积广阔、海域资源十分丰富的特点，确定审计重点为围填海项目、海岸带管理和海水养殖，推动被审计领导干部在合理开发利用海洋资源的同时，加强海洋生态环境的保护，促进人与海洋和谐共处。在围填海项目管理、海岸带开发与管理、海水养殖等方面进行了探索和实践。审计署上海特派办抓住 A 省湿地丰富、海岸线长的自然资源禀赋特点，将滨海湿地保护作为重点。

（6）优化组织结构，推进领导干部自然资源资产离任审计工作在省—市—县—乡镇全面铺开。在全面开展领导干部自然资源资产离任审计的工作中，部分省市能够做到优化组织结构，整合审计资源，统一部署开展审计工作，深度谋划，多措并举，采取省、市、县联动的方式，全面开展县、乡两级领导干部自然资源资产离任审计工作。福建、江西、贵州三个首批国家生态文明试验区基本实现县及乡镇一级的领导干部自然资源资产审计推广工作。

3.3 福建省自然资源资产离任审计开展情况

3.3.1 试点阶段

在掌握国家颁布的政策、各省份审计试点工作的整体情况后，为了更好地掌握审计试点工作的进程，本书选取福建省作为研究分析对象。福建省生态文明建设的历程大致如下：2000 年，习近平总书记任福建省省长时提出建立生态省的构想①；2002 年，原国家环保总局将福建省纳入全国生态省建设试点省份的范围；2004 年，福建省印发并实施《福建生态省建设总体规划纲要》；2006 年，福建省颁布《关于生态省建设总体规划纲要的实施意见》，全面推进生态省建设；2014 年，国务院正式印发《关于支持福建省深入实施生态省战略加快生态文明先行示范区建设的若干意见》等。此外，福建省成为党的十八大以来国务院确定的全国第一个生态文明先行示范区。综上所述，本书认为福建省的生态文明建设相对成熟，对自

① 资料来源：肖飞：《推进生态补偿，守住绿水青山》，载《人民政协报》2015 年 7 月 9 日。

然资源资产的管理相对完善，故选其作为研究案例，分析党的十八届三中全会以来，福建省对领导干部自然资源资产离任审计工作的开展情况。

为了保证调研结果的科学性和准确性，本书对福建省审计厅、农保处等相关人员进行访谈，并做好相应记录，访谈内容涉及福建省出台的有关生态环境等方面法规政策、自然资源资产分布现状和管理措施、审计试点工作的开展情况、开展试点工作时遇到的困难等，见附录 1。此外，本书根据福建省审计厅公开的信息以及结合多次到福建省农保处、林业厅等部门的走访调查，整理了 2014 ~ 2016 年福建省试点工作的开展情况，如表 3 -4 所示。

表 3 -4　　福建省试点工作开展情况

<table>
<tr><th>时间</th><th colspan="2">事件</th></tr>
<tr><td rowspan="5">2014 年</td><td colspan="2">2014 年 4 月，福建省审计学会组织福州大学经济与管理学院课题组成员召开课题讨论会，研究确定《领导干部自然资源离任审计》的研究框架与研究内容</td></tr>
<tr><td colspan="2">2014 年 5 月，福建省审计学会派出有关同志协同省厅法规处深入省林业厅、省水利厅、省海洋渔业厅、省国土资源厅、省环保厅等单位开展调研，了解当前福建省主要自然资源的分布、管理、开发运用等情况，为研究工作积累资料</td></tr>
<tr><td colspan="2">2014 年 6 月，福建省出台《福建省贯彻落实国务院关于支持福建省深入实施生态省战略加快生态文明先行示范区建设的若干意见的实施方案》，方案要求审计部门选择部分地区开展领导干部自然资源资产离任审计试点</td></tr>
<tr><td>福州试点</td><td>2014 年 7 月，对福州饮用水水源地生态保护情况，福州湿地环境生态保护情况，闽江、敖江流域水环境综合整治情况，福州海沙河沙资源非法开采情况等展开审计</td></tr>
<tr><td>武夷山试点</td><td>2014 年 7 月，对武夷山市原书记、市长进行审计。走访武夷山市国土、环保、林业、水利等相关部门，考虑到武夷山双世遗的特殊性，还从水土保持、环境保护，人与自然和谐发展的角度展开审计，如实地考察茶山水土保持工程、九曲溪上游重点领域水环境综合治理工程、农村连片整治、崇阳溪流域小水电建设和采砂情况等</td></tr>
<tr><td>2015 年</td><td colspan="2">2015 年 2 月，福建省审计学会开展领导干部自然资源资产离任审计研究工作，综合各研究小组的调研成果，尝试制订和提出福建省领导干部自然资源资产离任审计试点工作方案。同时提出将自然资源资产离任审计工作方案纳入领导干部经济责任审计总体工作方案，进行统一组织实施展开试点工作</td></tr>
</table>

续表

<table>
<tr><th>时间</th><th colspan="2">事件</th></tr>
<tr><td rowspan="5">2015 年</td><td>福鼎试点</td><td>2015 年 4 月，《宁德市自然资源资产离任审计试点工作方案》确定福鼎市作为试点单位，由宁德市审计局牵头，抽调全市审计机关及该市水利、农业、林业、国土、海洋与渔业、环保、统计等相关部门人员组成审计组，从国土资源、森林资源、水资源、海域资源和环境保护等 5 个方面 22 项重点内容开展审计试点。探索建立了一套涵盖资源保有和消耗、资源环境损害及治理、生态恢复和效益、经济结构调整、环保能力保障等 5 个方面的 44 项评价指标的《宁德市自然资源资产离任审计评价指标》制度</td></tr>
<tr><td>漳平试点</td><td>重点围绕地方主官任职期间党委政府生态文明建设责任机制签订情况、重大自然资源资产方面政策决策和执行情况，检查自然资源资产管理情况和资源保护与经济发展情况，并通过卫星航拍图，查看矿山越界违规开采情况</td></tr>
<tr><td colspan="2">2015 年 6 月，福建省审计厅组织举办了全省自然资源资产审计培训班。培训内容包括自然资源资产离任审计的主要内容和存在困难及对策，自然资源与生态环境试点审计经验做法，自然资源资产离任审计知识，自然资源资产责任审计与生态文明建设的探索等</td></tr>
<tr><td colspan="2">2015 年 8 月，安排自然资源资产离任审计试点 16 项，其中省厅负责实施 7 项，地市局实施 9 项，包括福州市马尾区、台江区、厦门市湖里区、泉州市安溪县、鲤城区和三明市等</td></tr>
<tr><td colspan="2">2015 年 8 月 5 日，福建省审计厅组织发改委、财政厅、国土厅、林业厅、海洋渔业厅、环保厅等 11 个省直部门，联合召开自然资源资产审计协作机制协调会，初试“摸底”福建省自然资源资产情况，推动建立福建省领导干部自然资源资产和环境责任审计跨部门协作机制，进一步探索、规范和完善自然资源资产和环境责任审计，以推动下一阶段工作在全省范围的展开</td></tr>
<tr><td rowspan="4">2016 年</td><td>莆田试点</td><td>2016 年 8 月 15 日至 2016 年 9 月 30 日，福建省审计厅对莆田市 2012 年 12 月至 2016 年 6 月履行自然资源资产管理和生态环境保护相关责任的情况进行审计试点</td></tr>
<tr><td>闽清试点</td><td>2016 年 9 月 3 日至 2016 年 10 月 14 日，福建省审计厅对闽清县 2012 年 12 月至 2016 年 6 月自然资源资产展开审计，其中矿产资源和森林资源为审计重点，并结合土地资源和水资源及环境保护情况进行审计</td></tr>
<tr><td>光泽试点</td><td>2016 年 8 月 11 日至 2016 年 10 月 20 日，福建省审计厅对南平市光泽县 2012 年 12 月至 2016 年 6 月的土地资源、水资源、森林资源、矿山生态环境治理和大气污染防治等展开审计</td></tr>
<tr><td>仙游试点</td><td>2016 年 8 月 22 日至 2016 年 9 月 30 日，福建省审计厅对仙游县 2012 年 12 月至 2016 年 6 月对自然资源资产情况展开审计</td></tr>
</table>

续表

<table>
<tr><th>时间</th><th colspan="2">事件</th></tr>
<tr><td rowspan="7">2016 年</td><td colspan="2">2016 年 4 月，福建省审计学会获准参加研究中国审计学 2016 年度重点合作研究项目，研究领导干部自然资源资产离任审计目标、审计对象、审计方式方法、审计内容、审计指标体系的构建等</td></tr>
<tr><td colspan="2">2016 年 4 月，福建省出台《贯彻落实开展领导干部自然资源资产离任审计试点方案的实施意见》，明确了今后开展领导干部自然资源资产离任审计试点的目标与计划、试点主要内容和配套保障</td></tr>
<tr><td colspan="2">2016 年 4 月，根据 2015 年漳平县审计结果对漳平九龙江流域污染问题提出整改措施，在制定《漳平市九龙江流域河长制工作机制》的基础上，出台了《漳平市河长制工作考评办法》和《漳平市人民政府关于进一步加强流域保护管理切实保障水安全的若干意见》；漳平市财政每年安排 70 万元专项资金用于漂浮物清理；漳平市政府出台了“禁养区养殖场在 2015 年 10 月 1 日前主动关闭拆除的，按猪舍面积给予 120 元/平方米或 60 元/平方米的补助”的政策</td></tr>
<tr><td colspan="2">2016 年 9 月，南安市完成了第 6 次征求意见，撰写《南安市开展领导干部自然资源资产离任审计试点工作实施方案》，明确审计试点主要任务、对象、计划实施、具体领域审计重点和任务分工等方面的内容，为该市今后开展领导干部自然资源资产离任审计试点工作的指导性方案</td></tr>
<tr><td rowspan="3">专项审计</td><td>2016 年 9 月，按照《泉州市鲤城区开展领导干部资料资源资产离任审计试点工作方案》的部署，启动自然资源资产审计试点工作，以水资源、大气污染防治为审计重点，查看街道内沟河整治、工业企业达标排放、厨房废水整治、危险废物规范化管理、黄标车淘汰任务完成情况等指标落实情况，了解街道党政领导生态环境保护工作考核目标完成情况，对被审计领导干部任职期间履行自然资源资产管理和生态环境保护责任情况进行审计评价，界定领导干部应承担的责任</td></tr>
<tr><td>2016 年 9 月，厦门市审计局积极探索领导干部自然资源资产离任审计试点工作，对同安区进行自然资源资产审计调查</td></tr>
<tr><td>2016 年 12 月，按照南平市审计局部署，政和县审计局对该县岭腰乡开展领导干部自然资源资产离任审计—森林资产管理情况专项审计调查，掌握森林资源资产权属、规模、数量、质量及其变动等基本情况</td></tr>
</table>

根据表 3 - 4 所示，2014 ~ 2016 年，福建省的审计试点区域逐渐增多，审计内容也逐年丰富，本书将按照时间顺序分析 2014 年、2015 年和 2016 年福建省审计试点工作的开展情况。

2014 年审计工作处于初步探索阶段。2014 年 7 月，福建省选择福州、宁德两个设区市及武夷山一个县级市部署开展审计工作试点，其中福州和武夷山两地的审计工作于2014年展开，宁德于2015年上半年开展。福州城区水系丰富，有闽江和乌龙江两条大江；晋安河、白马河等21条河流；流花溪、新店溪等11条溪流，因此，2014年下半年，福建省对福州的水资源展开审计，重点关注饮用水水源地的生态保护情况，审查水源地是否遭到污染以及是否存在造成污染的潜在因素，并针对福州湿地环境的生态保护情况、闽江和敖江流域水环境综合整治情况、福州海沙河沙资源非法开采情况等展开审计。在对武夷山市原书记、市长进行自然资源资产离任审计，充分考虑到武夷山作为世界文化与自然双重遗产以及武夷山盛产武夷岩茶的特点，重点对武夷山风景区的九曲溪上游水域综合治理工程情况、人与自然和谐发展情况、茶山水土保持工程等进行审查。根据2014年福州和武夷山开展的审计试点工作可知，当前审计内容相对单一，不具有全面性。

相比于2014年福州和武夷山的试点工作，2015年福建省对宁德福鼎展开审计试点工作时，审计内容已逐步丰富，由单一的自然资源资产拓展到从国土资源、森林资源、水资源、海域资源和环境保护等五个方面、22项重点内容；除此之外，宁德市还探索建立了一套含有44项评价指标的评价指标体系。2015年另一项审计试点工作是漳平县。针对福建省漳平县领导升迁离任而开展的自然资源资产离任审计，并按照《方案》的要求展开。值得关注的是漳平县的审计试点工作不是由漳平县审计局执行，而是由福建省审计厅授权委托另一地市审计局执行，充分体现了“上审下”和“交叉审”的特征，在一定程度上也保证了审计的权威性和独立性。本次审计结果表明，漳平县的领导干部在任职期内较好地履行其职责，该地区的主要经济指标取得了较大增长，已完成当年年度经济工作的目标任务。其中，在自然资源资产管理方面做到能够重视土地出让管理，积极盘活存量土地，确保耕地占补平衡及用地规划控制指标；推进棚户区的改造，提高市民居住环境、改善民生；国有土地使用权的出让方式基本符合国家政策的规定；水资源的开发利用符合规定，并建立以饮用水安全为核心的水源保护机制；森林覆盖率和森林积蓄量均呈现递增趋势。但是，本次审计发现在其任职过程中也存在部分不规范事件，例如漳平县九龙江流域水资源污染严重，土地资源方面存在工业用地出让不真实、未审先批等问题。

针对水资源及土地资源存在的问题，漳平县出台相应解决措施。在水资源的整治上，2016 年 4 月，漳平县根据 2015 年的审计结果，对漳平九龙江流域出现的污染问题提出三点整改措施：一是在政策方面，在《漳平市九龙江流域河长制工作机制》的基础上，出台了《漳平市河长制工作考评办法》和《漳平市人民政府关于进一步加强流域保护管理切实保障水安全的若干意见》，确保在整治过程中相关部门可以依照规章条例开展工作，做到有法可依、有法必依；二是对现存的水资源污染问题进行整治，为保证漳平市九龙江流域的水质达到标准，漳平市财政局每年安排 70 万元专项资金用于漂浮物清理；三是对污染源头进行整治。漳平市九龙江流域水污染是由于养殖场随意向九龙江排放废水造成的，为了从源头上解决污染，漳平市政府出台“禁养区养殖场在 2015 年 10 月 1 日前主动关闭拆除的，按猪舍面积给予 120 元/平方米或 60 元/平方米的补助”的政策。针对土地资源存在的问题，审计机关从预防的角度提出改进措施：一是相关部门应该根据具体情况审批农业用地转为商业用地，适当提高供地率，以达到有效实行节约集约利用土地的目的；二是土地出让方式应符合规定，根据《福建省工业用地招拍挂牌出让实施办法》第二条“政府出让土地用地，应当通过招标、拍卖或挂牌的方式提供国有土地使用”的规定，相关部门应规范审批程序，严格按照规定提供用地，杜绝违规协议出让土地的现象。本书认为除了需要做到事前控制外，还需要加强事中控制和事后控制，因此，对于审计中发现的问题，建议从解决现存问题和防范未来两个角度进行处理。总体上看，相比 2014 年试点工作的开展情况，2015 年试点工作有了实质性的进展。

2016 年 8 月至 10 月，福建省审计厅对莆田、闽清、光泽和仙游四个地方开展审计试点工作，并出具审计报告；泉州市南安市探索编制试点实施方案，以期为该市今后开展审计试点工作的指导性方案；泉州、厦门同安、南平开展专项审计。相比往年，2016 年的审计试点工作具有全面审计和专项审计相结合的特点，达到人力、时间、财力、审计效果的平衡。

3.3.2　试点审计案例分析——以 Y 县为例

本书以 Y 县为例，对开展领导干部自然资源资产离任审计目标、审计概况、主要问题和处理意见、审计评价四个方面展开阐述。

1. 审计目标

对Y县开展审计工作时，审计厅参考Q市审计局对原县委书记和县长任期审计的方式，联合国土资源局、水利局、海洋渔业局、林业厅、环保局、财政局等共计11个部门单位一同开展。本次审查内容主要体现在四个方面：一是自然资源资产约束性指标和法律法规、政策措施的执行情况，二是自然资源资产的开发利用保护情况，三是专项资金的征收管理和使用情况，四是灾害发生情况。通过以上四方面的审查，客观、公正地对领导干部履职期间应承担的责任进行评价，以此督促Y县领导干部完善相关制度，进一步规范自然资源资产的管理。

2. 审计概况

本书从森林资源、矿产资源、水资源等方面对Y县进行简要介绍。Y县依山傍海，区域总面积为1835平方千米，其中耕地面积287.2平方千米，山地面积1373.2平方千米，林地1197.9平方千米，森林资源丰富；根据统计，Y县拥有淡水鱼种类65种，海洋养殖的鱼类多为沿海岸性次级经济鱼类。Y县拥有铬、锰、铁等矿产资源，但是储量少，故采矿企业规模小，存在部分企业违规开采的现象，应加强对矿产资源的审计。Y县水资源分配不均匀，平均总量约19.2亿立方米，人均水量1810立方米，低于中国平均水平，需要合理开发利用水资源。

本次审计结果表明，Y县领导干部在任职期间较好地履行职责，各项主要经济指标取得了较大增长，较好地完成了本年度经济工作目标任务，但是也存在部分问题，在下文展开阐述，本处不再赘述。

3. 主要问题及处理意见

本书按照审计内容的四个方面对Y县主要存在的问题和处理意见进行阐述。

首先，关于约束性指标和任务完成情况，通过本次审计，发现Y县在该方面存在五点问题：一是矿产资源开采到期后环境恢复治理监管不到位。根据Y县矿山生态环境恢复治理保证金交款情况台账所示，截至2016年6月，该县共有29家单位参与开采矿产资源，应缴保证金数额为1418.19万元（含DZR矿业应缴未缴保证金10.77万元）。截至2016年6

月底，矿产资源开采到期的单位有 21 家，退回治理保证金 2 家（其中 1 家完成生态恢复治理），即有 20 家单位在采矿期到期后未完成生态恢复治理工作。根据《国务院关于全面整顿和规范矿产资源开发秩序的通知》第四点的规定，“对建立矿山环境治理和生态恢复责任机制情况进行检查，坚决关闭在各类保护区的禁采区内进行开采的矿山企业”。针对此项问题，应该加大对矿产资源开采到期后生态环境恢复治理工作的审查力度，对于违法行为，应严格查处，并追究相应负责人的责任。二是机砖厂监管不到位，造成环境污染。根据 Y 县台账数据显示，截至 2015 年底，Y 县共有机砖厂 69 家（停厂 4 家，已关倒闭 4 家，未生产 2 家，已改建仿古厂 1 家，生产经营 58 家），占地总面积为 1920.93 亩（其中有 3 家有机砖厂未填报占用面积）。根据《国务院关于全面整顿和规范矿产资源开发制度的通知》第三点的规定，“坚决关闭破坏环境、污染严重、不具备安全生产条件的矿山企业”，由此可见，Y 县存在部分有机砖厂未办理矿产资源开采审批手续或者上交资料不齐全，针对该现象，应严格把控矿产资源开采审批流程，对于未办理矿产资源开采审批手续的企业进行查处，对于上交资料不齐全的单位应要求他们及时补交。三是部分旧村复垦项目验收后存在农田荒废。对 Y 县 2013 ~2015 年验收合格的项目进行抽样调查，共选取 9 个样本，发现在复垦项目验收后又荒废耕地面积为 294.15 亩，调查农田复垦后荒废的原因，一方面，劳动力长期外出打工，造成农田无人耕作而荒废；另一方面，由于往年用于种植地瓜、花生等农作物的土地受到野猪破坏，造成农田荒废。违背国土资源部《关于强化管控落实最严格耕地保护制度的通知》第二条的规定，“除突发性自然灾害等情况外，严禁将耕地等农用地通过认为撂荒，破坏质量等方式变为未利用地”。因此，在今后地工作中，各市国土资源局等有关部门应加强耕地情况的检查工作，对耕地资源进行合理配置，避免类似现象再次发生。四是森林火灾受害程度上报不准确。根据 2013 ~2015 年 Y 县重大森林火灾刑事立案情况与同期 Y 县上报情况进行对比，见表 3 –5，发现 Y 县重大森林火灾刑事立案情况与上报数存在较大差异，Y 县重大森林火灾刑事立案的发生重大森林火灾次数和火灾面积远大于 Y 县重大森林火灾上报数，不符合《森林防火条例》第 42 条规定：“县级以上地方人民政府林业主管部门应当按照有关要求对森林火灾情况进行统计，报上级人民政府林业主管部门和本级人民政府统计机构，并及时通报本级人民政府有关部门”。在今后的工作中，应加强数据核实工作，在条件允许的情况下建立各部门数据信息共享平台。五是用水总量统计不准确。2015 年上级对 Y 县下达的用水总量数为 2.7 亿立方米，Y 县提供了 96 个取水单位总用水量为 2.64 亿立方米（其中 72 个取水单位是各类水电站）。虽然 Y 县提供的总用水量为 2.64 亿立方米小于上级对 Y 县下达的用水总量数为 2.7 亿立方米，但是 Y 县提供的统计口径不符合《用水总量统计方案》中的统计口径。根据《用水总量统计方案》的规定，“各类用水户取用的用水总量包括输水损失在内的毛水量之和”，因此，Y 县提供的统计口径不符合规范。与此同时，根据《2015 年 Y 县水资源公报》显示 Y 县当年用水总量为 3.48 亿立方米，其数额明显超过上级对 Y 县下达的用水总量 2.7 亿立方米和 Y 县提供的 96 个取水单位总用水量为 2.64 亿立方米。由于 Y 县人均水量低于中国平均水平，因此，应该合理开发使用该县水资源，加大对用水总量的监管，严控洗车、洗浴等高耗水项目的用水量，提高造纸、制革、印染等高耗水高污染项目的准入门槛。

表 3-5　　Y 县重大森林火灾刑事立案和上报情况

分类		2013 年	2014 年	2015 年	合计
Z 县重大森林火灾刑事立案情况	发生重大森林火灾次数（次）	9	12	24	45
	发生重大森林火灾面积（亩）	3050	4529	7170	14749
Z 县重大森林火灾上报情况	发生重大森林火灾次数（次）	3	5	2	10
	发生重大森林火灾面积（亩）	202.5	778.5	342	1323

其次，关于自然资源资产管理和生态环境方面，存在三点问题：一是对违法占用和违章修建的行为查处不到位。对 Y 县 2014 ~ 2015 年间的建筑情况进行抽查，选取样本 15 个，发现 13 个样本存在违章搭建铁皮房、围墙等情况，违法用地和违章建修的总面积达到 3128 平方米，进一步调查发现这 13 个违章搭盖的行为发生于 2013 年 4 月至 2014 年 12 月。因此，在今后工作中，建设局应联合相关部门单位定期或不定期进行抽样调查，对查出的违规行为及时要求拆除整改，对超过整改期限仍未整改的行为人

进行追责。二是存在部分未批先征土地。Y 县某工业产业园一期批准用地为 2080.07 亩，实际征用土地为 3431.48 亩，超出批准面积 1351.41 亩，未实现占补平衡的目标，违背《中华人民共和国土地管理法》第 39 条“应按照先行申请办理农用地转用或者征地审批手续后，方可批准用地”的规定。针对此类违规行为，应区别对待，若现存多征用土地符合当地发展，有关部门应上报上级，根据指示进行整改，例如要求其补齐手续等；若现存多征用土地不利于当地发展，应及时制止并要求恢复原状。此外，还应加强检查，做好事前的预防控制。三是针对擅自改变林地用途的行为只罚未恢复原状。2013 年 1 月至 2016 年 6 月，Y 县共处理 112 起私自建房、开路等行为，收取罚金 122 万元，但是截至审计日，已受处罚的违规行为仍然存在，并未恢复原状，不符合《中华人民共和国森林法实施条例》第六章第 43 条“未经县级以上人民政府林业主管部门审核同意，擅自改变林地用途的，由县级以上人民政府林业主管部门责令限期恢复原状，并处非法改变用途林地每平方米 10 元至 30 元的罚款”的规定。今后工作中，林业厅、建设局等相关部门应一同对该类违规事件进行查处，严格落实恢复情况。

再次，关于资金征收管理使用情况：一是土地出让金以及滞纳金未及时上缴。2014 年 4 月，Y 县向 YH 公司出让土地 101825.7 平方米，出让金额为 5 亿元，并于 2014 年 5 月与 YH 公司签订合同，收取定金 1.5 亿元，根据合同规定，YH 公司应于合同签订之日起 60 日内，补缴余款 3.5 亿元。然而现实情况是 YH 公司于 2015 年底才将余款 3.5 亿元交清；此外，根据合同规定，由于 YH 公司未按期交纳余款，应逐日征收滞纳金，故至余款交清日止，YH 公司应缴纳滞纳金 1.69 亿元。截至审计日，滞纳金未上交国库，案件正在审理过程中。建议在今后的土地出让过程中，要严格审核竞标企业的资金状况；在条件允许的情况下，可以要求竞标企业提供担保，当竞标者无法履行义务时，由担保者代为履行，通过系列项措施避免类似现象再次发生，减少国家资金的流失。二是财政资金未及时发放。截至 2016 年 6 月底，Y 县造林绿化县级财政资金配套及森林生态效益补偿基金未及时发放数额达到 146.73 万元（包含结转 2014 年未及时发放 38.96 万元、2015 年未及时发放 83.54 万元以及 2016 年上半年未及时发放24.23万元)。今后工作中要加强对资金征收管理使用的审计,依法行使职权,对于违法行为,及时制止,采取措施,将损失降到最小。

最后,其他需要关注的问题:存在耕地面积不真实的情况。针对2012~2016年上半年,对农业局提供的良种补贴面积、乡镇(街道)上报的面积和县财政直接补贴粮食播种面积进行对比(见表3-6),发现存在数据不一致的情况,不符合《统计法》第七条“国家机关、企业事业单位和其他组织以及个体工商户和个人等统计调查对象,必须依照本法和国家有关规定,真实、准确、完整、及时地提供统计调查所需的资料,不得提供不真实或者不完整的统计资料,不得迟报、拒报统计资料”的规定。经过调查,造成各部门数据存在差异的原因是统计口径不一致,即农业局、乡镇(街道)和县财政局在统计数据时依据不同的标准。因此,建议相关部门制定统一的标准,使统计数据具有准确性、完整性和可比性。与此同时,建议构建大数据平台,逐步完善各部门数据共享机制,在避免类似事件的发生的同时,也减少重复统计造成的人力和物力的浪费。

表3-6　农业局良种补贴面积、乡镇(街道)上报的面积和县财政直接补贴粮食播种面积

项目	2012年	2013年	2014年	2015年	2016年上半年
农业局良种补贴面积(亩)	34.18	34.11	34.11	33.99	25.77
乡镇(街道)上报面积(亩)	31.13	30.83	29.52	29.45	—
县财政直接粮食播种补贴面积(亩)	48.2	34.9	32.11	31.45	—

4. 审计评价

Y县的审计试点工作既有其可取之处,也存在不足。可取之处是审计内容从四个方面展开,涉及政策执行、资源开发利用、专项资金和灾害,内容全面,可以较好地反映领导干部任期的工作情况。不足之处在于当前的审计报告只罗列出审计过程中发现的问题以及涉及的法规条例。在报告中并未涉及对领导干部的工作情况进行评价,即尚未构建符合Y县的领导干部自然资源资产离任审计评价指标体系,未对其任期情况进行评分。除此之外，审计厅在开展该项审计工作后，通常是通过出具审计报告的方式对被审计地区领导干部的工作情况进行如实反馈。若发现存在违法行为时，审计厅需要将收集到的线索移交给相关部门进行查处，其自身不具有查处权利，这也使得审计厅在审计工作中处于尴尬地位，不利于有效落实生态环境损害责任终身追究制。

3.3.3　福建省全面开展阶段工作情况

本书收集了审计署及福建省及各地市审计厅局官网上从 2018 年 1 月 1 日至 2019 年 11 月 20 日止全面推进领导干部自然资源资产离任审计的进展情况，对收集到的信息进行归纳整理，将福建省具体开展情况汇总，如表 3 －7 所示。

表 3 －7　　　　福建省全面推进阶段审计工作开展情况

福建省	省审计厅	（1）要求全省审计机关应当充分考虑被审计领导干部所在地区的主体功能定位、自然资源资产禀赋特点、资源环境承载能力等，针对不同类别自然资源资产和重要生态环境保护事项，分别确定审计内容，突出审计重点；（2）与福州大学课题组合作开展自然资源资产审计问题研究；（3）从 2019 年 2 月 5 日至 2020 年 2 月 18 日向全省公开征集“领导干部自然资源资产离任（任中）审计都审什么?”的意见建议
	福州市审计局	（1）按照《福建省财政厅关于批复省审计厅 2016 年度部门决算的通知》及《福建省财政厅关于印发福建省预决算公开操作规程的通知》的要求，公布 2016 年度福建省审计厅部门决算说明。（2）制定出台了《关于做好 2018 年党政领导干部自然资源资产离任（任中）审计工作的实施意见》。确定了 2018 年全市领导干部自然资源资产离任（任中）审计任务分工及范围，明确了审计重点内容：一是贯彻执行中央和上级党委、政府生态文明建设方针政策和决策部署情况；二是自然资源资产管理和生态环境保护法律法规遵守情况；三是自然资源资产管理和生态环境保护重大决策情况；四是自然资源资产管理和生态环境保护目标责任制完成情况；五是自然资源资产管理和生态环境保护监督责任履行情况；六是组织自然资源资产和生态环境保护相关资金征管用和项目建设运行情况。（3）提出了六点审计工作要求：一是加强组织领导，强化责任意识；二是坚持因地制宜，聚焦特色重点；三是围绕履职尽责，聚集领导作为；四是加强沟通协调，创新审计方法；五是坚持问题导向，客观准确评价；六是严守工作纪律，依法文明审计。（4）针对地区生态环境特点开展领导干部自然资源资产离任审计工作。在 2018 年首次开展的市水利局领导干部自然资源资产任中审计中，围绕领导干部任期内水资源管理保护开发利用和水生态建设情况开展领导干部任期审计工作

续表

福建省	福清市审计局	福清市审计局积极探索大数据环境下自然资源资产审计模式，利用从自然资源和规划局相关科室取得国土执法卫片、土地总体规划、历年土地整治、林业二类小班图等数据，利用 ArcGIS 软件的叠加分析及地图投影和谷歌地球（Google Earth）的历史图像等功能，查找数据中的异常，充分发挥大数据在查找疑点、精准定位、综合分析方面的优势，为开展自然资源审计提供审计疑点，从而进一步现场核实
	罗源县审计局	整合内外部资源，创新审计方法，采用“1+N”方式，强化审计结果。罗源县审计局采用“1+N”方式，对乡镇党委、政府主要负责人开展领导干部自然资源资产审计的同时，进行经济责任离任审计。通过三大举措，进一步强化审计成果。(1) 向理论求知，强化审计能力。学习领会省厅下发的法规、指南、审计实施方案等资料，审计实施过程中充分利用审计理论，结合审计对象实际情况，从中找准审计对象内部控制方面的“薄弱点”，进行重点审计，做到瞄准靶心、精准发力。(2) 向被审计对象求真，提升审计效率。充分了解各部门下达乡镇的目标任务以及完成情况、各乡镇履行资金使用及项目建设情况，利用收集到的资料建立信息数据库，通过数据库进行资料的筛选分析，从中了解自然资源治理中薄弱环节，查出疑点，发现审计问题，为审计工作提供数据保障。(3) 向第三方求帮，夯实审计质量。借助第三方的力量，了解自然资源资产实物量和质量状况变化的基础数据，将第三方机构监测所得的基础数据作为审计佐证资料，进一步提高审计的质量和审计评价的公允性
	南平市审计局	(1) 整合各部门审计资源，构建审计对象电子数据库。实行领导干部个人信息、被审单位信息、领导干部岗位调整和被审单位撤并调整等信息动态分类管理，逐步扩大平台数据的涵盖范围，实现自然资源审计相关电子数据的定期采集转换、部门间信息交互及数据远程调用，实现审计数据获取方式从分散到集中、从手动到自动、从现场到远程的转变。建立可视化分析平台，依托大数据技术，提炼典型案例，精准锁定审计事项，为全面开展大数据分析打下基础。 (2) 运用新的审计技术方法，推进领导干部自然资源资产离任审计工作。南平市审计局大力实施“大数据审计技术”应用，全面开展数字化审计。在领导干部自然资源资产审计中，通过运用地理信息数据可视化技术，找出生态林与基本农田之间重叠的地块，将重叠地块叠加到“天地图”影像图进行核实；利用谷歌地球的显示历史图像功能，对自然资源各阶段的变化情况进行分析。 (3) 创新审计方式，构建可视化分析平台。南平市审计局建立可视化分析平台，依托大数据技术，提炼典型案例，通过数据抽象，形成模型，进行“可视化”改造，再通过模型精准锁定审计事项。打破了各业务管理系统之间的联动壁垒，解决了监督业务信息“碎片化”问题，为全面开展大数据分析打下基础。南平市自然资源审计取数模型被纳入省自然资源资产大数据平台，为全省审计机关提供自然资源审计取数蓝本
	浦城县审计局	开展《开展领导干部自然资源资产离任审计工作》的专题讲座，介绍自然资源资产离任审计背景和今后工作方向以及解读中办、国办《领导干部自然资源资产离任审计规定（试行）》，全面分析了自然资源资产审计定义、主要审计内容、相关部门职责、领导干部责任界定、审计结果运用等方面的内容

续表

福建省	泉州市审计局	(1) 整合审计资源，创新审计方式。采取“多个项目同步走”的方式，由该局总审计师带队对市林业局同步开展自然资源资产审计、森林资源培育及保护政策和资金审计。(2) 运用新的审计技术方法，推进领导干部自然资源资产离任审计工作。利用“3S”（遥感 RS、地理信息系统 GIS、全球定位系统 GPS）大数据审计技术对图层数据进行分析处理
	南安市审计局	(1) 探索大数据环境下的审计模式和智慧审计，实施数据分析，新技术与自然资源资产离任审计内容有机整合；(2) 审查乡镇党政主要领导干部任期内的自然资源资产政策法规执行情况、重大决策情况、约束性指标和目标责任制完成情况、项目资金管理；(3) 采取将自然资源资产审计融入乡镇领导干部任期经济责任的审计模式，组织开展对个别乡镇主要领导干部任期内履行自然资源资产管理和生态环境保护职责进行监督和评价；(4) 审计以摸清被审计领导干部任职期间所在乡镇自然资源资产实物量和生态环境质量状况变化为基础，以其任职期间履行自然资源管理和生态环境保护责任情况为主线，根据该乡镇资源特点，主要对其土地资源资产、水资源资产、森林资源资产的保护利用情况进行审计。(5) 综合运用地理信息技术，对辖区内自然资源和生态环境的保护情况进行比对分析，通过比对查找疑点图斑，结合实地调查核实，摸清违法违规占用林业资源、土地资源等情况，及时反馈被审计单位并督促其整改落实，有效地提高自然资源资产审计工作效率
	晋江市审计局	(1) 积极开展乡镇（街道）党政主要领导干部自然资源资产（任中）审计工作，牢牢把握“四个聚焦”：聚焦土地资源，关注耕地保护；聚焦森林资源，关注林业发展；聚焦水资源，关注水域污染；聚焦大气资源，关注大气污染。(2) 认真贯彻落实国家大数据发展战略，牢固树立科技强审意识。在开展青阳街道党政主要领导干部自然资源资产离任（任中）审计中，积极创新地理信息技术应用，有效推进自然资源资产审计数据贯通分析，提升审计质量和效率。一是巧用 ArcGIS 地理信息分析技术。运用图层相交、叠加、测量统计等功能，实现对卫星遥感影像、基本农田图斑、土地利用现状图斑、林地图斑等图层叠加比对技术，有效提高审计工作效率和精准度。二是巧用谷歌地球地图软件技术。运用经纬度定位、面积计量、时间轴等功能，实现对同一地块不同时期的地貌进行比对，为审计发现问题提供可靠证据。三是巧用 OvitalMap 地理规划软件技术。运用经纬度导航、测距、测量面积等功能，有针对性地对疑点地块进行现场核实，掌握审计主动权。四是巧用测距仪技术。运用测距功能，开展现场实地测量，查看工程是否按标准建设、按图施工，是否存在偷工减料，进一步提高审计速度
	厦门市审计局	(1) 海沧区自然资源资产审计组在审计过程中，结合卫星图片、被审计单位提供资料等对相关现场进行实地调查，重点关注采伐与受灾林地补种、排洪渠黑臭水体整治、污水处理三个方面，进一步核查已有数据的准确性和材料的真实性，并与现场业务人员进行充分交流，掌握第一手信息，为做实、做细、做好审计项目奠定坚实基础；(2) 厦门市首次将自然资源资产审计作为专项列入年度审计工作报告，接受人大代表评议和监督，引起了被审计单位和部门的重视，加快了相关问题整改；(3) 以被审计领导干部任职期间履行自然资源资产管理和生态环境保护责任情况为重点，厦门市思明区审计局首次开展街道党政领导干部自然资源资产离任审计；(4) 与集美大学工商管理学院在自然资源资产审计领域开展课题合作

续表

福建省	漳州市审计局	在乡镇领导干部自然资源资产审计中，结合 ArcGIS、谷歌地球等地理信息技术系统将不同时点、不同标准或规范的影像进行叠加分析得到疑点数据
	长泰县审计局	在乡镇领导干部自然资源资产审计中，结合 ArcGIS、谷歌地球等地理信息技术系统将不同时点、不同标准或规范的影像进行叠加分析得到疑点数据，重点关注“土地资源”
	宁德市审计局	（1）建立审计制度规范，深入推进领导干部自然资源资产离任审计工作发展。在充分分析和梳理近几年领导干部自然资源资产离任审计试点实践经验的基础上，积极探索、认真总结、勇于创新，先后编制《宁德市领导干部自然资源资产离任审计实施方案（试行）》和《领导干部履行经济及生态责任主要风险防控清单》（以下分别简称《实施方案》和《风险防控清单》），均以宁德市委办、市政府办联合印发实施，深入推进领导干部自然资源资产离任审计工作发展。（2）结合地区生态环境及自然资源特点开展审计工作。开展领导干部自然资源资产审计，在重点关注海洋资源、土地资源、森林资源、水资源、矿山生态环境治理和大气污染防治等六大重点审计领域的基础上，关注审计对象范围内污水处理厂、垃圾处理（焚烧发电）厂等环保设施建设运营情况，特别是涉及相关环保设施项目的烟气净化车间、水处理系统等附属工程同步建设运营情况。测试相关项目建设运营达标，有效促进杜绝不达标环保设施所产生的毒泥、毒水带来的严重二次污染行为
	尤溪县审计局	重视审计人才培养，积极参与自然资源资产审计交流会。为做好乡镇党政领导干部自然资源资产审计离任（任中）审计，尤溪县审计局由主要领导带队一行六人到南平市延平区审计局学习如何做好自然资源资产审计工作。通过此次交流学习，提升该局审计干部对自然资源审计工作的认识和审计能力，为今后的自然资源资产审计中能够更专业、更精准地开展提供有力保证
	三明市审计局	建宁县委县政府成立由县长任组长、相关副县长任副组长和相关部门单位领导为成员的《建宁县党政主要领导经济责任审计和自然资源资产审计问题整改领导小组》，并由中共建宁县委办公室、建宁县人民政府办公室下发了《建宁县委书记县长任期经济责任审计报告问题整改方案》《2015～2017 年建宁县领导干部自然资源资产离任审计（任中）意见问题整改方案》，明确了整改任务和整改目标，对每一个需要整改的问题都有具体的责任领导、责任单位、责任人和整改完成时间
	大田县审计局	对林业部门主要领导干部开展了自然资源资产任中审计，抓实物量和生态环境质量状况，看政策执行和落实情况，关注林业资金管理使用情况，扎实推进领导干部自然资源资产审计工作深入开展
	将乐县审计局	把高唐镇作为试点审计乡镇，对高唐镇党政主要领导任中履行土地、水、森林、矿山生态环境治理、大气污染防治等自然资源资产管理相关责任情况进行审计，目前该审计项目还在征求意见阶段

在全面推进生态省建设过程中，福建省有序推进领导干部自然资源资产离任审计工作，现将经验与特色归纳如下：

（1）科研先行，积极利用高等院校和科研机构的人才优势和科研结果的新形态。福建省审计厅及福州市审计局、厦门市审计局分别与省内高校福州大学、集美大学等合作开展自然资源资产审计相关问题研究。福建省审计厅还向全省公开征集“领导干部自然资源资产离任（任中）审计都审啥?”的意见建议。

（2）机制保障，确保自然资源资产审计工作顺利开展。福建省在全面推进领导干部自然资源资产离任审计进程中，多地市成立了审计工作领导小组，制定出台了领导干部自然资源资产审计工作的相关制度，确定审计工作的重点。例如，福州市审计局制定出台了《关于做好 2018 年党政领导干部自然资源资产离任（任中）审计工作的实施意见》，确定了 2018 年全市领导干部自然资源资产离任（任中）审计任务分工及范围，明确了审计重点内容。宁德市编制《宁德市领导干部自然资源资产离任审计实施方案（试行）》和《领导干部履行经济及生态责任主要风险防控清单》，均以宁德市委办、市政府办联合印发实施，深入推进领导干部自然资源资产离任审计工作发展。

（3）审计范围从离任审计拓展到任中审计。福州市、三明市、宁德市、晋江市及所属县、区都在不同程度开展自然资源资产任中审计。

（4）拓宽审计方法和路径。秉承“科技强审，智慧审计”的思路，在省审计厅层面探索与省测绘地理信息局建立协作机制，以“天地图 · 福建”基础测绘成果数据和各部门专题业务数据为基础，综合运用“3S”技术、数据库技术，有效整合各类自然资源资产数据，积极推动自然资源资产离任审计大数据平台建设，多渠道归集自然资源资产基础数据，深度融合省测绘地理信息局地理国情普查等测绘成果，探索“地理信息 +”审计理念。

（5）探索拓展，构建市县乡三级审计监督链条。实现基层审计机关上下联动、沟通协调、主动作为。以南平市为试点，福建省审计厅探索开展乡镇层级领导干部自然资源资产离任审计试点，延伸审计对象，打通政策执行、资金到位、责任落实的“最后一公里”。通过全省审计机关自上而下审计试点探索，构建市县乡三级审计监督链条，压力层层传导、责任层层落实，很好地发挥了审计监督作用。

3.4 自然资源资产审计工作存在的问题

本节根据前文相关研究，结合对福建省审计厅、环保局、国土资源局、林业厅等单位进行实地走访、充分调研，总结出当前自然资源资产审计工作主要存在以下问题。

3.4.1 自然资源资产难以实现价值量化

自然资源资产的价值量化是审计工作顺利开展的基础，难以实现价值量化的主要原因有：第一，自然资源资产种类丰富、涵盖内容广泛，涉及森林资源、矿产资源、水资源、大气资源等，其中，矿产资源多储藏于地下，无法全部探明；水资源和大气资源具有流动性强的特点，无法进行准确估计；部分稀缺生物资源和矿产资源缺乏活跃的交易市场，难以进行价格评估。第二，统计数据存在无法通用的局限，由于缺乏对自然资源资产数据的整合和协调，存在相关指标的名称、概念、口径、范围不一致的情况，标准化和规范化的程度较低，甚至个别部门间发布的数据结果存在矛盾，可比性较差。价值量化难问题加大了试点工作的开展难度。

3.4.2 自然资源资产责任人的责任范围难以界定

自然资源资产责任人的责任界定是审计工作顺利开展的保障，而造成责任难以界定的原因主要有三个方面：一是自然资源资产范围界限模糊。部分自然资源资产具有跨区域性，例如，河流一般穿越多个地区，其水质情况也是众多因素共同作用的结果，因此，当发现河流水质受到污染时，难以确定造成污染的原因，进而难以界定哪个地区的领导干部应承担相应责任。二是自然资源资产发生变化具有长期性和持续性的特点，导致一些决策对自然资源资产的影响存在一定滞后性。因此，有可能存在前任领导干部离任时且后任领导干部上任一段时间后该影响尚未出现的情况。三是该项审计工作具有审计内容繁多、专业性强、任务重的特点，并且可能在审计过程中，自然资源资产状况已经随着后任领导干部的决策而发生变化。以上三个因素都加大了审计工作的难度，造成自然资源资产责任人的责任范围难以界定。

3.4.3　自然资源资产责任衡量标准难以确定

自然资源资产负债表可以反映具体时点的自然资源资产状况，并通过差额计算，直观全面地反映一段时间内政府对各项资源的占有及使用情况，是发现并追究相关责任人责任的基础。在衡量相关责任人应该承担的责任时，需要有较为明确的界限，称之为“红线”。2014 年环保部门出台《国家生态保护红线——生态功能基线划定技术指南（试行）》，将内蒙古、江西、湖北、广西等地列为生态红线划定试点，但尚未提出大中型城市划分生态红线的指导和要求。也就是说，将生态保护红线作为相关责任衡量标准尚未普及，目前仍处于探索阶段。即使是已划定生态红线的地区，也存在由于资源地方属性的差异造成不同地区不同标准，而缺乏统一的标准体系也阻碍了审计工作的有序开展。此外，自然资源资产相关行业标准不定时更新、部分自然资源资产指标尚无统一的行业标准、缺乏评价所需部分的基础数据。加上我国的审计责任追究机制尚未完全建立，相关责任追究机制尚未具备系统性和健全性，审计结果难以得到有效的运用。

3.4.4　缺乏系统的、推广性强的评价指标体系

在全国各地开展领导干部自然资源资产离任审计的过程中，如何衡量和评价领导干部自然资源资产审计结果成为亟待解决的难题。在审计实践中，部分省市构建了自己的评价指标体系，例如，贵州省贵阳市审计局定了国土资源、森林资源、水资源和矿产资源相关审计评价指标，并根据被审计领导的岗位职责和所辖自然资源特点重点关注相应的评价指标，对领导干部任期内自然资源资产管理和生态环境保护开展审计评价。广东省惠州市审计局提出应构建领导干部自然资源资产离任审计评价指标体系，包括总耕地、森林、湿地、矿产、海洋等资源资产净值量指标，以及大气、水、土壤环境质量指标；主要评价自然资源资产实物量的增减变化情况、自然资源监督管理工作情况，以及大气、水、土壤环境质量指标变化情

况。江西省审计厅构建审计评价指标体系，创新评价方法。指标选取涵盖对象涉及市厅级、县（区）级和乡镇级三个层面的党政主要领导干部，涵盖的自然资源涉及耕地及建设用地、森林、湿地、矿产、水资源等，涵盖的生态保护涉及环境治理、环境质量、生态保护、绿色生活等各个方面。

各个省份提出的评价指标体系涉及的方面有共同之处，如耕地资源、水资源等，但是尚未形成一个完整的、系统的、具有推广性的领导干部自然资源资产审计指标体系。并且基于审计署与各省审计厅的资料分析，目前的审计指标体系大都停留在定性的层面，缺乏定量的评价指标体系。

3.4.5 各地开展自然资源资产审计的质量参差不齐

由于全国各省区市开始开展领导干部自然资源资产离任审计的时间不同，各地的普及情况及审计成果差异较大。福建省、贵州省、江西省等省份普及度较高，青海省、宁夏回族自治区尚未全面铺开，西藏自治区尚未实质性开展领导干部自然资源资产离任审计工作。除深圳、贵阳、福建、江西、上海、重庆等地外，其他省份未强调自然资源资产审计结果在领导干部评价考核和责任追究中的运用。

3.4.6 自然资源资产审计队伍专业性有待提高

传统审计主要是围绕财务指标开展审计工作，而自然资源资产审计不同于传统审计，它还考虑了自然资源资产的管理、污染防治、环境保护等非财务指标，因此审计内容更为丰富。在审计工作开展过程中，会涉及许多专业技术、专业指标、行业标准、达标认定等，这些都是传统审计人员不具备的知识技能，这造成了审计人员陷入无法亲自收集获取审计证据、又不能完全依赖于被审计对象提供的窘境。

3.4.7 尚未实现信息共享

国土资源、农林水利、海洋渔业等各个部门之间尚未形成信息共享，在一定程度上制约了自然资源资产审计的开展。根据我国政府部门的现状，涉及自然资源资产方面的统计数据以及监测数据分散于不同部门，例如，森林覆盖率、森林积蓄量等数据存放于林业局；海洋物种数量、海水水质情况等信息存放在海洋渔业局等。除了数据信息分散于各政府职能部门外，还有些数据存放在科研院所中。而当前现状是各个政府职能部门、科研院所间尚未建立横向机制，无法充分实现信息共享，监测数据常用于具体目标，统计资料也是归于各个部门所有。此外，自然资源资产审计涉及多个监管部门，每个部门又可能存在庞大的数据库，甚至还设立“在线管理系统”“在线监督系统”等，信息量和数据量庞大，若仅依靠审计人员的人工收集、分析，存在人力不足、收集信息不完整的情况。

3.4.8　自然资源资产造假问题难以鉴定

保护自然资源资产本是一项循序递进的过程，可是有些地方官员却造假、走“捷径”。例如，渭南华县给荒山涂绿漆、河南商丘用水泥浇灌树根来抑制空气浮尘。为了发现造假行为，实地调查法必不可少。然而实地调查的方法虽然可以在一定程度上发现自然资源资产造假，但是在实践过程中，由于人工成本高、审计时间短等限制，无法全面实地调查，因此，实地调查法将建立在抽样调查的基础上，有可能由于系统误差无法全面发现和杜绝造假行为。

第4章 自然资源资产审计评价指标体系的构建：基于自然资源资产分类视角

构建一套科学完整的自然资源资产审计评价指标体系是有效开展自然资源资产审计工作的重要保障。目前已有的评价指标体系主要包括以下两种情况：一是仅构建某一项自然资源资产的审计评价指标体系，未涵盖其他自然资源资产，类似于专项审计，审计范围存在局限性，因而无法准确反映自然资源资产整体的变化情况。二是虽然也有学者将多项自然资源资产纳入审计评价指标体系中，但该评价指标体系仅涉及与自然资源资产相关的指标，未综合考虑辖区内的经济发展状况。该类型评价指标体系的运用可能会导致被审计对象过度关注自然资源资产的管理与开发利用，而忽略了经济与环境的协调发展。由于缺乏完善的自然资源资产审计评价指标体系，在自然资源资产审计工作中难以进行量化评价考核。为了确保自然资源资产审计工作得以有效实施，本章综合借鉴已有评价指标体系的研究成果，结合国家在自然资源、生态环境等方面的相关法律法规的内容，拟从自然资源资产分类视角构建普遍适用的自然资源资产审计评价指标体系。

4.1 自然资源资产审计评价指标体系构建原则

由于自然资源资产审计涉及面广、范围大、评价点多，在构建审计评价指标体系时应该遵循一定的原则，以确保能合理地评价被审计对象对自然资源资产的管理和保护情况，促进生态文明发展。

4.1.1　普遍适用原则

普遍适用原则是指构建出的评价指标体系适用于评价不同地区、不同的审计对象，而不是部分可以使用。如果不遵循这个原则，那么评价不同的地区和不同的领导干部时都要重新调整该评价指标体系，则会导致工作量大幅度提高，违反成本效益的原则。

4.1.2　政策与价值导向有机结合原则

政策导向原则要求所构建的审计评价指标体系能适应国家生态文明建设的要求，且通过这些指标能够将该区域的自然资源资产管理和保护绩效进行量化；价值导向原则要求审计评价指标体系兼顾区域经济发展的需求，且通过这些指标能够有效评价被审计对象履行经济调控、社会管理职责。如果不考虑环境与经济之间的协调发展，就自然资源资产审计目标进行考核评价，则其评价结论可能会有失偏颇，不利于地方政府树立科学的全面发展观和政绩观。因此，设置的评价指标应包括经济指标和自然资源资产专项指标。

4.1.3　可操作性原则

可操作性原则要求在设计审计评价指标时要考虑易于被审计人员所接受，并且数据能够取得，能更好地帮助审计人员进行自然资源资产审计工作。选取指标所用的数据应当是可以从国家各类统计数据、公报、相关职能部门中可获得的数据，或是通过间接计算或现代审计技术方法可以获取的数据。

4.1.4　全面性原则

评价指标体系能多层次、多角度、全方位地评价领导干部对自然资源资产保护和管理情况。因而需要对国家在自然资源、生态环境等方面的相关法律法规、考核标准、技术标准等文件进行系统的梳理，筛选出全面反映自然资源资产保护和管理情况的指标。

4.2 审计评价指标体系的构成

本书构建的自然资源资产审计评价指标体系由两个部分构成，分别是经济评价指标和专项评价指标，如表4-1所示。其中，经济评价指标是对该地区的生产总值等情况进行考核。虽然在《决定》中提出“对限制开发区域和生态脆弱的国家扶贫开发工作重点县取消地区生产总值考核”，但是这毕竟是少数地区，因此，为了让评价指标体系具有普遍适用性，应设置经济评价指标，其目的是在一定程度上克服部分领导干部一味追求生态环境保护而忽视地方经济发展的局限。

表4-1　　自然资源资产审计评价指标体系

一级指标	权数α	二级指标	权数β	数据采集单位
经济评价指标		生产总值增长率		统计局
		地方财政收入增长率		财政厅（局）
		每万元投资产出GDP		统计局
		城镇居民人均可支配收入增长率		统计局、调查总队
		农村居民人均可支配收入增长率		统计局、调查总队
		规模以上工业高技术产业增加值占规模以上工业增加值比重		统计局
		研究与试验发展经费支出占GDP比例		统计局
		政府信息公开及时率		省政府办公厅
专项评价指标		土地资源		国土资源厅（局）
		森林资源		林业厅（局）
		水资源		水利厅（局）
		矿产资源		矿产资源厅（局）
		大气资源		气象厅（局）
		海洋资源		海洋渔业厅（局）
		其他		其他

4.3 经济评价指标

经济评价指标包含生产总值增长率、地方财政收入增长率等八个指标，如表 4－1 所示，分别从三大类综合评价该地区情况：一是经济情况，本书通过五个指标进行衡量，其中生产总值增长率、地方财政收入增长率和每万元投资产出 GDP 三个指标的数据来源于各省统计局和财政厅，其目的是考核该地区经济增长情况和资金使用效率；城镇居民人均可支配收入增长率、农村居民人均可支配收入增长率两个指标的数据来源于国家统计局的省级调查总队，其目的是衡量居民生活水平情况，数值越高，一定程度上可以说明该区域居民生活质量越好。二是技术革新情况，通过规模以上工业高技术产业增加值占规模以上工业增加值比重、研究与试验发展经费支出占 GDP 比例两个指标进行衡量，指标数据来源于统计局，可以反映出该地区在技术改革方面的成效，通过技术革新，减少污染，保护环境。三是信息公开情况，信息公开有利于人民群众对政府行为进行监督，督促领导干部依法行使权力，而政府信息公开及时率是信息公开情况的重要评价指标，其数据采集单位是政府办公厅，可以通过“政府信息公开电子监察系统”在线监测计算得出。

4.4 专项评价指标

本书的专项评价指标是根据《方案》的要求设置的，克服了某些地区评价指标体系可复制性差和推广性弱的局限，不仅符合国家的政策方针，也具有普遍性，包含森林资源、土地资源、水资源、矿山资源和大气资源等方面，用来衡量自然资源资产情况。本书将专项评价指标分为两个部分，一部分是按照普遍适用性原则，设置常规的专项评价指标，包含森林资源、土地资源、水资源、矿山资源和大气资源五个方面；另一部分是按照灵活性原则，因地适宜设置的 X 资源。为了客观全面对专项评价指标进行评价，本书提出对每一项专项评价指标都构建分项指标体系，从多个角度对不同的自然资源资产进行评价，即分项指标体系是以专项评价指标为基础构建的，是专项评价指标的具体化。

与此同时，每个二级指标都设置相应权重，其目的是使指标体系在实际运用时可以根据各地区具体的自然资源资产情况，通过调节权重大小便可实现考核的侧重点。除此之外，各个地区还可以根据地区特点完善分项评价指标的内容。以福建省为例进行阐述：福建省的海岸线长达 3751.5 千米，仅次广东省，位居全国第二。因此，福建省审计厅提出为了在审计过程中充分考虑地方属性，在开展审计工作时应在专项评价指标中增设海洋资源一项，积极探索海洋资源审计。此外，福建省有“八山一水一分田”的特点，根据 2017 年《福建省环境状况公报》，福建省森林覆盖率为 65.95%，远高于我国森林覆盖率平均水平（21.63%），因此针对福建省森林资源丰富的特点，在开展审计工作时应对森林资源资产予以特别重视。再综合考虑福建省其他各种自然资源资产情况，本书认为应该将森林资源和海洋资源作为审计试点工作的重点，辅之以土地资源、水资源、矿产资源、大气资源。因此，在设置权重时，森林资源和海洋资源所对应的权数 β 应较大，其余四个指标的权数 β 应较小。

4.4.1 土地资源专项指标体系

根据《中华人民共和国土地管理法》和《方案》的要求，将土地资源专项指标体系的审计内容分为五个部分，如表 4-2 所示。一是约束性指标。根据土地的自然属性，土地资源被分为耕地、草地和湿地等，其中耕地、草地和湿地是主要类型，因此，本书研究土地资源的约束性指标将从耕地、草地和湿地三个方面以及常见的六个指标来考察实物量的变化情况。二是法律法规、政策措施的执行情况。根据与土地资源相关文件的出台数量来反映各地市落实上级精神的情况，通过处罚力度判断相关部门对违反禁止性、限制性、约束性行为的查处情况。三是开发利用保护情况。衡量土地开发利用保护情况时涉及十个指标，可以分为四类。第一类审查审批程序的合规性，通过土地开发利用与规划的匹配性和土地供应批准程序的合规性两个指标来审查领导干部执行公务时是否做到依法执政。第二类审查土地资源的开发情况，通过建设用地供应总量、新增建设用地面积、保障性安居工程供地量、供地率和国土开发强度五个常用指标进行衡量。前三个指标是绝对量指标，可以直观反映不同类别土地开发的数量，常用于同各地区不同时期进行比较；后两个指标是相对量指标，考虑了该地区的实际情况，有利于不同地区进行横向比较。第三类审查土地资源的使用效率，通过土地产出率和万元 GDP 占地面积两个常用指标进行衡量，并且其为相对数指标，因此可用于不同地区进行比较。第四类土地保护情况。通过统计重金属、危险废物污染等土地污染防治及修复的土地面积并评价修复后土地的质量，以此反映土地保护情况。四是专项资金运行情况。通过资金收征管理的合规性、资金分配使用情况和相关重大项目建设运营情况三项指标进行衡量，落实资金的征收使用，以实现资金的有效使用。五是灾害发生情况。通过重大土地破坏等事件发生数量、农田复垦后荒废及土地盐碱化等面积和生态破坏造成直接及间接损失金额三个指标进行衡量，且该三个指标具有负面性，即指标数值越大，说明土地资源损害越严重。

表 4－2　　　　　　　　土地资源专项指标体系

审计内容	评价指标		权重	解释
约束性指标	耕地	耕地保有量		审查耕地保护责任目标落实情况。例如，上级政府下达的各年度耕地保护责任目标是否完成；耕地“占补平衡”是否真实有效，有无存在占用水田、良田却用山地、宅基地来充数等虚假平衡问题；建设项目占用耕地是否实行总体规划和年度计划控制，有无存在建设用地过快增长，耕地保有量不断下降的趋势
		基本农田保护面积		指按照一定时期人口和社会经济发展对农产品的需求，依据土地利用总体规划确定的不得占用的耕地
		耕地占补平衡		非农建设经批准占用耕地要按照“占多少，补多少”的原则，补充数量和质量相当的耕地，这项制度是坚守 18 亿亩耕地红线的重要举措
		耕地质量等级变化情况		耕地质量事关粮食产出能力，因此应根据《耕地质量等级》的标准进行划分
	草地	草地综合植被覆盖率		某一区域的草地上植物垂直投影面积与该地域面积之比，用百分数表示
	湿地	湿地保护量		指天然或人工形成的沼泽地等带有静止或流动水体的成片浅水区，还包括在低潮时水深不超过 6 米的水域面积

续表

审计内容	评价指标	权重	解释
法律法规、政策措施的执行情况	文件数量		落实上级精神而出台相关文件的数量（单位：件）
	处罚力度		对违反禁止性、限制性、约束性行为的查处数量与现存违反行为数量的比值
开发利用保护情况	土地供应批准程序的合规性		供地是否符合有关政策，供地的方式和程序是否合法、合规，是否遵循公平、公开、公正的原则；经营性用地出让底价的确定是否遵循专业评估、集体决策、结果公开的原则，有无违反产业政策、超出用地控制标准、低于最低地价标准和向国家明令禁止的项目供地；工业用地和经营性用地有无违反“招拍挂”规定
	土地开发利用与规划的匹配性		审查土地的开发利用是否严格按照总体规划和年度计划进行批地用地，区域规划和城市规划等建设用地规模是否符合总体规划的要求
	建设用地供应总量		指一定区域在一定时期内供应的建设用地总数量
	新增建设用地面积		指规划期间农用地和未利用地转为建设用地的量
	保障性安居工程供地量		指为保障性住房建设、棚户区改造、农村危房改造和游牧民定居工程等提供的建设用地
	供地率		指一定时间范围内经批准农用地转用和征收的建设用地的面积中，已审批供地的建设面积所占的比例
	国土开发强度		指建设用地面积占该地区总面积的比例。一般情况下，土地开发强度越高，土地利用经济效益就越高，地价也相应提高
	土地产出率		指 GDP 与土地面积之比，反映单位面积的产出情况，反映一个国家或地区农业生产力水平的综合经济指标
	万元 GDP 占地面积		指在一定时期内（通常为一年），每生产万元国内生产总值（GDP）所占用的建设用地面积。数值越大说明利用率越高
	重金属、危险废物污染等土地污染防治及修复情况		统计重金属、危险废物污染等土地污染防治及修复的土地面积，评价修复后土地的质量
专项资金运行情况	资金征收、管理的合规性		审查资金的征收、管理的方式和程序是否合法、合规，是否遵循公平、公开、公正的原则
	资金分配使用情况		审查资金分配是否做到按需分配、是否存在截留资金等情况

续表

审计内容	评价指标	权重	解释
专项资金运行情况	相关重大项目建设运营情况		审查植树造林等工作的开展运行情况
灾害发生情况	重大土地破坏等事件发生数量		统计重大土地破坏等事件发生数量
	农田复垦后荒废、土地盐碱化等面积		统计农田复垦后荒废、土地盐碱化等情况的面积
	生态破坏造成直接及间接损失金额		将损害程度进行价值量化，通过货币形式衡量直接损失和间接损失情况

4.4.2 森林资源专项指标体系

根据《中华人民共和国森林法》《退耕还林条例》《方案》的要求，将森林资源分项指标体系的审计内容分为五个部分，如表4-3所示。一是约束性指标。参考《第八次全国森林资源清查结果报告》可知，在评价森林资源情况时常采用森林面积、森林覆盖率、森林蓄积量、森林生物量和林地保有量五个指标，因此，本书关于森林资源约束性评价时同样使用这五个指标以考察实物量的变化情况。二是法律法规、政策措施的执行情况。根据与森林资源相关文件的出台数量来反映各地市落实上级精神的情况，通过处罚力度判断相关部门对违反禁止性、限制性、约束性行为的查处情况。三是开发利用保护情况。衡量森林资源开发利用保护情况时涉及五个指标，可以分为三类：第一类审查审批程序的合规性，通过林地采伐许可审批和森林采伐限额两个指标审查批准程序是否合规以及领导干部执行公务时是否做到依法执政。第二类审查森林资源的开发利用效率。通过林地利用率反映森林资源的利用效率，同时也反映一个国家和地区林业发展水平情况。第三类是审查森林资源保护情况。通过植树造林面积和新增沙化土地治理面积两个绝对数指标来衡量生态保护情况。四是专项资金运行情况。通过资金收征管理的合规性、资金分配使用情况和相关重大项目建设运营情况三项指标进行衡量，落实资金的征收使用，以实现资金的有效使用。五是灾害发生情况。通过重大森林灾害发生数量、森林灾害面积、林业有害生物成灾率、森林火灾受害率和生态破坏造成直接及间接损失金额进行衡量，且该五个指标具有负面性，即指标数额越大，说明森林资源遭受破坏的程度越严重。

表 4-3　　森林资源专项指标体系

审计内容	评价指标	权重	解释
约束性指标	森林面积		森林面积包括天然起源和人工起源的针叶林面积、阔叶林面积、针阔混交林面积和竹林面积，不包括灌木林地面积和疏林地面积
	森林覆盖率		指一定行政区域内林地面积，特别规定灌木林地面积、农田林网以及四旁（村旁、路旁、水旁、宅旁）面积占土地总面积的百分率
	森林蓄积量		指一定森林面积上存在着的林木树干部分的总材积
	森林生物量		包括林木的生物量（根、茎、叶、花果、种子等的总重量）和林下植被层的生物量，是评价森林生态系统结构和功能的重要指标
	林地保有量		包括郁闭度 0.2 以上的乔木林地以及竹林地、灌木林地、疏林地、采伐迹地、火烧迹地、未成林造林地、苗圃地和县级以上人民政府规划的宜林地
法律法规贯彻落实及政策落实情况	文件数量		落实上级精神而出台相关文件的数量（单位：件）
	处罚力度		对违反禁止性、限制性、约束性行为的查处数量与现存违反行为数量的比值
开发利用保护情况	林地采伐许可审批		用地单位需要采伐已经批准占用或者征用的林地上的林木时，应当向林地所在地的县级以上地方人民政府林业主管部门或者国务院林业主管部门申请
	森林采伐限额		“十二五”期间年森林采伐限额是每年采伐消耗森林、林木蓄积的最大限量
	林地利用率		指辖区内有林地总面积与辖区内宜林地总面积的比值，是衡量一个国家和地区林业发展水平的重要标志之一。通常情况下，林地利用率与林业发达水平呈正比
	植树造林面积		成活率达到 85% 及以上的造林面积，不包括补植面积和治沙种草面积
	新增沙化土地治理面积		沙土化是指因气候变化和人类活动所导致的天然沙漠扩张和沙质土壤上植被破坏、沙土裸露的过程

续表

审计内容	评价指标	权重	解释
专项资金运行情况	资金征收、管理的合规性		审查资金的征收、管理的方式和程序是否合法、合规，是否遵循公平、公开、公正的原则
	资金分配使用情况		审查资金分配是否做到按需分配、是否存在截留资金等情况
	相关重大项目建设运营情况		审查植树造林等工作的开展运行情况
灾害发生情况	重大森林灾害发生数量		统计重大森林灾害发生数量
	森林灾害面积		统计森林灾害的面积
	林业有害生物成灾率		指林业有害生物实际成灾面积占现有林的千分比
	森林火灾受害率		指辖区内森林火灾面积与森林总面积的千分比
	生态破坏造成直接及间接损失金额		将损害程度进行价值量化，通过货币形式衡量直接损失和间接损失情况

4.4.3　矿产资源专项指标体系

根据《中华人民共和国矿产资源法》《矿产资源法实施细则》《方案》的要求，将矿产资源分项指标体系的审计内容分为四个部分，如表 4－4 所示。一是法律法规、政策措施的执行情况。根据与矿产资源相关文件的出台数量来反映各地市落实上级精神的情况；通过处罚力度判断相关部门对违反禁止性、限制性、约束性行为的查处情况，而针对已建在自然保护区、风景名胜等禁止性、限制性区域的采矿企业，应审查其开发情况，做到有序退出、及时恢复。二是开发利用保护情况。通过九个指标衡量开发利用保护情况，并将其分为三类。第一类审查审批程序的合规性，通过矿产资源开采总量控制指标、矿山最低服务年限、矿山最低开采规模标准和矿产开发利用与规划的匹配性四个指标进行衡量，其中前三个指标共同构成开采矿产资源的准入门槛，可以避免不符合开采资质的企业或者过度开采造成生态破坏；而根据矿产开发利用与规划的匹配性指标来审查领导干部执行公务时是否做到依法执政。第二类是矿山利用情况。通过矿山开采回收率、矿山选矿回收率和矿产资源综合利用率三个指标来反映矿山开发的利用效率。由于这三个指标都是相对数指标，因此可用于不同采矿企业间进行横向比较，促使企业进行对自身技术进行反思，不断提高，不仅有利于给企业增添经济效益，也有利于矿产资源的高效使用。第三类是生态保护情况。通过矿山环境恢复治理率和矿山土地复垦面积进行衡量，将实际值与目标值进行比较，评价该区域的生态保护情况。三是专项资金运行情况。通过资金收征管理的合规性、资金分配使用情况和相关重大项目建设运营情况三项指标进行衡量，落实资金的征收使用，以实现资金的有效使用。四是灾害发生情况。通过重大矿难事件发生数量、矿山开采后未恢复等情况的面积和生态破坏造成直接及间接损失金额三个指标进行衡量，且该三个指标具有负面性，即指标数值越大，说明损害越严重。

表 4－4　　矿产资源专项指标体系

审计内容	评价指标	权重	解释
法律法规、政策措施的执行情况	文件数量		落实上级精神而出台相关文件的数量（单位：件）
	处罚力度		对违反禁止性、限制性、约束性行为的查处数量与现存违反行为数量的比值
开发利用保护情况	矿产资源开采总量控制指标		对国家规定实行保护性开采的特定矿种、优势矿产提出开采总量指标
	矿山最低服务年限		根据矿山开采规模应与矿床（区）储量规模相适应的原则，为了保证矿产资源保护与合理利用，避免矿山开发的短期效应，综合考虑矿床（区）资源储量规模及有关的技术、经济、环境和社会等因素，设定的矿山设计生产年限的下限门槛值
	矿山最低开采规模标准		要按照矿山开采规模与矿床（区）储量规模相适应的原则，根据矿床（区）资源储量规模、有关的技术经济条件等因素来确定。全国规划中制定的最低开采规模指标具有约束性，各省（区、市）在有利于矿产资源的保护与合理利用的前提下，可根据矿产资源特点、开发利用条件和开采总量的要求进行调整，原则上不得低于全国规划中确定的最低开采规模

续表

审计内容	评价指标	权重	解释
开发利用保护情况	土地开发利用与规划的匹配性		矿产资源的开采是否严格按照总体规划执行；禁采区内限期关停的已建矿山是否按期关停；限采区内采矿权是否受到限制、区域是否收缩；保护性矿种年度开采总量是否按照控制指标严格执行；有无存在违规越权审批采矿许可证，对无证开采或延期无证开采矿产资源等行为的监管是否到位
	矿山开采回收率		指全矿山（井）实际采出的储量占该范围内动用储量的百分比，可根据具体情况分矿种提出
	矿山选矿回收率		指矿山企业在选矿产品精矿中所含被回收有用成分的质量占入选矿石中该有用成分质量的百分比，可根据具体情况分矿种提出
	矿产资源综合利用率		指采选利用的共伴生矿产量（矿物量）与动用的共伴生矿产资源的储量（矿物量）的百分比
	矿山环境恢复治理率		指矿山环境恢复重建区域面积与被破坏的矿区生态系统总面积的比值
	矿山土地复垦面积		按照国家有关法律、法规的要求，对在矿山建设和生产过程中因挖损、塌陷等造成破坏的区域，采取整治措施，使其恢复到可供利用状态的面积
专项资金运行情况	资金征收、管理的合规性		审查资金的征收、管理的方式和程序是否合法、合规，是否遵循公平、公开、公正的原则
	资金分配使用情况		审查资金分配是否做到按需分配、是否存在截留资金等情况
	相关重大项目建设运营情况		审查废弃矿山植树造林等工作的开展运行情况
灾害发生情况	重大矿难事件发生数量		统计重大矿难事故发生数量
	矿山开采后未恢复等情况的面积		统计矿山开采后未恢复等情况的面积
	生态破坏造成直接及间接损失金额		将损害程度进行价值量化，通过货币形式衡量直接损失和间接损失情况

4.4.4 水资源专项指标体系

根据《中华人民共和国水法》《中华人民共和国水污染防治法》《河道管理条例》《方案》的要求，将水资源分项指标体系的审计内容分为四个部分，如表4－5所示。一是法律法规、政策措施的执行情况。根据与水资源相关文件的出台数量来反映各地市落实上级精神的情况；通过处罚力度判断相关部门对违反禁止性、限制性、约束性行为的查处情况，例如，对无环保部门颁发环评资格、直接排放工业废水的单位进行停业整顿，甚至关闭。二是开发利用保护情况。通过九个指标衡量开发利用保护情况，并将其分为三类。第一类审查审批程序的合规性，通过水资源开发者资格认定审批、地下水资源开采总量控制指标和用水总量共三个指标进行衡量，可以避免不符合开采资质的企业或者过度开采造成生态破坏，同时也可审查领导干部执行公务时是否做到依法执政。针对洗车、洗浴等高耗水项目和造纸、制革等高耗水高污染项目要加大合规审批的力度。第二类是水资源利用情况。通过水资源开发利用率、灌溉水有效利用系数和万元工业增加值用水量共三个指标来反映水资源的利用效率。这三个指标都是相对数指标，因此可用于不同企业间进行横向比较，督促企业对自身情况进行反思，促使他们向其他企业学习，进行技术升级。其结果是不仅增添企业的经济效益，也有利于水资源的高效使用。第三类是水资源保护情况。通过水功能区水质达标率、主要水污染物排放总量和城镇（乡）污水处理率三个指标进行衡量。产生生活废水和工业废水是不可避免的，因此，应采取相应措施对废水进行净化处理，减少对环境的污染。三是专项资金运行情况。通过资金收征管理的合规性、资金分配使用情况和相关重大项目建设运营情况三项指标进行衡量，落实资金的征收使用，以实现资金的有效使用。四是灾害发生情况。通过重大水葫芦等事件发生数量、受水葫芦等事件污染的水域面积和生态破坏造成直接及间接损失金额三个指标进行衡量，且该三个指标具有负面性，即指标数值越大，说明损害越严重。

表 4－5　　　　水资源专项指标体系

审计内容	评价指标	权重	解释
法律法规、政策措施的执行情况	文件数量		落实上级精神而出台相关文件的数量（单位：件）
	处罚力度		对违反禁止性、限制性、约束性行为的查处数量与现存违反行为数量的比值
开发利用保护情况	水资源开发者资格认定审批		开发利用矿泉水、地热水和取用地下水制冷制热的，必须向有管辖权的国土资源、水行政主管部门提出申请，经批准后方可组织实施，并严格计量缴费
	地下水资源开采总量控制指标		对取用水总量已达到或超过年度用水控制指标的地区，暂停审批该区域内建设项目新增取水；对取用水总量接近年度用水控制指标的地区，限制审批该区域内建设项目新增取水
	用水总量		用水总量是指一定区域内，由公共供水系统以及自备供水设施提供生活、生产经营、公共服务和其他特殊用水，取自河流、湖泊、水库、地下等自然水源的总水量，按新水取用量计算，不包括水力发电、航运、淡水养殖、冲沙、旅游、河道内环境等只要求河流、水库、湖泊内有一定流量或水位的用水
	水资源开发利用率		指区域用水量占水资源总量的比例，衡量该区域水资源开发利用程度
	灌溉水有效利用系数		农田灌溉水有效利用系数是指灌区在一次灌水期间从水源引水到田间作物吸收利用水的过程中灌溉水利用程度，采用被农作物利用的灌溉净水量与水源渠首处总引进水量的比值计算
	万元工业增加值用水量		万元工业增加值用水量是指一定区域内，每万元工业增加值的工业用水量
	水功能区水质达标率		水功能区水质达标率是指一定区域内，水功能区水质达到其水质管理（考核）目标的水功能区个数占区域内水功能区评价总个数的比例
	主要水污染物排放总量		包括列入总量减排考核的污染物，如化学需氧量、氨氮
	城镇（乡）污水处理率		污水处理率＝污水处理量÷污水排放总量×100%

续表

审计内容	评价指标	权重	解释
专项资金运行情况	资金征收、管理的合规性		审查资金的征收、管理的方式和程序是否合法、合规，是否遵循公平、公开、公正的原则
	资金分配使用情况		审查资金分配是否做到按需分配、是否存在截留资金等情况
	相关重大项目建设运营情况		审查污水处理系统、内河治理等工作的开展运行情况
灾害发生情况	重大水葫芦等事件发生数量		统计重大水葫芦、富营养化、含重金属等事件发生数量
	受水葫芦等事件污染的水域面积		统计受水葫芦、富营养化、含重金属等事件污染的水域面积
	生态破坏造成直接及间接损失金额		将损害程度进行价值量化，通过货币形式衡量直接损失和间接损失情况

4.4.5 大气资源专项指标体系

根据《中华人民共和国大气污染防治法》和《方案》的要求，将大气资源分项指标体系的审计内容分为四个部分，如表4-6所示。一是法律法规、政策措施的执行情况。根据与大气资源相关文件的出台数量来反映各地市落实上级精神的情况；通过处罚力度判断相关部门对违反禁止性、限制性、约束性行为的查处情况，例如，对无环保部门颁发环评资格、直接排放工业废气的单位进行停业整顿，甚至关闭。二是开发利用保护情况。通过九个指标衡量开发利用保护情况，并将其分为三类：第一类审查大气资源的开发利用情况。风能、太阳能、气候的季节变化产生的经济效应等都是大气资源，其中风能、太阳能的开发利用较为普遍，因此，通过风能电站和太阳能电站的发电量来评价对大气资源的开发利用程度。第二类是大气资源保护情况。通过七个指标衡量，其中，空气质量指数（AQI）达到优良天数比例是大气资源污染整治结果的衡量指标，其余六项指标是对污染整治措施的评价。第三类是专项资金运行情况。通过大气污染防治专项资金投入和相关重大项目建设运营情况两项指标进行衡量，落实资金的征收使用，以实现资金的有效使用。四是灾害发生情况。通过重大雾霾、酸雨、沙尘暴等事件发生数量和生态破坏造成直接及间接损失金额两个指标进行衡量，且该两个指标具有负面性，即指标数额越大，说明损害越严重。

表 4-6　　大气资源专项指标体系

审计内容	评价指标	权重	解释
法律法规贯彻落实及政策落实情况	文件数量		落实上级精神而出台相关文件的数量（单位：件）
	处罚力度		对违反禁止性、限制性、约束性行为的查处数量与现存违反行为数量的比值
开发利用保护情况	风能电站发电量		风能属于可再生、无污染能源，通过风能电站的发电量评价对风能的开发利用程度
	太阳能电站发电量		太阳能是地球的清洁能源和可再生能源，通过太阳能电站的发电量评价对太阳能的开发利用程度
	空气质量指数（AQI）达到优良天数比例		指一个地区空气质量指数（AQI）达到优良的天数占全年天数的比例
	二氧化硫、氮氧化物排放总量控制		用于衡量对雾霾、酸雨等大气污染的治理程度
	PM2.5 或 PM10 平均浓度下降考核指标完成情况		
	产业结构优化调整情况		
	城市物尘污染控制		
	机动车污染防治		
	工业大气污染防治		
专项资金运行情况	大气污染防治专项资金投入		专项资金投入的方式和程序是否合法、合规；是否遵循公平、公开、公正的原则；是否做到按需分配；是否存在截留资金等情况
	相关重大项目建设运营情况		考核风能电站、太阳能电站等相关大型工程的运用状况

续表

审计内容	评价指标	权重	解释
灾害发生情况	重大雾霾、酸雨、沙尘暴等事件发生数量		统计重大雾霾、酸雨、沙尘暴等事件发生数量
	生态破坏造成直接及间接损失金额		将损害程度进行价值量化，通过货币形式衡量直接损失和间接损失情况

4.4.6 海洋资源专项指标体系

如前文所述，前五个分项指标体系是必选项目，而本书以福建省为例，因此，海洋资源分项指标体系是根据福建省具体情况而增设的项目。根据《中华人民共和国海洋环境保护法》《中华人民共和国海岛保护法》《方案》的要求，将海洋资源分项指标体系的审计内容分为五个部分，如表4－7所示。一是约束性指标。根据福建省人民政府对福建省海洋资源的介绍，福建省海岸线长度位居全国第二；海岸线曲折率位居全国第一位；沿海地区，面积大于500平方米的岛屿为1321个（含有居民岛屿98个），其岛屿数量居全国第二位，占全国岛屿总数的1/5。因此，本书选取海岛数量和海岸线长度作为海洋资源约束性指标进行衡量。二是法律法规、政策措施的执行情况。根据与海洋资源相关文件的出台数量来反映各地市落实上级精神的情况；通过处罚力度判断相关部门对违反禁止性、限制性、约束性行为的查处情况。三是开发利用保护情况。衡量海洋资源开发利用保护情况时涉及七个指标，可以分为三类：第一类审查审批程序的合规性，通过围填海审批管理和捕捞审批管理两个指标审查批准程序是否合规性以及领导干部执行公务时是否做到依法执政。第二类审查海洋资源的开发利用情况。通过海水淡化工程的开展情况、海域、无居民海岛等开发利用情况和海洋功能区规划执行情况三个指标来评价当前对海洋资源的开发利用情况。第三类是审查海洋资源保护情况。通过海域面积和海岛数量变化情况和海水水质达到或优于二类海水水质标准的面积比例进行衡量。四是专项资金运行情况。通过资金收征管理的合规性、资金分配使用情况和相关重大项目建设运营情况三项指标进行衡量，落实资金的征收使用，以实现资金的有效使用。五是灾害发生情况。通过重大海上溢油污染、赤潮、绿潮、海水入侵等事件发生数量以及生态破坏造成直接及间接损失金额进行衡量，且该指标具有负面性，即指标数值越大，说明海洋源遭受破坏的程度越严重。

表 4－7　　海洋资源专项指标体系

审计内容	评价指标	权重	解释
约束性指标	海岛数量		统计面积大于 500 平方米的岛屿数量
	海岸线长度		平均大潮高潮时的海陆分界线的长度
法律法规贯彻落实及政策落实情况	文件数量		落实上级精神而出台相关文件的数量（单位：件）
	处罚力度		对违反禁止性、限制性、约束性行为的查处数量与现存违反行为数量的比值
开发利用保护情况	围填海审批管理		围填海计划应与土地利用年度计划衔接
	捕捞审批管理		捕捞者资质、捕捞数量等进行审批
	海水淡化工程的开展情况		海水淡化是水资源可持续利用的重要方面，是解决缺水问题的重要方法，应密切关注其进展情况
	海域、无居民海岛等开发利用情况		根据《中华人民共和国海岛保护法》进行监管，无居民海岛的开发利用应当以省海岛保护规划、无居民海岛保护和利用规划为依据
	海洋功能区划执行情况		海洋功能区划是根据海域的地理位置、自然资源状况、自然环境条件和社会需求等因素而划分的不同的海洋功能类型区，用来指导、约束海洋开发利用实践活动，保证海上开发的经济、环境和社会效益。同时，海洋功能区划又是海洋管理的基础
	海域面积和海岛数量变化情况		统计海域面积和海岛数量，观察其变化情况
	海水水质达到或优于二类海水水质标准的面积比例		第一类：适用于海洋渔业水域、海上自然保护区和珍稀濒危海洋生物保护区。第二类：适用于水产养殖区、海水浴场、人体直接接触海水的海上运动或娱乐区以及与人类食用直接有关的工业用水区。第三类：适用于一般工业用水区、滨海风景旅游区。第四类：适用于海洋港口水域、海洋开发作业区

续表

审计内容	评价指标	权重	解释
专项资金运行情况	资金征收、管理的合规性		审查资金的征收、管理的方式和程序是否合法、合规，是否遵循公平、公开、公正的原则
	资金分配使用情况		审查资金分配是否做到按需分配、是否存在截留资金等情况
	相关重大项目建设运营情况		审查海水淡化、填海造田等工作的开展运行情况
灾害发生情况	重大海上溢油污染、赤潮、绿潮、海水入侵等事件发生数量		统计重大海上油船漏油、排放和油船事故、海底油田开采溢漏及井喷、赤潮、绿潮、海水入侵等事件发生数量
	生态破坏造成直接及间接损失金额		将损害程度进行价值量化，通过货币形式衡量直接损失和间接损失情况

4.5 评价方法

为了对领导干部任职期间的工作情况进行评价，应在对比分析自然资源资产的变化情况后，对其结果进行评分。

本章构建的评价指标体系包含经济评价指标和专项评价指标两个部分。其中，在专项评价指标体系中，以福建省为例，考虑了海洋资源，因此，本章提到的专项评价指标具体包括土地资源、森林资源、水资源、矿产资源、大气资源和海洋资源共六个方面。而针对专项评价指标构建的下一级分项指标体系是从约束性指标、法律法规贯彻落实及政策落实情况、开发利用保护情况、专项资金运行情况和灾害发生情况进行评分。这些指标中既有定量指标又有定性指标，因此，保证定性指标和定量指标评价结果的客观性是该评价指标体系有效实行的基础。

针对定性指标，要求审计人员秉持公平公正的原则对评价对象进行评价。在对评价对象进行评分时，可以采用去除一个最高分和一个最低分后再进行加权平均的方法计算得分 Q。与此同时，本书设置定量指标得分等级对应表，其目的就是进一步降低人为因素的影响。如表4-8所示，将得分分为五个等级，分别为优秀、良好、中等、及格、不及格，每个等级对应的分数为90、70、50、30、10分。例如，如果在去除一个最高分和一个最低分以及进行加权平均之后得到Q为73分，那么根据定量指标得分对应表，该项指标对应的等级是良好，其实际得分K应为70分。

表4-8 定量指标得分等级对应

得分Q	(80, 100]	(60, 80]	(40, 60]	(20, 40]	[0, 20]
等级	优秀	良好	中等	及格	不及格
实际得分K	90	70	50	30	10

针对定量指标，采用比较打分法，将通过合理规划设置的目标值M_i作为参考指标，当年审计得到的定量指标的实际值作为N_i，根据实际值与参考值的比值得出Z_i，即$Z_i = N_i/M_i$。若Z_i越接近1，说明完成情况越好；若Z_i大于1，则说明超额完成目标。同理，为了在评分过程中降低人为的主观因素，将Z_i分为优秀、良好、中等、及格、不及格五个等级，每个等级对应的分数为90、70、50、30、10分，如表4-9所示。因此，如果实际值与参考值的比值Z_i为0.7，那么根据定性指标得分对应表，该项指标属于中等，其实际得分K为50分。

表4-9 定性指标得分等级对应

得分比值Z_i	$Z_i \geq 1$	$0.75 \leq Z_i < 1$	$0.5 \leq Z_i < 0.75$	$0.25 \leq Z_i < 0.5$	$Z_i < 0.25$
等级	优秀	良好	中等	及格	不及格
实际得分K	90	70	50	30	10

通过以上方法可以得到相对客观的单项指标的实际得分，然后把单项指标的实际得分与对应的权重进行相乘并累计求和，得到最终得分。

本书尚未确定具体多少分值作为评判合格的标准，但是该评分可以通过横纵两个维度的比较对领导干部的工作进行评价。首先，纵向比较指的是对一名领导干部任期内不同时间的评分数值进行比较，从而有助于考核其不同时期的工作成效。其次，还可以对同一时期内不同领导干部之间的评分进行对比，从而有助于激励领导干部鼓足干劲，加强反思，不断提升工作绩效。

第5章

自然资源资产审计评价指标体系的构建：基于生态功能区划视角

自然资源资产审计评价指标体系的构建对于开展自然资源资产审计具有重要意义。目前我国尚未形成统一的、受到普遍认可的自然资源资产审计评价指标体系。在生态功能示范区，由于其生态功能区划及特征的不同，对自然资源资产管理工作及关注的重点不同。在本书第4章基于自然资源资产分类视角构建审计评价指标的基础上，为了从多角度为审计人员提供审计评价标准，满足自然资源资产多样性、复杂性的特殊审计需求，本书试图从生态功能区划视角进一步构建特殊适用性的自然资源资产审计专项评价指标体系，拟为生态功能示范区自然资源资产审计的开展提供多样性的评价标准。本书以福建省为例，根据《福建省生态功能区划》中划分的6类重要生态功能区，基于生态功能区划视角构建适用生态省自然资源资产审计的评价指标体系。

5.1 福建省生态功能区划及特征

《福建省生态功能区划》（以下简称《区划》）将全省107个生态功能区按照生态功能区的主导功能归纳为6组18个类型，此外，为保障全省生态安全和可持续发展具有关键作用的区域，《区划》又依据生物多样性保护、水源涵养、土壤保持、风沙与石漠化控制、饮用水源水质保护、特大型水库水环境维护6类主导生态功能在107个生态功能区中确定了50个重要生态功能区。下文将从定义、范围及特征来介绍6类重要生态功能区。

5.1.1 河源水源涵养和生物多样性保护重要生态功能区

水源涵养是指养护水资源的相关举措，一般采取的措施有恢复植被、建设水源涵养区等，以期达到改善水文状况、控制土壤沙化、降低水土流失的目的。生物多样性是对自然界多样性程度的一种广泛的描述，不同的学者对此所做出的定义也有所不同。蒋志刚等（1997）所给出的定义为“生物及其环境形成的生态复合体以及与此相关的各种生态过程的综合，包括动物、植物、微生物和它们所拥有的基因，以及它们与其生存环境形成的复杂的生态系统”；黄传忠、李贞猷（2011）认为生物多样性是指所有生物种类、种内遗传变异和它们的生存环境的总称，而《生物多样性公约》（即 CBD）框架下的生物多样性概念内涵广泛，不仅涉及生物，还涉及自然、社会、人口、经济等多个方面。由上，生物多样性主要包括以下三大部分：基因多样性、物种多样性、生态系统多样性。

河源水源涵养和生物多样性保护重要生态功能区是指以涵养河源水源、维护生物多样性为主导生态功能，对于我省生态安全的保障和可持续发展具有关键作用，并且涵盖范围较广的生态功能区。福建省的河源水源涵养和生物多样性保护重要生态功能区有 23 个，可具体划分为 4 个分布区。此外，2017 年 2 月 27 日，国家发改委下发《关于明确新增国家重点生态功能区类型的通知》，指出福建省共新增 9 个县（市）纳入国家重点生态功能区，分别是永泰县、泰宁县、永春县、华安县、武夷山市、屏南县、寿宁县、周宁县、柘荣县，这 9 个功能区类型明确为水源涵养，其主要承担的责任是水源涵养、水土保持、防风固沙和生物多样性维护等。

5.1.2 水土流失重点防治和监督重要生态功能区

水土流失是指在自然或人为因素影响下造成的地表土壤中的水分和土壤同时流失的现象，地面坡度大、植被遭受破坏、土地利用不当、耕作技术不合理、滥伐森林及过度放牧等活动是造成和加剧水土流失的主要原因。由于福建省多山地丘陵，多季风暴雨，土壤瘠薄，生命物质多集中于植物地上部分，地表土质疏松，由此造成生态环境的特殊脆弱性；再加上不合理的资源开发以及农业和茶果生产活动，极易造成土壤肥力降低，加大地质灾害潜在危险，引起环境质量下降和生态平衡失调。

福建省的水土流失重点防治和监督区共有 6 个重要生态功能区，可具体划分为 3 个分布区，是以水土保持为主导生态功能，是对维护区域生态安全与生态平衡、促进社会、经济持续健康发展有重要意义的生态功能区。

5.1.3　沿海风沙与石漠化控制重要生态功能区

在风力作用下，砂质地表物质产生的吹蚀、搬运和堆积作用，称为风沙作用。在海岸带风沙作用过程中形成的地貌，称为沿海风沙地貌。风沙危害潜在威胁大，丘陵地土壤侵蚀严重，山地多成为岩石裸露的石蛋地貌，石漠化严重；土地贫瘠，缺水干旱，农业生态系统抵御灾害能力低。石漠化是“石质荒漠化”的简称，指在喀斯特脆弱生态环境下，人类不合理的社会经济活动造成的人地矛盾突出、植被破坏、水土流失、土地生产能力衰退或丧失、地表呈现类似荒漠景观的岩石逐渐裸露的演变过程。

福建省共有沿海风沙、石漠化控制生态功能区 3 个，面积共计 1938 平方米，占全省陆域总面积的 1.6%，是以风沙与石漠化控制、土壤保持和滨海旅游环境维护为主导生态功能的生态功能区。

5.1.4　设区市饮用水源水质保障重要生态功能区

饮用水水源地概括了提供城镇居民生活及公共服务用水（如政府机关、企事业单位、医院、学校、餐饮业、旅游业等用水）取水工程的水源地域，包括河流、湖泊、水库、地下水等。

福建省设区市饮用水源水质保障重要生态功能区，是指在福建省 9 个设区市的主要饮用水水源地，分别按流域考虑划定取水点以上一定流域范围的集水区，予以重点保护和限制开发建设，以达到保障相应设区市居民饮用水源水质安全的目的。本类型区域由于生活垃圾污水及工业污水排放，各个重要生态功能区的水体受到了不同程度的污染，另外水源地附近畜禽养殖场的畜禽粪便及农用化学物质也严重污染了水体，饮用水源水质保护形势严峻。

5.1.5 特大型水库水环境维护重要生态功能区

根据水利部规范《水利水电工程等级划分及洪水标准》SL 252－2000，修筑总库容达到10亿立方米以上即可称之为特大型水库。福建全省共有特大型水库与库沿景观和水环境维护生态功能区4个，面积共计4637平方千米，占全省陆域总面积的3.8%。福建省特大型水库水环境维护重要生态功能区以水文调节、维护水环境水生态为主导生态功能，且其生态保护对闽江流域和韩江汀江流域的生态安全起重大作用的生态功能区。

5.1.6 近岸海域生物多样性保护重要生态功能区

生物多样性是指由栖息于一定环境的所有动植物和微生物物种，每个物种所拥有的全部基因以及它们与生存环境所组成的生态系统的总称。生物多样性包括物种多样性、遗传多样性和生态系统多样性三个基本层次。近岸海域是指与沿海省、自治区、直辖市行政区域内的大陆海岸、岛屿、群岛相毗连，《中华人民共和国领海及毗连区法》规定的领海外部界限向陆一侧的海域，是重要的生态系统。

福建省共有近岸海域生物多样性保护重要生态功能区5个，是福建省海洋生物多样性最丰富的区域，全省90%的省级以上海洋自然保护区分布在这些区域。这些区域以生物多样性保护和提供渔业资源为主导生态功能，区域内一切开发和经济活动均应为以不干扰破坏海域生物多样性和自然保护区的功能为前提的生态功能区。

5.2 评价指标体系的构成

本书构建的评价指标体系由两个部分构成，分别是经济评价指标和专项评价指标，如表5－1所示。其中，经济评价指标是对该地区的生产总值等情况进行考核。专项评价指标则依据《福建省生态功能区划》中划分的6类重要生态功能区，在充分考虑了各类重要生态功能区的自然资源资产情况的基础上设置而成。经济评价指标体系的构建与本书第4章相同。

表 5－1　　自然资源资产审计评价指标体系

一级指标	权数 α	二级指标	权数 β	数据采集单位
综合评价指标		生产总值增长率		省统计局
		地方财政收入增长率		省财政厅
		每万元投资产出 GDP		省统计局
		城镇居民人均可支配收入增长率		国家统计局 x 省调查总队
		农村居民人均可支配收入增长率		国家统计局 x 省调查总队
		规模以上工业高技术产业增加值占规模以上工业增加值比重		省统计局
		研究与试验发展经费支出占 GDP 比例		省统计局
		政府信息公开及时率		省政府办公厅
专项评价指标		河源水源涵养和生物多样性保护		省水利厅； 省海洋渔业厅
		水土流失重点防治和监督		省水利厅； 省国土资源局
		沿海风沙与石漠化控制		省气象局； 省国土资源局
		设区市饮用水源水质保障		省水利厅
		特大型水库水环境维护		省水利厅
		近岸海域生物多样性保护		省海洋渔业厅
		其他		其他

5.3　专项评价指标

本书的专项评价指标是依据《福建省生态功能区划》中划分的 6 类重要生态功能区，在充分考虑了各类重要生态功能区的自然资源资产状况的基础上设置而成的，包含按照河源水源涵养和生物多样性保护重要生态功能区、水土流失重点防治和监督区、沿海风沙与石漠化控制重要生态功能区、设区市饮用水源水质保障重要生态功能区、特大型水库水环境维护重要生态功能区，以及近岸海域生物多样性保护重要生态功能区的自然资源资产状况设置的6项分项评价指标。

5.3.1 河源水源涵养和生物多样性保护分项指标体系

针对河源水源涵养和生物多样性保护具体情况的审计内容分为四部分，如表5-2所示。一是约束性指标。本书将以2015年11月中共中央办公厅、国务院办公厅印发的《开展领导干部自然资源资产离任审计试点方案》（以下简称《方案》）的要求为主要核心，同时根据《中国生物多样性保护战略与行动计划》（2011~2030年）的通知以及《中华人民共和国水污染防治法》等相关政策法规为指导，并且辅之以一定的文献资料参考，联系实际，设计以下11个相关指标。二是法律法规贯彻落实及政策落实情况。根据与河源水源涵养和生物多样性保护相关文件的出台数量来反映各地市落实上级精神的情况；通过处罚力度判断相关部门对违反禁止性、限制性、约束性行为的查处情况。三是专项资金运行情况。通过资金收征管理的合规性、资金分配使用情况和相关重大项目建设运营情况三项指标进行衡量，落实资金的征收使用，以实现资金的有效使用。四是灾害发生情况。通过物种多样性的递减情况以及生态破坏造成直接及间接损失金额来衡量灾害发生情况，该项指标越大，说明河源水源涵养能力越差，生物多样性的保护情况日趋恶化。

表5-2　　河源水源涵养和生物多样性保护分项评价指标

审计内容	评价指标	权重	解释
约束性指标	污染水排放量		实际排放量（吨/年）=年排放量（吨）×排放浓度（毫克/升）/1000000
	平均单位水GDP		指总用水量与国内生产总值（GDP）之比
	外来入侵物种占比		外来入侵物种数/物种总量
	濒危物种占比		指濒危物种总数占物种总量的比值

续表

审计内容	评价指标	权重	解释
约束性指标	阔叶林、毛竹林覆盖率		阔叶林、毛竹林所占面积/森林面积，比值越大，状态越好
	植被覆盖率		通常是指森林面积占土地总面积之比，一般用百分数表示
	湿地面积占比		湿地面积/该功能区总面积
	物种丰富度		指群落中物种数目的多少
	土壤构成因素		指所对应区域土壤类型的组成比例。例如，砂粉土、粉土、壤土、粉黏土等这些易于蓄水土壤的占比大小
	丘陵、平原面积		指丘陵、平原面积大小。该值越大，说明蓄水能力越强
	水质综合污染指数		指选取 pH、溶解氧、高锰酸盐指数、生化需氧量、氨氮、挥发酚、汞、铅、石油类共计 9 项，对应做出相关检测，若综合值 <0.02 水质为好
法律法规贯彻落实及政策落实情况	文件数量		落实上级精神而出台相关文件的数量（单位：件）
	相关法律执行情况		政策切实执行数量/所颁布的政策总数
	处罚力度		对违反禁止性、限制性、约束性行为的查处数量与现存违反行为数量的比值
专项资金运行情况	资金征收、管理的合规性		审查资金的征收、管理的方式和程序是否合法、合规，是否遵循公平、公正、公开的原则
	资金分配使用情况		审查资金分配是否做到按需分配、是否存在节流资金等情况
	相关重大项目建设运营情况		审查河源水源涵养和生物多样性保护项目等工作的开展运行情况
灾害发生情况	生物多样性递减情况		统计每年生物物种数，形成为期大于 5 年的物种总量趋势图
	生态破坏造成直接及间接损失金额		将损害程度进行价值量化，通过货币形式衡量直接损失和间接损失情况

5.3.2 水土流失重点防治和监督分项指标体系

针对水土流失治理具体情况的审计内容分为四部分，如表5－3所示。一是约束性指标。参考《开发建设项目水土保持技术规范》（GB 50433－2008）（以下简称《规范》）可知，水土流失防治监测指标包括水土流失总治理度、林草植被覆盖率、林草植被恢复率等。本书将结合《规范》以及实际情况，使用水土流失治理面积等10个指标来考察水土流失治理情况。二是法律法规贯彻落实及政策落实情况。根据与水土流失、水土保持相关文件的出台数量来反映各地市落实上级精神的情况；通过处罚力度判断相关部门对违反禁止性、限制性、约束性行为的查处情况。三是专项资金运行情况。通过资金收征管理的合规性、资金分配使用情况和相关重大项目建设运营情况三项指标进行衡量，落实资金的征收使用，以实现资金的有效使用。四是灾害发生情况。通过滑坡、泥石流、山洪等地质灾害发生的数量、滑坡、泥石流、山洪等地质灾害受灾面积、生态破坏造成直接及间接损失金额来衡量灾害发生情况，该项指标越大，说明水土流失越严重，造成的地质灾害越多。

表5－3　水土流失重点防治和监督分项指标体系

审计内容	评价指标	权重	解释
约束性指标	水土流失治理面积		是指在山丘地区水土流失面积上，按照综合治理的原则，采取各种治理措施，如水平梯田、淤地坝、谷坊、造林种草、封山育林育草（指有造林、种草补植任务的）等，以及按小流域综合治理措施所治理的水土流失面积总和
	水土流失总面积		指区域内按照一定技术手段测算的水土流失的总面积
	水土流失总治理度		指项目建设区内水土流失治理达标面积占水土流失总面积的百分比
	水土流失平均流失率		指水土流失总面积占土地总面积的比重
	新增水土流失面积		指在一定期间内水土流失新增面积，反映了该地区生态环境恶化的指标
	综合治理措施保存率		衡量水土流失综合治理措施的保存情况，反映了治理措施的质量

续表

审计内容	评价指标	权重	解释
约束性指标	土壤侵蚀模数		单位面积土壤及土壤母质在单位时间内侵蚀量的大小，是表征土壤侵蚀强度的指标，用以反映某区域单位时间内侵蚀强度的大小
	减沙率		衡量泥沙流失量的指标，减沙率越大，泥沙流失越少，涵养水源能力越强
	林草植被覆盖率		林草类植被面积占项目建设区面积的百分比。林草植被面积是指开发建设项目的项目建设区内所有人工和天然森林、灌木林和草地的面积
	林草植被恢复率		项目建设区内，林草类植被面积占可恢复林草植被（在目前经济、技术条件下适宜于恢复林草植被）面积的百分比
法律法规贯彻落实及政策落实情况	文件数量		落实上级精神而出台相关文件的数量（单位：件）
	处罚力度		对违反禁止性、限制性、约束性行为的查处数量与现存违反行为数量的比值
专项资金运行情况	资金征收、管理的合规性		审查资金的征收、管理的方式和程序是否合法、合规，是否遵循公平、公正、公开的原则
	资金分配使用情况		审查资金分配是否做到按需分配、是否存在节流资金等情况
	相关重大项目建设运营情况		审查水土流失综合治理项目等工作的开展运行情况
灾害发生情况	滑坡、泥石流、山洪等地质灾害发生的数量		统计滑坡、泥石流、山洪等地质灾害发生的数量
	滑坡、泥石流、山洪等地质灾害受灾面积		统计滑坡、泥石流、山洪等地质灾害的受灾面积
	生态破坏造成直接及间接损失金额		将损害程度进行价值量化，通过货币形式衡量直接损失和间接损失情况

5.3.3　沿海风沙与石漠化控制分项指标体系

针对沿海风沙与石漠化具体情况的审计内容分为四部分，如表 5－4 所示。一是约束性指标。以《领导干部自然资源资产离任审计（试点）工作方案》以及《中华人民共和国防沙治沙法》的规定为指导参考，结合实际情况，设计沿海风沙与石漠化治理面积、森林覆盖率、造林任务完成率、造林任务保存率等8个指标来考察沿海风沙与石漠化问题的治理情况。二是法律法规贯彻落实及政策落实情况。根据沿海风沙与石漠化治理问题相关文件的出台数量来反映各地市落实上级精神的情况；通过处罚力度判断相关部门对违反禁止性、限制性、约束性行为的查处情况；通过对决策情况衡量决策机制的健全性、决策程序的规范性、决策内容的合法性、决策实施的有效性以及决策结果的效益性；对自然资源资产管理制度的建立和执行情况进行审查，以评价自然资源资产管理状况和工作目标完成情况及领导的管理责任。三是专项资金运行情况。通过资金收征管理的合规性、资金分配使用情况和相关重大项目建设运营情况三项指标进行衡量，落实资金的征收使用，以实现资金的有效使用。四是灾害发生情况。通过旱涝、山洪等自然灾害发生的数量以及灾害受灾面积、生态破坏造成直接及间接损失金额来衡量灾害发生情况。

表5－4　　沿海风沙与石漠化控制分项指标体系

审计内容	评价指标	权重	解释
约束性指标	沿海风沙与石漠化治理面积		是指在沿海风沙与石漠化治理地区，按照综合治理的原则，采取各种治理措施，如建造沿海基干林，造林种草、封山育林育草，发展特色经济林等治理措施所治理的沿海风沙与石漠化面积总和
	沿海风沙与石漠化总面积		指区域内按照一定技术手段测算的沿海风沙与石漠化的总面积
	沿海风沙与石漠化总治理度		指项目建设区内沿海风沙与石漠化治理达标面积占沿海风沙与石漠化总面积的百分比
	新增沿海风沙与石漠化面积		指在一定期间内沿海风沙与石漠化新增面积，反映了该地区生态环境恶化的指标
	沿海风沙与石漠化面积减少程度		指区域内沿海风沙与石漠化问题区域面积的减少
	综合治理措施保存率		衡量沿海风沙与石漠化综合治理措施的保存情况，反映了治理措施的质量

续表

审计内容	评价指标	权重	解释
约束性指标	森林覆盖率		森林植被面积占总土地面积的比率
	造林任务完成率		上级下达的造林任务完成程度，如人工造林、林木修复补植等任务是否实际完成
法律法规贯彻落实及政策落实情况	文件数量		落实上级精神而出台相关文件的数量（单位：件）
	处罚力度		对违反禁止性、限制性、约束性行为的查处数量与现存违反行为数量的比值
	决策情况		对决策机制的健全性、决策程序的规范性、决策内容的合法性、决策实施的有效性、决策结果的效益性进行审查
	自然资产资源管理情况		对自然资源资产管理制度的建立和执行情况进行审查，评价自然资源资产管理状况和工作目标完成情况，以及领导的管理责任
专项资金运行情况	资金征收、管理的合规性		审查资金的征收、管理的方式和程序是否合法、合规，是否遵循公平、公正、公开的原则
	资金分配使用情况		审查资金分配是否做到按需分配、是否存在节流资金等情况
	相关重大项目建设运营情况		审查水土流失综合治理项目等工作的开展运行情况，育林基金、森林资源补偿费、植被恢复费等管理使用是否合规合法
灾害发生情况	旱涝、山洪等自然灾害发生数量		统计旱涝、山洪等自然灾害发生的数量
	旱涝、山洪等自然灾害发生面积		统计旱涝、山洪等自然灾害发生的受灾面积
	生态破坏造成直接及间接损失金额		将损害程度进行价值量化，通过货币形式衡量直接损失和间接损失情况

5.3.4　设区市饮用水源水质保障分项指标体系

福建省环境保护厅每月公布《福建省县级以上集中式生活饮用水水源水质状况报告》，其中，对设区市饮用水源分为地表水水源和地下水饮用水源两类，分别采用《地表水环境质量标准》《地表水环境质量评价方法》《地下水质量标准》进行评价。结合上述标准，针对设区市饮用水源水质保障工作的审计内容可以分为四部分，如表 5－5 所示。一是约束性指标，将上述文件中界定的污染物监测项目，按其生化性质分为五类；二是水源污染发生情况，根据来源分为工业、农业、生活污水三类，审计内容既包括实际发生的污染案例，也包括虽未发生但有较大可能导致污染的潜在污染源；三是污染监测和整治工作情况，包括污染整治、水质监管、生态林建设防护、公众参与四项内容；四是法律法规政策贯彻落实情况。

表 5－5　设区市饮用水源水质保障分项指标体系

审计内容	评价指标	权重	解释
约束性指标	基本项目		如 pH 值、溶解氧、人为造成水温变化量等
	重金属阳离子指标		如锌、铜、汞、镉、铅等
	无机阴离子指标		如硫酸盐、硝酸盐、高锰酸盐、氟化物、氯化物、氨氮等
	有机污染物指标		《特定项目标准限值》中规定监测的 70 种有机物含量
	生物菌群指标		主要是大肠杆菌群
水源污染发生情况	工业污水排放与污染源		来自工业企业排放的含汞、油、重金属等物质废水，导致的重度水源污染发生数；新建、扩建与供水设施和保护水源无关的建设项目数量是否超标
	农业污水排放与污染源		来自畜禽养殖场和农场排放的粪便、化肥农药、植物生长调节剂等，导致的中度水源污染发生数；畜禽养殖场数量是否超标
	居民生活污水排放与污染源		来自居民丢弃的生活垃圾等，导致的轻度水源污染发生数；流域内乡镇人口数量是否超标
污染监测和整治工作情况	污染源整治力度		依法清理饮用水水源保护区内违法建筑、排污口、养殖场的数量占比；取缔不符合污染防治法律法规的生产项目数量占比
	生态林建设和保护力度		流域生态林建设面积和保护力度；水源保护区内退耕还林、封山育林面积
	水源水质监管水平		水环境监测网络平台建设进度和功能完善程度；在编环境监管执法人员数量和业务水平
	公众参与和社会监督		环境信息依法公开程度；政策宣传力度；环保热线群众使用体验反馈

续表

审计内容	评价指标	权重	解释
法律法规贯彻落实及政策落实情况	文件数量和质量		落实上级精神而出台相关文件的数量（单位：件）；法律法规、监测标准完善程度
	处罚力度		对违反禁止性、限制性、约束性行为的查处数量与现存违反行为数量的比值

5.3.5　特大型水库水环境维护分项指标体系

根据《方案》的要求，将特大型水库水环境维护分项指标体系的审计内容分为四个部分，如表 5 – 6 所示。一是约束性指标。使用工程观测、工程养护、金属结构及机电设备维护等 8 个指标来考察特大型水库水环境维护情况。二是法律法规、政策措施的执行情况。通过与特大型水库水环境维护相关文件的出台数量来反映各地市落实上级精神的情况；通过处罚力度判断相关部门对违反禁止性、限制性、约束性行为的查处情况。三是专项资金运行情况。通过资金征收、管理的合规性、资金分配使用情况和相关重大项目建设运营情况三项指标进行衡量，落实资金的征收使用，以实现资金的有效使用。四是灾害发生情况。通过旱涝、山洪、滑坡、泥石流等自然灾害发生数量、发生面积和生态破坏造成直接及间接损失金额三个指标进行衡量，且该三个指标具有负面性，即指标数值越大，说明损害越严重。

表 5 – 6　　特大型水库水环境维护分项指标体系

审计内容	评价指标	权重	解释
约束性指标	工程观测		按规定的内容（或项目）、测次和时间开展工程观测，内容齐全、记录规范；观测成果真实、准确，精度符合要求；遇高水位、水位突变、地震或其他异常情况时加测；观测设施先进、自动化程度高；观测设施、监测仪器和工具定期校验、维护，观测设施完好率达到规范要求；观测资料及时进行初步分析，并按时整编刊印

续表

审计内容	评价指标	权重	解释
约束性指标	工程养护		主、副坝坝顶平整，坝坡整齐美观，无缺损，无树根、高草；防浪墙、反滤体完整，廊道、导渗沟、排水沟畅通；无动物洞穴、蚁害；输、泄水建筑物进出口岸坡完整；过水断面无淤积和障碍物；混凝土及圬工衬砌、消力池、工作桥、启闭房等完好无损；灌溉、发电、供水等生产设施完好、运行正常
	金属结构及机电设备维护		有金属结构、机电设备维护制度，并明示；闸门及其他金属结构表面无损伤及锈蚀；闸门止水密封可靠，行走支承无变形、无缺陷等；启闭设施维修养护到位，无漏油、断股、锈蚀等现象，运用灵活；电气设备维修养护到位，安全可靠；备用发电机组按规定进行试运行，维修养护到位，能随时启动，正常运行；机房内整洁美观；维修养护记录规范
	工程维修		做好工程维修、抢修工作，发现问题及时上报、处理；维修质量符合要求；大修工程有设计、批复；修复及时，按计划完成任务；加强项目实施过程管理和验收；项目管理资料齐全
	报汛及洪水预报		建立库区水文报汛系统，并实现自动测报，系统运转正常；建立洪水预报模型，进行洪水预报调度，并实施自动预报；测报、预报合格率符合规范要求
	防洪调度		制定完善的调度制度；有汛期调度运行计划，调度原则及调度权限清晰；严格执行调度规程、计划和上级指令进行操作，防洪调度信息及时通知有关部门，并记录；及时进行洪水调度考评，有年度防洪调度总结
	兴利调度		有经批准的年度兴利调度运用计划并及时修正；认真执行计划，有年度总结
	操作运行		操作运行符合《水工钢闸门和启闭机安全运行规程》（SL 722），有闸门及启闭设备操作规程，并明示；操作人员固定，定期培训，持证上岗；按操作规程和调度指令运行，无人为事故；记录规范
法律法规贯彻落实及政策落实情况	文件数量		落实上级精神而出台相关文件的数量（单位：件）
	处罚力度		对违反禁止性、限制性、约束性行为的查处数量与现存违反行为数量的比值

续表

审计内容	评价指标	权重	解释
专项资金运行情况	资金征收、管理的合规性		审查资金的征收、管理的方式和程序是否合法、合规，是否遵循公平、公正、公开的原则
	资金分配使用情况		审查资金分配是否做到按需分配、是否存在节流资金等情况
	相关重大项目建设运营情况		审查特大型水库综合治理项目等工作的开展运行情况，育林基金、森林资源补偿费、植被恢复费等管理使用是否合规合法
灾害发生情况	旱涝、山洪、滑坡、泥石流等自然灾害发生数量		统计旱涝、山洪、滑坡、泥石流等自然灾害发生的数量
	旱涝、山洪、滑坡、泥石流等自然灾害发生面积		统计旱涝、山洪、滑坡、泥石流等自然灾害发生的受灾面积
	生态破坏造成直接及间接损失金额		将损害程度进行价值量化，通过货币形式衡量直接损失和间接损失情况

5.3.6　近岸海域生物多样性保护分项指标体系

针对近岸海域生物多样性保护分项指标体系的审计内容分为四部分，如表 5－7 所示。一是约束性指标。本书按照《福建省生态功能区划》的划分，以 2015 年 11 月中共中央办公厅、国务院办公厅印发的《开展领导干部自然资源资产离任审计试点方案》的要求为主要核心，同时根据《中国生物多样性保护战略与行动计划》（2011～2030 年）的通知以及《中华人民共和国海洋环境保护法》等相关政策法规为指导，并且辅之以一定的文献资料参考，联系实际，设计以下 11 个相关指标。二是法律法规贯彻落实及政策落实情况。根据与近岸海域生物多样性保护相关文件的出台数量来反映各地市落实上级精神的情况；通过处罚力度判断相关部门对违反禁止性、限制性、约束性行为的查处情况。三是专项资金运行情况。通过资金征收管理的合规性和资金分配使用情况两项指标进行衡量，落实资金的征收使用，以实现资金的有效使用。四是灾害发生情况。通过外来物种的入侵面积比例、重大海上溢油污染、赤潮、绿潮、海水入侵等事件发生数量以及生态破坏造成直接及间接损失金额来衡量灾害发生情况，且这些指标具有负面性，指标数值越大，说明近岸海域生物多样性的保护情况越差。

表5-7　近岸海域生物多样性保护分项指标体系

审计内容	评价指标	权重	解释
约束性指标	珍稀濒危物种种类数		分布较少的、罕见的、珍稀的物种。这些数量稀少的物种，由于它们对环境的敏感和高要求，更能表征生态系统的变化，因而能够成为生态环境的指示物种。 统计每一研究单元内分布的所有保护物种的种类数
	珍稀濒危物种受威胁程度		受威胁或破坏的、濒危的、数量减少的物种。《中国物种红色名录》根据世界自然保护联盟（IUCN）所制定的红色名录等级标准，将我国物种的濒危状况分成绝灭、野外绝灭、地区绝灭、极危、濒危、易危、近危、无危8个等级
	浮游动物、浮游植物、游泳动物、浅海大型底栖生物物种数、生物量、栖息密度		按照我国海洋生物调查方式以及传统的分类法，主要包括浮游生物、底栖生物、游泳生物三大类群，共分成浮游植物、浮游动物、游泳动物、潮间带底栖生物、浅海底栖生物5种生物群落。对分区内的各研究单元进行等权重加权平均，得出每个研究单元的平均物种数、生物量和栖息密度
	无机氮		以海水无机氮含量（毫克/升）表示
	石油类		以海水石油类含量（毫克/升）表示
	活性磷酸盐		以海水活性磷酸盐含量（毫克/升）表示
	底质硫化物		以沉积物硫化物含量（毫克/千克）表示
	特征污染物		特征污染物视具体区域而定，以特征污染物含量表示
	化学需氧量		是以化学方法测量水样中需要被氧化的还原性物质的量
法律法规贯彻落实及政策落实情况	文件数量		落实上级精神而出台相关文件的数量（单位：件）
	处罚力度		对违反禁止性、限制性、约束性行为的查处数量与现存违反行为数量的比值

续表

审计内容	评价指标	权重	解释
专项资金运行情况	资金征收、管理的合规性		审查资金的征收、管理的方式和程序是否合法、合规，是否遵循公平、公正、公开的原则
	资金分配使用情况		审查资金分配是否做到按需分配、是否存在节流资金等情况
灾害发生情况	外来物种的入侵面积比例		外来物种入侵面积占全部海域面积的百分比（%）
	重大海上溢油污染、赤潮、绿潮、海水入侵等事件发生数量		统计重大海上油船漏油、排放和油船事故污染、海底油田开采溢漏及井喷、赤潮、绿潮、海水入侵等事件发生数量
	生态破坏造成直接及间接损失金额		将损害程度进行价值量化，通过货币形式衡量直接损失和间接损失情况

第 6 章

自然资源资产离任审计的重点内容

为提高领导干部对自然资源资产管理和生态环境保护的责任意识，促进自然资源资产节约集约利用和生态环境安全，本章节以福建省自然资源资产的实际情况为例，阐述土地资源、森林资源、水资源、海洋资源的审计重点内容。

6.1 土地资源审计

土地资源是指已经被人类所利用和可预见的未来能被人类利用的土地，可供农、林、牧业或其他可利用的土地，是人类生存的基本资料和劳动对象。中国国土辽阔，土地资源总量丰富，但是中国人均土地资源占有量小，而且各类土地所占的比例不尽合理，主要是耕地、林地少，难利用土地多，后备土地资源不足，特别是人与耕地的矛盾尤为突出，因此需要合理开发利用土地资源，力求实现资源使用的可持续。

6.1.1 福建省土地资源现状

根据《福建省土地利用总体规划（2006 ~ 2020 年）》所述，福建省按照土地资源优势相近性、土地利用问题相似性和保持设区市行政区划相对完整性的原则，依据区域社会经济发展战略，将全省划分为闽东南、闽东北和闽西北三个土地利用综合区。闽东南区包括厦门、泉州、漳州三个设区市，该区地处福建省东南沿海。闽东北区包括福州、莆田、宁德三个设区市，该区地处福建省东部沿海。闽东南、闽东北存在的共性是经济发展快，用地需求量大，人地矛盾突出。闽西北区包括南平、三明、龙岩三个设区市，该区地处福建省西北部，多为山区丘陵地带，承担着经济发展和生态保护的双重任务，经济实力和发展水平相对较弱，但森林、矿产资源较东部地区丰富，发展潜力较大。

6.1.2 审计重点

根据福建省不同区域对土地资源的需求不同，针对不同区域，开展领导干部自然资源资产离任审计的侧重点要有所差异。本书将从政策法规的制定及执行情况、管理责任执行情况、开发或建设中投入资金和产生的经济效益、管理开发利用和生态环境保护状况共计四个方面展开阐述，作为福建省土地资源的审计重点。

1. 政策法规的制定及执行情况

法律法规是执行事务的标杆，因此应审计离任领导干部任职期间是否建立健全的土地资源管理政策法规，以及政策法规的制定是否具有及时性，审计内容主要体现在以下三个方面。

第一，审查是否制定相关政策法规保护耕地和基本农田。2016 年 4 月 12 日国土资源部发布了《国土资源“十三五”规划纲要》，其中规定要建立耕地保护共同责任机制，明确并强化地方政府监管的主体责任，完善省级政府耕地保护责任目标考核制度，推动落实耕地和基本农田保护领导干部离任审计制度，将耕地和基本农田保护纳入领导干部离任审计重要内容。

第二，审查是否制定相关政策法规防治土壤污染。根据国务院发布的《土壤污染防治行动计划》，2016 年底前，国务院与各省（区、市）人民政府签订土壤污染防治目标责任书，分解落实目标任务。并且，将分年度对各省（区、市）重点工作进展情况进行评估，2020 年对本行动计划实施情况进行考核，评估和考核结果作为对领导班子和领导干部综合考核评价、自然资源资产离任审计的重要依据。随即福建省政府也出台了《福建省土壤污染防治行动计划实施方案》，该实施方案明确将土壤污染防治目标责任考核纳入党政领导干部生态环境保护目标责任考核体系，考核结果作为地方自然资源资产负债表和党政领导干部自然资源资产离任审计的重要内容。

第三，审查是否制定相关政策法规节约集约利用土地。党的十八届三中全会提出，要“坚持最严格的节约用地制度”，全面节约和高效利用资源，实行建设用地总量和强度双控行动。国土资源部 2016 年发布实施的《国土资源“十三五”规划纲要》明确提出，“十三五”期间，要实现建设用地总量得到有效控制，单位国内生产总值建设用地使用面积降低 20%。将土地资源保护和节约利用指标纳入经济社会发展综合评价体系，探索编制自然资源资产负债表，建立目标考核与责任追究制度，实行离任审计和责任追究制度。

除了关注离任领导干部在任职期间对政策法规的制定情况，还需要审计其执行情况。主要表现为审查离任领导干部在任职期间内对现存与土地有关的法律法规的贯彻执行情况，检查土地资源管理规划是否符合相关的法律、法规、规章、政策以及国民经济和社会发展规划的要求，审查土地资源管理规划目标、年度计划目标的落实情况。

结合福建省土地资源的情况，在进行土地资源审计中，福建省的工作重心主要体现在两个方面。一是试点编制有关土地资源的自然资源资产负债表。根据《福建省编制自然资源资产负债表试点实施方案》，从 2016 年 6 月到 2017 年，在长乐市、晋江市、永安市、长汀县、南靖县、霞浦县开展编制自然资源资产负债表试点工作，为完善自然资源统计调查制度提出建议，为 2019 年编制全省自然资源资产负债表提供经验。二是开展土壤污染防治行动。福建省政府出台的《福建省土壤污染防治行动计划实施方案》将审定后的土壤污染防治目标责任考核结果作为地方自然资源资产负债表和党政领导干部自然资源资产离任审计的重要内容。

2. 管理责任执行情况

关于审查土地资源管理责任的执行情况，将从以下三个方面进行审查。

一是审查离任领导干部任职期间土地资源的管理状况，相关土地资源管理工作目标的完成情况。上级部门分解下达的国土资源五年规划和土地利用总体规划中的规划期目标、分年度目标的完成情况，与耕地保护目标、建设用地目标、节约集约用地目标等挂钩的约束性指标的落实情况。

二是审计时要关注领导干部对违法占有土地，污染、破坏耕地和基本农田的行为的处理情况，是否严格按照《中华人民共和国土地管理法》

《基本农田保护条例》等法律法规的相关规定进行处罚，防止有令不行。要关注对造成土地资源损害的处罚金额，防止数额太小导致违法成本过低，不能弥补土地资源损害程度和治理成本等。

三是审查领导干部任职期间有无为增加产值、完成定额而肆意征用耕地或农田、非法转让土地等情况。是否严格执行建设占用耕地占补平衡制度，规划期内，实行建设占用耕地立足本行政辖区内补充的政策；是否有偿使用国家机关办公和交通、能源、水利等基础设施（产业），城市基础设施以及各类社会事业用地中的经营性用地；经营性用地是否采用招标拍卖挂牌形式，以防止无偿或低价转让等人为造成的土地资源大量浪费或流失行为。

3. 开发或建设中投入资金和产生的经济效益

在土地资源方面，应当核实领导干部所管辖区域的土地所有权、使用权是否明确，是否存在违法用地的现象，对于土地的各项投资是否落实以及投资是否能带来收益，领导干部在招商引资、征用农民土地时是否少给或拖欠农民的补偿款，对于所征土地是否实时跟踪。确保引入项目能够切实完成，建设用地能够得到充分的利用。

4. 管理开发利用和生态环境保护状况

土地资源的数量有限，因此在开发利用土地资源时，应走可持续发展道路，及时关注土地资源的管理开发利用和生态环境保护状况。

一是针对当前福建省土地开发利用过程中存在的适宜建设的土地空间狭小、人地矛盾突出问题，审计是否严格控制建设用地规模，是否实行土地用途管制，优化建设用地结构和布局，积极盘活闲置土地和低效粗放利用的土地，科学利用低丘缓坡地，进一步拓展建设用地地上地下空间，缓解建设用地供需矛盾等。

二是当前全省建设用地利用效益区域差异明显，用地闲置、低效占用现象依然存在，针对此问题，审计是否存在土地闲置的情况、是否合理规划闲置土地资源、是否成立专项基金投入建设、是否充分利用土地资源。

三是按照海峡西岸经济区建设区域发展总体要求和布局，结合区域资源环境承载能力和区域功能定位，审计是否确定差别化的土地利用方向和政策及差别化的土地资源管理目标责任考核体系。

6.2 森林资源审计

狭义的森林资源主要指的是树木资源，尤其是乔木资源。广义的森林资源是指林木、林地及其所在空间内的一切森林植物、动物、微生物以及这些生命体赖以生存并对其有重要影响的自然环境条件的总称。本书提到的森林资源是指广义上的森林资源。

森林资源是地球上最重要的资源之一，是生物多样化的基础，它不仅能够为生产和生活提供多种宝贵的木材和原材料、能够为人类经济生活提供多种物品，更重要的是森林不仅能够调节气候、保持水土，还能防止、减轻旱涝、风沙、冰雹等自然灾害带来的危害；具有净化空气、消除噪声等功能；同时，森林还是天然的动植物园，哺育着各种飞禽走兽和生长着多种珍贵林木和药材。基于森林资源的重要性，必须合理开发利用森林资源，实现森林资源的使用效益最大化。

6.2.1 福建省森林资源现状

福建省是全国南方重点集体林区，山多林多是福建省的一大特色和优势，因此森林资源是福建省的重点资源。福建省人民政府发布了《关于推进林业改革发展加快生态文明先行示范区建设九条措施》的通知，其要求各级各部门落实县级人民政府保护发展森林资源目标责任制，建立健全破坏森林、湿地资源责任追究制度；完善生态文明考核评价机制，继续将森林覆盖率、森林蓄积量、林地保有量等指标纳入政府绩效等评价考核体系，以作为领导干部离任审计的重要依据。

福建省森林覆盖率排名前三的是龙岩、三明和南平，因此在开展福建省森林资源审计时，应该将这三个地区作为审计的重点区域。此外，领导干部自然资源资产离任审计的开展应与专项审计相结合。2016 年政和县审计局对该县岭腰乡进行森林资产管理情况专项审计，通过审计掌握了岭腰乡域森林资源资产权属、规模、数量、质量及其变动等基本情况，充分揭露森林资源资产管理和利用中存在的问题，揭示了风险隐患，并深入分析问题形成的主要原因，提出了审计建议。

福建省开展森林资源资产审计时主要运用两种技术方法：一是空间地理技术；二是森林云数据中心。福建省审计厅引入空间地理技术，其使用到的软件主要有：ArcGIS 软件、Google 地球、MapGis 软件和数据库软件。ArcGIS 软件和 MapGIS 软件是地理信息系统软件，其中林业部门使用 ArcGIS 软件、国土部门使用 MapGIS 软件。将信息导入 Google 地球中，便可在地图上准确反映审计客体的位置。以林地利用现状图数据库应用为例，首先将各年度的林地利用现状数据导入数据库中；其次将造林补贴作业设计整理成二维表后，导入数据库中；再次将林木办证情况导入数据库中；最后通过数据库比对，找出疑点。首先，作业设计小班的林班号在林地利用现状图中不存在；其次，作业设计中小班为人工造林，但该小班在上年的林地利用现状图中地类不为荒山；最后，作业设计中小班为迹地更新，但该小班上年的现状图为有林地且当年未办理采伐证。此外，构建森林云数据中心是福建北斗森林有限公司开展林业大数据建设的核心工作，该公司目前已和林业、国土、气象等部门签订数据共享协议，结合物联网、网络平台上传和收集的数据，建立起我国第一朵“森林云”。森林云数据中心是一个数据共享平台，它的核心功能不仅仅是存储数据，更是将与森林相关的分散数据进行收集、连接、整合与挖掘，通过高效的数据分析，建成数据集成处理平台，为用户提供高效、智能的数据决策参考服务。目前已在三明市建立了我国首个森林云数据中心，有利于领导干部自然资源资产离任审计工作的开展。

6.2.2　审计重点

福建省有“八山一水一分田”的特点，根据 2015 年《福建省环境状况公报》，福建省森林覆盖率为 65.95%，远高于我国森林覆盖率平均水平（21.63%），福建省森林资源丰富，在开展审计工作时应给予重视。本书将从政策法规的制定及执行情况、管理开发利用和生态环境保护状况两个方面展开阐述，作为福建省森林资源的审计重点。

1. 政策法规的制定及执行情况

国家层面的政策法规主要体现在两个方面：一是党的十八大把生态文

明建设纳入中国特色社会主义事业“五位一体”总体布局，中共中央办公厅、国务院办公厅印发了《关于设立统一规范的国家生态文明试验区的意见》和《国家生态文明试验区（福建）实施方案》，其中规定了要建立生态文明目标评价考核体系和奖惩机制，实行领导干部环境保护责任和自然资源资产离任审计。二是国家林业局制定的《林木种苗工程管理办法》中规定，对于林木种苗工程建设项目，实行法人代表责任制和工程主管负责人离任审计制度，对违规使用资金的，要追究法人代表、直接主管人员和直接责任人员的责任。

福建省层面的政策法规主要体现在两个方面：一是福建省委办公厅、省政府办公厅于2016年10月出台《贯彻落实开展领导干部自然资源资产离任审计试点方案的实施意见》。2016年在莆田市和闽清县、仙游县、光泽县开展试点，2017年起全面开展审计试点，2018年起建立经常性审计制度，审计评价结果将作为领导干部考核、任免、奖惩的重要依据。二是为进一步发挥林业在福建省生态文明建设中的重要作用，福建省人民政府发布了《关于推进林业改革发展加快生态文明先行示范区建设九条措施》的通知。其要求各级各部门落实县级人民政府保护发展森林资源目标责任制，建立健全破坏森林、湿地资源责任追究制度。完善生态文明考核评价机制，继续将森林覆盖率、森林蓄积量、林地保有量等指标纳入政府绩效等评价考核体系，以作为领导干部离任审计的重要依据。

关于森林资源法规政策的执行情况，主要审计四个方面。一是审查所在地区森林覆盖率、森林蓄积量每年的增长情况是否达到考核要求，领导干部的任期目标是否完成。二是审查近年来的年森林采伐量是否控制在年度限额指标内、是否存在超额采伐问题及处理情况。三是审查征占用林地的审批情况，主要审查近年来所在地区基础设施、民生项目及重点建设项目需占用、征用林地，是否经过严格审核、审批，是否有超量审批以及是否存在非法占用林地问题和处理情况。四是审查近年来的年度造林任务完成情况。

2. 开发利用和生态保护状况

对于已开发利用的森林资源，审计是否有进行合理规划，投入的资金是否能够实现预定的保护目的和修复遭到破坏的林木资源，针对不同项目的资金是否都落到实处，是否严格限定开采的范围，是否有保护自然林、种植人工林、做到以林养林。根据“十二五”建设的主要成果可以看出，福建省森林资源在开发利用和生态保护方面都取得了很大的进展。

提前实现“双增”目标，推进生态省建设。根据资料显示，至 2015 年末，福建省森林覆盖率达 65.95%，增长 2.85 个百分点，继续保持全国首位；森林蓄积量为 6.08 亿立方米，增加 1.24 亿立方米①。建立了森林资源保护问责机制，在全国率先对各县（市、区）开展森林覆盖率和森立蓄积量“双增”目标年度考核，并审查这两个约束性指标每年的增长情况是否达到考核要求，领导干部的任期目标是否完成。落实县级人民政府保护发展森林资源目标责任制，完善生态文明考核评价机制。

发展“四绿工程”，改善人居环境、扩大城镇生态空间、增加民生福祉。根据资料显示，新增国家森林城市 3 个、省级森林城市（县城）31 个、绿色乡镇 329 个、绿色村庄 5945 个，城市建成区森林覆盖率达 30.37%。“四绿工程”的建设成果将加快城市森林生态系统建设，改善人居环境②。

发展“森林科学经营工程”，倡导转变林木主伐方式，调整优化树种结构，建设林木贮备基地。在离任审计过程中审查领导干部是否严格限定开采的范围，保护自然林，种植人工林，做到以林养林。“十二五”期间，福建全省商品材年产量为 570 万立方米，比“十一五”期间平均减少 17.1%。建设国家木材战略储备基地 36 万亩。该成果也有利于保护福建省的森林资源生态功能区，完善和优化山地森林生态系统，改善森林结构。

6.3 水资源审计

水资源归国家所有，同时是国民正常生活的物质保证，其具有公共物品和私人物品的双重属性，为各个行业能够带来经济利益的流入，并且金额能够可靠的计量，因此水资源是资产的范畴，即水资源资产。领导干部

①② 福建省人民政府办公厅：《关于印发福建省“十三五”林业发展专项规划的通知》。

在执政期间对水资源资产的污染治理以及对水资源资产的保护是有制度作为支撑的，是作为政绩考核的，同样也是领导干部离任审计的主要对象。

6.3.1 福建省水资源现状

根据水资源的功能目的不同，将福建省的水资源分为 6 大组：一是以森林生态恢复与维护、河源水源涵养、生物多样性维护为目的的水资源，主要分布在福建省主要河流中上游区域；二是以推进农业产业化、生态农业、节水农业建设与土壤保持、沿海风沙、石漠化控制为目的的水资源，主要分布在河谷盆地、闽东和闽中大山带海拔 500～1000 米的山原地、闽东南中西部丘陵地区以及闽东南沿海半岛和岛屿；三是以服务于城镇（或城郊农业、集约化高优农业）发展为目的的水资源，主要分布在福鼎—宁德—福州—莆田—泉州—厦门—漳州—诏安沿海地带和沙溪中下游河谷产业带；四是以文化遗产地及其背景景观维护为目的的水资源，包括武夷山双世遗保护区中以人文遗产为主的区域以及南靖、永定土楼建筑与客家文化区；五是以陆域水环境生态维护为目的并且担负着发电、水文调节、灌溉和旅游等多种功能的水资源，包括水口水库、金湖水库、安砂水库和棉花滩水库等特大型水库及与其直接相邻的乡镇；六是，以海湾港口发展及污染控制和生态系统保护、河口湾港口和生物多样性保护、近岸海域渔业与海洋生态系统保护为目的的水资源，主要分布在典型的腹大口小大海湾（如湄洲湾、三沙湾、东山湾等）、较大河流河口（闽江、晋江、九龙江）、敞口的海湾和其他近岸海域。海域生态功能区主要涉及海洋资源，因此我们将海域生态功能区单独研究，将在第 6 节海洋资源中具体阐述，在本节不再赘述。

本书将六个部分分进行其编号，以便于审计内容与审计指标的分析，如表 6－1 所示。

表 6－1　　　　福建省水资源功能区

编号	生态功能区	范围	功能
I	维护和恢复森林生态系统功能为重点的生态功能区	主要河流中上游区域	以森林生态恢复与维护、河源水源涵养、生物多样性维护为主

续表

编号	生态功能区	范围	功能
Ⅱ	服务于农业发展并控制、治理农业生产生态问题为重点的生态功能区	河谷盆地、闽东和闽中大山带海拔 500 ~ 1000 米的山原地、闽东南中，西部丘陵地区以及闽东南沿海半岛和岛屿	推进农业产业化、生态农业、节水农业建设与土壤保持、沿海风沙、石漠化控制
Ⅲ	服务于城镇（或城郊农业、集约化高优农业）发展为重点的生态功能区	福鼎—宁德—福州—莆田—泉州—厦门—漳州—诏安沿海地带和沙溪中下游河谷产业带	发展壮大中心城市和建设城镇群提供良好的生态环境支撑
Ⅳ	文化遗产地及其背景景观维护为重点的生态功能区	武夷山双世遗保护区中以人文遗产为主的区域以及南靖、永定土楼建筑与客家文化区	旅游
Ⅴ	以陆域水环境生态维护为重点的生态功能区	水口水库、金湖水库、安砂水库和棉花滩水库等特大型水库及与其直接相邻的乡镇	担负着发电、水文调节、灌溉和旅游等多种功能
Ⅵ	海域生态功能区	典型的腹大口小大海湾（如湄洲湾、三沙湾、东山湾等）、较大河流河口（闽江、晋江、九龙江）、敞口的海湾和其他近岸海域	典型海湾港口发展及污染控制和生态系统保护、河口湾港口和生物多样性保护、近岸海域渔业与海洋生态系统保护

6.3.2　审计重点

根据水资源的划分不同，开展领导干部自然资源资产离任审计的侧重点要有所差异。本书将从政策法规的制定及执行情况、管理责任执行情况、管理开发利用和生态环境保护状况共计三个方面展开阐述，作为福建省土地资源的审计重点。

1. 法规政策的制定及执行情况

我国为了保护水资源资产，出台了《中华人民共和国水法》《中华人民共和国水土保持法》《中华人民共和国水污染防治法》《取水许可制度实施办法》《河道管理条例》等相关的法律法规。根据生态功能区划的不同特性，福建省也出台了一些相关的法律法规，在审计的过程中根据生态功能及其开发和发展的主体内容的不同，分别鉴证各生态功能区根据中央文件出台相应的法律法规的情况，以及政策落实的情况。

Ⅰ生态功能区主要包括福建省主要河流的发源地。由于粗放经济的副作用导致生态系统易被破坏，造成水源涵养能力弱，福建省水利厅也出台了相应的规范性文件《福建省水库水源地水资源保护指南（试行）》，以及地方性法规《福建省水土保持条例》，因此对于该生态功能区要审计是否在重要饮用水水源地一重山范围内的山坡地区域内存在挖砂、取土、采石、挖土洗砂或者从事其他可能造成水土流失的活动，以及在山区、丘陵区、风沙区以及水土保持规划确定的容易发生水土流失的其他区域开办可能造成水土流失的生产建设项目是否编制水土保持方案报告书，并且要调查该报告书是否由具备相应技术条件的机构编制、是否报县级以上地方人民政府水行政主管部门审批等。

Ⅱ生态功能区主要是一些农作物，如茶叶、蔬果的种植地带以及家禽的养殖地带，以山地丘陵为主。废水的排放，化肥的副作用会严重影响水资源资产的质量，因此应当审计是否有投入资金专门用于排入河流的农业及养殖废水的净化设备，以及这些设备是否发挥其应有的作用和这些废水排放是否超标。

Ⅲ、Ⅳ生态功能区主要是一些城镇、福建传统的产业带以及旅游、文化遗产保护带。

Ⅴ是一些重要的水库，其负担着全省人民的用水安全、工业的三废污染。城镇居民的生活污染影响了水资源的质量，在审计时要审计是否严格控制了企业污染物排放的总量，关注领导干部在任职期间为提高经济发展引入的企业是否处理好排污的问题，是否按照福建省环保厅《2016 年政务公开工作实施方案》要求公开重点排污单位全面公开基础信息、排污信息、防治污染设施运行情况、环评及其他环保行政许可情况、突发环境事件应急预案等信息。

2. 管理责任执行情况

五大生态功能区大致可以从以下几个方面对水资源管理责任的执行情况进行鉴证评价：一是审查水资源资产的管理状况、相关水资源资产管理工作目标的完成情况。二是审查领导干部对水资源资产的保护和修复情况。从污水处理厂入手，重点查看污水处理厂的开工率、处理技术、污水处理能力能否满足实际需求以及再生水的利用情况等问题；其后进行实地监测，严格按照环境监测的方法，对拟进行审计区域进行实地监测，由审计人员按照排污风险大小，选择检测点，在当地环保技术人员的配合下对检测点的水质情况进行检测，获取当地水质的第一手资料。三是审查领导干部对浪费、污染、破坏水资源资产的行为的处理情况。

3. 水资源资产开发或建设中投入资金和产生的经济利益

针对五大生态功能区，一是从水利部门颁发的取水许可证着手，检查领导任期内用水总量、水资源保护利用情况，用水项目是否符合国家产业政策和行业用水标准，当地实际用水总量是否突破了政府下达的控制目标，对取用水总量达到、超过或接近控制目标的地区是否暂停或限制审批建设项目新增取水。二是审查水资源专项资金的使用情况。审查水资源费使用是否合法合规、是否按照规定项目使用、有无挤占挪用情况。三是审查地方水中长期供求规划是否依据水的供求现状、国民经济和社会发展规划、流域规划、区域规划，按照水资源供需协调、综合平衡、保护生态、厉行节约、合理开源的原则制定。四是审查是否执行上级政府下达水资源管理的“三条红线”情况，即水资源开发利用控制红线、用水效率控制红线和水功能区限制纳污红线。五是新建、扩建和改建建设项目是否配套建设节水设施，节水设施是否与主体工程同时设计、同时施工、同时投产，是否招标立项。六是审查水资源费征收是否按物价部门批准标准收取、是否出具正式发票、收取水资源费是否及时足额上缴财政，财政部门返拨的水资源费是否按规定用途使用。

4. 管理开发利用和生态环境保护状况

针对Ⅲ、Ⅳ、Ⅴ生态功能区应当审计是否有投入资金专门用于排入河流的生活废水、工业废水等污水的净化设备，是否招标立项；聘请第三方的机构修复被污染的资源，是否加强废水综合处理，实现废水资源化利用，以减少废水排放量；审查是否实行计划用水管理，对用水效率低于最低标准或不符合节水要求的是否核减用水指标，对重点用水户是否建立监控制度，以强化用水过程的监控管理等。对水功能区考核不达标的或重点污染物排放总量超出水功能区限制排污总量的，当地政府是否开展专项治理以改善水环境。针对Ⅰ、Ⅱ生态功能区关注是否编制水土保持方案报告书，该报告书是否由具备相应技术条件的机构编制、是否报县级以上地方人民政府水行政主管部门审批等。

根据上述审计内容，本书确定了以下的审计指标，如表6－2所示。需要说明的是审计内容不限于表6－2，有待未来不断丰富和充实。

表6－2　　水资源评价指标

审计内容		审计指标	适用的生态功能区
（一）水资源资产法律法规贯彻执行及政策落实情况		落实上级精神出台的文件数（单位：件）； 数据采集单位：省水利厅	Ⅰ、Ⅱ、Ⅲ、Ⅳ、Ⅴ
		政策法规执行率； 数据采集责任单位：省水利厅，该领导原任职的单位	Ⅰ、Ⅱ、Ⅲ、Ⅳ、Ⅴ
（二）水资源资产管理制度建立和执行的情况		水资源资产管理制度制定； 数据采集责任单位：省水利厅	Ⅰ、Ⅱ、Ⅲ、Ⅳ、Ⅴ
		海洋资源资产管理制度执行率； 数据采集责任单位：省水利局，该领导原任职的单位	Ⅰ、Ⅱ、Ⅲ、Ⅳ、Ⅴ
（三）水资源资产开发或建设中投入资金和产生的经济利益		投入的资金成本率； 资金违规使用率； 项目投入产出比	Ⅰ、Ⅱ、Ⅲ、Ⅳ、Ⅴ
（四）水资源资产管理开发利用和生态环境保护状况	开发水平	水资源开发利用率＝当地水资源供水量/当地水资源总量，用来衡量当地水资源开发利用程度； 数据采集单位：省水利厅	Ⅰ、Ⅱ、Ⅲ、Ⅴ
		水资源可利用量利用率＝当地水资源供应量/水资源可利用量，用来衡量可利用水资源开发利用程度	Ⅰ、Ⅱ、Ⅲ、Ⅴ
		过境地表水开发利用率＝过境地表水供水量/过境河川径流量，用来衡量过境河川径流开发利用程度	Ⅰ、Ⅱ、Ⅴ

续表

审计内容		审计指标	适用的生态功能区
（四）水资源资产管理开发利用和生态环境保护状况	供应水平	人均供用水量； 数据采集单位：省水利厅、统计局	Ⅰ、Ⅱ、Ⅲ、Ⅳ、Ⅴ
		城镇人均供水量； 数据采集单位：省水利厅、统计局	Ⅲ
		工业用水比率； 数据采集单位：省水利厅	Ⅲ
		农业用水比率； 数据采集单位：省水利厅	Ⅰ、Ⅱ、Ⅴ
	保护水平	城市人均废水排放量； 数据采集单位：省水利厅、省环保局	Ⅲ
		污水达标排放量； 数据采集单位：省水利厅、省环保局	Ⅱ、Ⅲ、Ⅳ、Ⅴ

6.4　海洋资源审计

世界水产品中，85%左右产自海洋。此外，海水中含有丰富的海水化学资源，已发现的海水化学物质有80多种。虽然我国海洋资源丰富，但开发利用的程度很低（我国陆地开发利用程度较高），应该加强对海洋资源开发利用的审计力度，促使海洋资源高效开发利用。

6.4.1　福建省海域资源现状

福建省海域生态功能区与南北邻省的界线按新勘海界为准，其东部界线以12海里国家领海界为准。海域生态功能区有4个类型，分别是典型海湾港口发展和生态系统保护生态功能区类型、典型海湾型港口发展和污染控制生态功能区类型、河口湾港口和生物多样性保护生态功能区类型，以及近岸海域渔业与海洋生态系统保护（或海岸自然遗迹保护）生态功能区类型。后两种生态功能区的面积合计占全省海域生态区的面积超过88%。

6.4.2 审计重点

本书将从政策法规的制定及执行情况、管理责任执行情况、开发或建设中投入资金和产生的经济效益共计三个方面展开阐述，作为福建省土地资源的审计重点。

1. 政策法规的制定及执行情况

相关的法律法规主要有《中华人民共和国海岛保护法》《中华人民共和国海洋环境保护法》《中华人民共和国海域使用管理法》《中华人民共和国渔业法》《中华人民共和国港口法》，地方的规划如《福建省海洋与渔业执法发展规划（2011 ~2020）》《福建省海洋功能区划（2011 ~2020 年）》等。审计过程中，根据涉海法规，结合海域生态功能区的实际，检查有无海洋资源方面的违法、违规行为，对国家及上级文件是否落实到位。例如，总体上，审查海洋功能区划的执行情况。审查政府在制定涉及海洋发展战略、产业政策和编制规划时，是否征求海洋行政主管部门意见；沿海土地利用总体规划、城乡规划、港口规划涉及海域使用，是否与海洋功能区划相衔接；在审批建设、开发项目使用海域时，是否以海洋功能区划为依据，符合海洋功能区划的要求。对于细分的 4 个海域生态区的类型，要做到因地制宜，确定不同海域生态功能区类型自然资源资产离任审计的不同内容，例如，对于海域生态功能区四大类型之一的典型海湾港口发展和生态系统保护生态功能区类型，主要涉及的范围是罗源湾海域，其主要功能为港口航运、工业与城镇用海。《福建省海洋功能区划（2011 ~2020 年）》中与之相关的内容提及保护滨海湿地，严格控制围填海规模；加强海洋生态环境保护，合理设置临港工业排污区，引导污染物向湾外离岸深水达标排放。

同时，《福建省沿海湿地保护和恢复规划》中加强对具有特色的自然、人文景观、海洋矿产、红树林、海洋生物、水鸟、重要湿地、水下文物等的保护，建设一批海洋自然保护区和海洋生态特别保护区。对生态环境受到破坏的重要海域进行重点恢复和建设。审计过程中，审查领导干部在任职期间是否能够依据海洋功能区划的要求，达到海洋资源资产保护的目标。一是审查海洋环境质量情况。福建省政府下达了沿海设区市海洋环保责任目标并规定了主要指标，要审查指标是否达到政府下达的比例要求。二是审查海洋污染控制情况。主要审查沿海重点直排海工业企业和城镇污水集中处理厂污水排放达标率是否达到政府下达的指标。

2. 管理责任执行情况

管理责任执行情况主要表现在三个方面。一是审查海洋资源资产保护、开发、使用规划的合理性、合规性，有无非法利用、处置和出让海洋资源资产等情况。二是审查海洋资源资产开发总体上是否突破划定生态保护红线或超越海洋资源承载限制。三是审查海域使用权审批制度执行情况，包括检查海域使用权的申请、受理和审查是否符合规定程序和要求，审查同一海域有两个或者两个以上用海意向人的，是否按规定流程采用招标、拍卖方式出让海域使用权等内容。

3. 开发或建设中投入资金和产生的经济效益

在投入资金方面，要审查投入资金的使用情况。检查相关支出是否按照规定项目使用，是否存在以虚假的经济业务套取财政资金的情况，是否存在扩大支出范围、提高开支标准、挤占挪用项目资金的情况。

在海洋资源资产的建设方面，在项目前期决策环节，要审查项目的可行性。在项目建设环节，要审查项目的施工是否执行招投标，施工的过程中是否存在虚假招投标、虚假合同或者压低造价等造成的损失浪费、质量及延误工期等问题；审查项目建设的造价和价款的结算是否真实、合法，同时重点关注资金拨付、结算中出现的异常现象。在项目竣工运行环节，审查项目是否按期完工，若未如期完工则分析其原因；审查项目是否达到了预期的目标或者达到预期目标的程度，根据该项目的经济效益及其对当地的海洋环境产生的影响情况进行评估。

第7章

自然资源资产审计的推进

针对当前自然资源资产审计工作中存在的问题，本书对自然资源资产负债表的编制、自然资源环境台账的建立、自然资源资产审计队伍的建设及生态环境监测大数据平台的构建等提出了初步建议，以推进自然资源资产审计的深入开展。

7.1 编制自然资源资产负债表

自然资源资产负债表是生态文明建设的制度创新之一，编制自然资源资产负债表是生态文明体制改革的一项重要基础性制度建设。2013年11月党的十八届三中全会提出，“探索编制自然资源资产负债表，对领导干部实行自然资源资产离任审计”。2015年国务院办公厅印发《编制自然资源资产负债表试点方案》，从此自然资源资产负债表的编制工作正式进入了探索试编阶段。2017年6月，中央全面深化改革工作领导小组会议审议通过了《领导干部自然资源资产离任审计规定（试行）》（以下简称《规定》），对领导干部自然资源资产离任审计工作提出了具体要求，并发出通知，要求各地区各部门结合实际认真遵照执行。我国将自然资源资产负债表编制纳入生态文明制度体系，与资源环境生态红线管控、自然资源资产产权和用途管制、领导干部自然资源资产离任审计、生态环境损害责任追究等重大制度相衔接。自然资源资产审计需对自然资源资产负债表的真实性与合法性进行审计，审查自然资源资产的存量及其变动情况，审查当期各经济主体对自然资源资产的占有、使用、消耗、恢复和增值等活动。

7.1.1　自然资源资产负债表编制的理论基础

1. 受托责任理论下的自然资源资产负债表

自然资源产权是关于自然资源归谁所有和使用及其权利的法律规范的总称。从产权归属角度，自然资源资产可分为所有权、经营权和开采权，后两者也可被称为使用权。清晰的产权是资产核算的前提。我国《宪法》第九条规定："矿藏、水流、森林、山岭、草原、荒地、滩涂等自然资源，都属于国家所有，即全民所有；由法律规定属于集体所有的森林和山岭、草原、荒地、滩涂除外。[①]"从中国的法律体系来看，自然资源的法定所有权归国家所有，政府代理成为经济所有权的主体。政府将自然资源的使用权分配给各类经济主体，包括经营权和开采权。自然资源经营权是指经济主体将自然资源用于生产经营的权利，如土地承包经营权。一般可再生资源都以经营权的形式出现，它们可以长期存在并被反复使用。自然资源开采权是指经济主体通过对自然资源进行采掘和提取，将其转化为经济产品的权利，如采矿权、林木采伐权等。一般可耗竭资源都以开采权的形式出现，权利的行使会导致自然资源存量的直接减少。我国自然资源所有权和使用权分离的产权制度使得政府应当承担统筹管理自然资源的责任，我国一般由政府向企业或个人发放自然资源使用权证，负责自然资源的统筹配置，并监督自然资源的使用情况。在这种公共所有、政府管制的自然资源管理模式下，我国自然资源属于国家和集体所有，政府作为自然资源管理的代理人，承担着自然资源管理的受托责任，对自然资源的合理配置和保护负责。受托责任理论是审计动因的主流理论，受托责任关系是审计存在的重要条件。在公共自然资源管理所包含的委托代理关系中，委托人是公民，受托人是政府，公民将自然资源委托给政府进行管理，需要了解政府受托责任的履行情况，政府也需要向委托人证明自己有效地管理了公共的自然资源，履行了资源环境管理的受托责任，自然资源资产离任审计因此而生。我国于 2013 年提出开展领导干部自然资源资产离任审计，明确编制自然资源资产负债表服务于"对领导干部实行自然资源资产离任审计，建

① 此处引用 2018 年版《宪法》。

立生态环境损害责任终身追究制”。由此可见，编制自然资源资产负债表的目的是强化政府管理自然资源的受托责任，是我国现代国家治理理念在资源管理和环境保护工作中的具体体现。

2. 绿色可持续发展理念下的自然资源资产负债表

在绿色发展的时代背景下，我国提出推动绿色技术创新，实现经济社会的绿色可持续发展。可持续发展要求经济建设和社会发展要与自然资源环境承载能力相协调，保证以可持续的方式使用自然资源和环境成本，使人类的发展控制在地球承载能力之内。自然资源资产负债表体现了绿色可持续发展的时代背景，其编制应遵循可持续发展的基本要求。国务院《编制自然资源资产负债表试点方案》也提出，将自然资源资产负债表编制与资源环境生态红线管控相衔接。因而应科学估算本地区的资源环境承载能力，设定生态红线，要求经济社会的发展不能超越资源环境的承载能力，在资源环境承载能力范围内分配、使用自然资源。通过编制自然资源资产负债表，记录和反映人类活动导致的资源环境数量和质量的变化，能够对自然资源存量有更清晰的认识，为可持续发展提供决策依据。

7.1.2 自然资源资产负债表的格式与内容

各国自然资源资产负债表的编制基本都是沿着从摸清储量到纳入国民核算账户的路径发展的。最初的自然资源核算独立于国民经济核算体系，主要目的在于摸清自然资源家底，并对自然资源和环境资源进行存量和流量变化的统计。随着对经济发展理论认识的不断深入以及国民核算体系的完善，各国都倾向于将自然资源核算纳入到国家经济核算中，重点在于分析资源环境变化和经济发展的关系。

自然资源资产负债表应该是一个报表体系而非单张报表。我们应按照生态系统的自然规律和有机联系，统筹设计主要自然资源资产负债核算。自然资源资产负债表可分为总表（见表7－1）与分类核算表（见表7－2至表7－6），总表由分类表汇总统计产生。自然资源资产负债表不仅反映自然资源的数量，更反映自然资源的价值状况，因此需要具备数量指标和价值指标，可以分别采用实物量核算和价值量核算。自然资源资产负债表总表全面反映核算区域某一时点自然资源资产和负债的规模、构成以及变动。自然资源资产负债表分类核算表分类反映核算区域某一时点自然资源资产和负债的规模、构成以及变动。自然资源资产负债表分类核算表按土地资源、森林资源、矿产资源和水资源（分地表水和地下水）等分别编制。从传统会计学角度，自然资源资产负债表基本构成要素包括自然资源资产、自然资源负债及自然资源净资产，是运用资产负债表形式量化自然资源资产、负债和所有者权益的存量报表。

表7-1　　自然资源资产负债表总表

资产类	期初值		期末值		负债类	期初值		期末值	
	实物量	价值量	实物量	价值量		实物量	价值量	实物量	价值量
土地资源					资源耗减				
森林资源					环境损害				
矿产资源					生态破坏				
水资源					……				
……					负债总计				
资产总计					所有者权益总计				

表7-2　　土地资源核算表

	耕地		林地		草地		…	
	实物量（公顷）	价值量（万元）	实物量（公顷）	价值量（万元）	实物量（公顷）	价值量（万元）	…	…
一、期初净额								
二、存量增加								
其中：新发现								
自然增长								
其他								
三、存量减少								
减：资源耗减								
环境损害								
生态破坏								

续表

	耕地		林地		草地		…	
	实物量（公顷）	价值量（万元）	实物量（公顷）	价值量（万元）	实物量（公顷）	价值量（万元）	…	…
其他								
四、重估引起的变动								
五、分类或统计方法改变引起的变动								
六、期末存量								

表7－3　　森林资源核算表

	防护林		用材林		经济林		…	
	实物量（万立方米）	价值量（万元）	实物量	价值量	实物量	价值量	…	…
一、期初净额								
二、存量增加								
其中：新发现								
自然增长								
其他								
三、存量减少								
减：资源耗减								
环境损害								
生态破坏								
其他								
四、重估引起的变动								
五、分类或统计方法改变引起的变动								
六、期末存量								

表 7－4　矿产资源核算表

	能源矿产			金属矿产			非金属矿产			…	
	实物量（单位）		价值量（万元）	实物量（单位）		价值量（万元）	实物量（单位）		价值量（万元）	…	…
	万立方米	万吨		万立方米	万吨		万立方米	万吨			
一、期初净额											
二、存量增加											
其中：新发现											
自然增长											
其他											
三、存量减少											
减：资源耗减											
环境损害											
生态破坏											
其他											
四、重估引起的变动											
五、分类或统计方法改变引起的变动											
六、期末存量											

表 7－5　水资源（地表水）核算表

	Ⅰ类水		Ⅱ类水		Ⅲ类水		…	
	实物量（亿立方米）	价值量（万元）	实物量（亿立方米）	价值量（万元）	实物量（亿立方米）	价值量（万元）	…	…
一、期初净额								
二、存量增加								
其中：新发现								
自然增长								
其他								
三、存量减少								

续表

	Ⅰ类水		Ⅱ类水		Ⅲ类水		…	
	实物量（亿立方米）	价值量（万元）	实物量（亿立方米）	价值量（万元）	实物量（亿立方米）	价值量（万元）	…	…
减：资源耗减								
环境损害								
生态破坏								
其他								
四、重估引起的变动								
五、分类或统计方法改变引起的变动								
六、期末存量								

表7－6　　水资源（地下水）核算表

	Ⅰ类水		Ⅱ类水		Ⅲ类水		…	
	实物量（亿立方米）	价值量（万元）	实物量（亿立方米）	价值量（万元）	实物量（亿立方米）	价值量（万元）	…	…
一、期初净额								
二、存量增加								
其中：新发现								
自然增长								
其他								
三、存量减少								
减：资源耗减								
环境损害								
生态破坏								
其他								
四、重估引起的变动								
五、分类或统计方法改变引起的变动								
六、期末存量								

在自然资源核算中，资产应该是为一个国家或地区所拥有，满足各机构单位生产生活的需要，被他们占有、使用与消耗并能创造效用的一切海、陆、空资源。负债是由于资源过度损耗、环境污染和生态破坏而导致的。由于我国自然资源产权制度的不完善、自然资源资产确权工作刚刚起步，自然资源资产负债表中“所有者权益”科目采用资产与负债的差额填列。

7.1.3　自然资源资产价值量的核算

自然资源种类多样，不同类型资源的实物量和价值量的核算方法差别明显，但也存在相似之处。自然资源实物量的核算即真实描述地球上相关资源在某一时点的存量情况，对于大部分自然资源而言，其存量情况已为人类所掌握。自然资源实物量的统计方法主要是人工踏查或清查等，这些方法受限于人类的活动空间。

自然资源实物量计量是其价值量评估的前提，自然资源价值化是自然资源资产负债表编制的难点，目前尚无统一的自然资源价值化方法体系。对于具有市场交易的自然资源，均采用市场价格法进行核算，在不具备成熟市场交易的情况下，采用间接方法进行估算。现有自然资源间接估价往往是基于替代方法进行估算，如影子价格法、收益还原法、净价法和边际社会成本法等。如森林资源资产中的林木资产采用林木资源的交易价值法，矿产资源资产采用矿产品交易现价法。土地资源资产的核算采用基于质量因子和产量因子修正的基准地价修正法，水资源资产核算可以采用影子价格法等。但是，基于不同替代方法估算的自然资源价值量往往差异较大，甚至不具可比性。

7.2　建立自然资源环境台账

为了解决自然资源资产责任范围难以界定的问题，本书提出建立自然资源环境台账。台账，又称明细记录表，就是对自然资源资产责任人在任期内的行为进行详细记录，例如颁布的政策、制定的决策等。台账的记录和整理，有利于相关责任人进行自我总结和反思，强化其对生态文明建设的责任，起到自我监督的作用，同时也为审计工作的开展留下审计依据。审计人员可以根据台账记录界定相关责任人的责任范围，避免扯皮推诿的发生，有利于生态环境损害责任终身追究制的实施。

7.3 加强审计队伍的建设

解决领导干部自然资源资产离任审计专业性高的问题，是保证审计工作有效开展的关键，因此，本书提出构建“新矩阵式组织结构”模型，加强审计队伍的建设。领导干部自然资源资产审计具有复杂性，一项审计业务常会涉及多个部门。比如，在进行海岸线周围领域测量时，由于潮涨潮落，有些区域很难划分是归属于土地还是海洋，这时在资料收集的过程中就存在模糊的地方。通常我们可以向国土资源局和海洋渔业局获取确切归属于它们管辖范围内的数据信息，而两个领域共同产生作用的那个部分往往被视为盲区，可能造成扯皮现象，不利于资源的管理与监控，也给审计工作的开展带来困难。“新矩阵式组织结构”模型是指，当开展审计工作时，从国土资源局、海洋渔业局等部门调配人员，共同参与审计，当遇到两个部门管辖盲区时，由两部门内部进行协调、审计，当事情完毕后，他们又回到原工作岗位。通过“新矩阵式组织结构”模型形成的项目组实现了跨部门间的交流与融合，且组织形式比较灵活，随着相关审计工作的开展和完成而组成和解散，可以实现人力资源的合理配置。除此之外，该类型的项目组任务目标明确，并且由具有相关方面专长的人员构成，因此有利于将个人职责工作和整体工作相融合，更加精确有效地解决问题。

“矩阵式组织结构”最早出现于企业内部的职能化管理。而“新矩阵式组织结构”模型不同传统的“矩阵式组织结构”。首先，“新矩阵式组织结构”模型跳出了企业的限定，运用到政府部门中；其次，“新矩阵式组织”模型已不再局限于单位内部，而是拓展到不同部门之间，结合本次审计工作的具体情况，可以涉及国土资源局、水利厅等，其横纵坐标不再表示职能系统和领导系统，而是分别表示不同的单位部门。除此之外，“新矩阵式组织结构”模型的结构不限于平面，它可以根据实际的需要扩展到多个维度，每个维度表示涉及的相应部门。因此，建议以审计厅、统计局等多部门为基础，组成领导干部自然资源资产离任审计团队，合力推动审计工作深入开展。

7.4　搭建大数据共享平台

由于自然资源资产的种类多、数量大，单靠审计厅和审计局的力量无法完成审计试点工作，需要联合其他部门共同开展审计工作。因此，为了走出审计任务繁重、审计力量不足的困境，保证审计工作的顺利进行，充分发挥各方审计力量的作用，减少数据冗余、节省审计成本、提高审计效果，本书建议应构建大数据共享平台。

大数据共享平台是实现信息共享的重要载体，应由环保部门牵头，联合国土资源局、水利局、林业厅等共同开发，在已有数据平台的基础上，去除数据冗余，增新补漏。根据福建省各个生态功能区的资源分布特点，结合审计需求在数据共享平台上搜集相关数据，以实现数据共享，达到多部门“一网一库一平台”的终极目标。

搭建自然资源资产数据共享平台，首先考虑将自然资源资产分为六大类：森林资源资产，水资源资产，海洋资源资产，大气资源资产，土地资源资产，矿山资源资产；针对各个自然资源资产，分析现有的数据资料，根据现有的数据资料，建立各个自然资源资产子数据库，以子数据库为基础提供的数据资料汇总为数据中心，应用于大数据共享平台，提出大数据共享平台涵盖资源层、平台层、应用层三大框架的思路，如图 7 -1 所示。

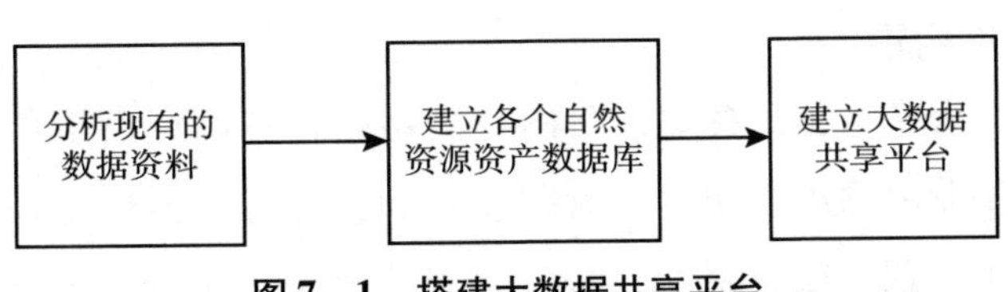

图 7 -1　搭建大数据共享平台

7.4.1 森林资源资产数据共享平台的搭建

1. 福建省森林资源资产数据资料现状

目前，福建省森林资源资产数据资料有以下五种：一是国家森林资源连续清查（以下简称“一类清查”），是以掌握宏观森林资源现状与动态为目的、以省为单位，主要利用固定样地进行定期复查的森林资源调查方法，每5年一次，因此其非年度更新的模式无法满足森林资源资产数据库的需求；二是森林资源规划设计调查（简称“二类调查”），是以国有林业局（场）、自然保护区、森林公园等森林经营单位或县级行政区域为调查单位，以满足森林经营方案、总体设计、林业区划与规划设计需要而进行的资源调查，更新时间是每10年一次，福建省最新的数据是2016年，同样其非年度更新的模式无法满足森林资源资产数据库的需求；三是森林资源年度变更调查（简称建档工作），是以二类调查成果为基础，每年根据森林经营管理资料而进行的变更调查，每年一次；四是全国林地变更调查，是指对自然年度内全国林地利用状况、权属变化，以及各类森林经营活动、自然灾害损害、非森林经营活动等用地情况进行调查的活动，每年一次；五是福建省林业厅提供的林业综合统计报表，该数据资料包括各种林地面积和蓄积资料，有关生态建设与保护、林产品及其附加产品的产量产值资料，以及从业人员报酬及林业投资金额相关的数据资料，该数据资料以数据表格的形式提供，缺乏具体的森林资源的空间分布信息，林地所有权属信息，坡度、坡向等信息，无法满足森林资源资产核算的需求。

综上5种现有的数据，我们考虑，在建立森林资源资产核算数据库时，以林业综合统计报表为基础，辅以二类调查及建档工作，完善空间分布信息，再详细补充坡度、坡向、林地所有权信息等相关信息。

2. 数据库构建

森林资源资产数据库建立的目的是满足森林资源资产核算和森林资源资产负债表编制的数据要求。针对福建省的情况，考虑建立各类林地的用地面积、林种面积、森林资源坡向、森林资源管理权属、森林资源投入、森林资源破坏事项这6个子数据库，如表7-7所示。

表 7－7　森林资源资产数据表结构

子数据库	数据指标	数据来源	数据需求	数据需求层次	对应资产负债表核算项目
各类林地的用地面积	植树造林、封山育林（有林地、疏林地、灌木林地、无林地）、育苗、未成林抚育、中幼龄林抚育、竹林抚育面积	省林业厅汇总的林业综合统计报表，二类调查数据	面积数据、空间分布	市数据层，区数据层，县数据层，镇（街道）数据层以及村（工区，林场和电站）数据层	资产—实物量、价值量
林种面积	用材林、经济林、防护林、薪炭林、特用林	省林业厅汇总的林业综合统计报表，二类调查数据	面积数据、空间分布	市数据层，区数据层，县数据层，镇（街道）数据层以及村（工区，林场和电站）数据层	资产—实物量
森林资源坡向	阳坡、无坡向、半阴半阳坡、阴坡管理权属	省林业厅，二类调查数据	面积数据、空间分布	市数据层，区数据层，县数据层，镇（街道）数据层以及村（工区，林场和电站）数据层	资产—实物量
森林资源管理权属	国有、集体、个人	省林业厅，二类调查数据	面积数据、空间分布	市数据层，区数据层，县数据层，镇（街道）数据层以及村（工区，林场和电站）数据层	资产—实物量
森林资源投入	森林资源破坏修复、生态恢复、生态维护及生态补偿等方面的投入	省林业厅汇总的林业综合统计报表，二类调查数据	投入内容、与金额	市数据层，区数据层，县数据层，镇（街道）数据层	负债
森林资源破坏事项	当年内森林资源破坏事项发生的情况与后果（包括重大自然灾害对资源的损害、正常生产生活对资源的使用）	省林业厅，二类调查数据	事项名称、发生时间、发生原因、过程详情和后果	市数据层，区数据层，县数据层，镇（街道）数据层	负债

3. 森林资源资产大数据平台搭建

森林资源资产管理涵盖了与森林资源相关的所有管理活动，是林业管理的主要内容，森林资源数据共享平台的数据库包括将以上所有数据进行组织形成的数据集。从系统结构和功能的角度，森林资源数据共享平台及其业务应用概念模型见图7－2。

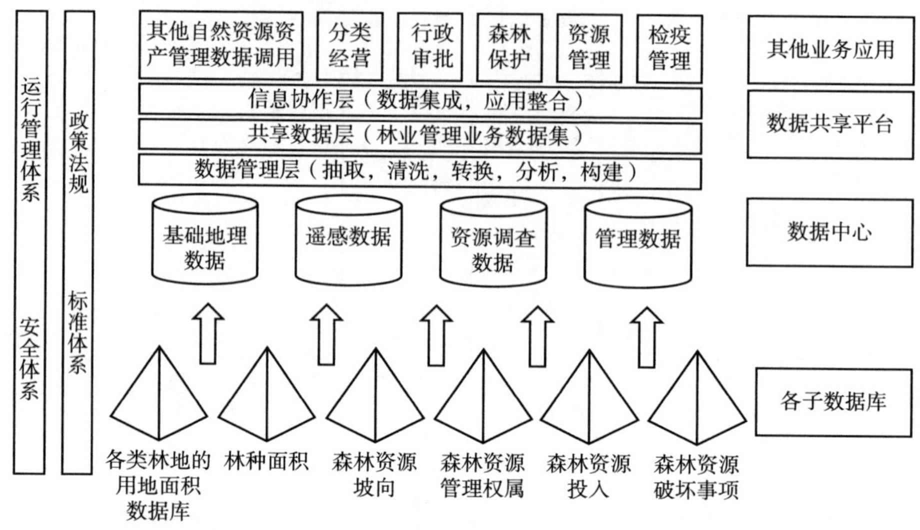

图7－2　福建省森林资源资产数据共享平台体系

森林资源数据库的管理分3级进行：数据由本地维护，即由各市、县林业局资源管理部门进行维护、管理和提交合法的本地数据；省级数据管理部门负责数据汇总、审查和更新数据库；市、县级应用系统所连接的数据库是省级系统统一维护的共享数据平台。

7.4.2　海洋资源资产数据共享平台的搭建

1. 福建省海洋资源资产数据资料现状

目前，福建省海洋资源资产数据资料有以下四种：一是福建省海洋与渔业厅公布的《福建省海洋环境状况公报》，该公报从海洋环境状况、主要海洋功能区状况、主要入海污染源状况、海洋环境灾害与风险、海洋环境保护与管理这五大方面给出了相应的数据，其中包含有明确的空间数据，特别地，该公报的数据还按照海洋功能区进行分类，更新时间是每年更新一次。海洋环境状况公报的数据年度更新的模式很好地满足了海洋资源资产数据库的需求，但缺少其他重要信息：如水产品产量、海洋资源投入、海洋资源破坏事项等数据；二是福建省海洋与渔业厅官网上公示的统计资料，该统计资料主要是报告水产品产量，该数据资料是每月更新一次；三是福建省海洋与渔业厅公布的福建省海洋灾害公报，该公报主要包括报告了福建省当年的海洋环境灾害、海洋破坏事项以及相应海洋资源破坏修复的海洋资源资金的投入，每月更新一次；四是福建省环境保护厅公布的近岸海域海水枯水期水质监测信息，按照所在城市、站位编码、经纬度和多种水质监测指标给出海水水质的信息，数据包含有明确的空间信息，精确到了经度与纬度，更新频度是每年一次。

综合上述 4 种现有的数据，我们考虑，在建立海洋资源资产核算数据库时，以福建省海洋环境状况公报为基础，辅以福建省海洋与渔业厅官网上公示的统计资料及福建省海洋灾害公报、近岸海域海水枯水期水质监测信息，再详细补充年周转量、海域周围房地产总面积、海域旅游风景区、生物多样性等相关信息。

2. 数据库构建

海洋资源资产数据库建立的目的是满足海洋资源资产核算和海洋资源资产负债表编制的数据要求。针对福建省的情况，考虑建立海域面积及海岛数量、水产品产量、年周转量、生物多样性、海域旅游风景区、海域周围房地产总面积、海水质量、海洋资源投入、海洋资源破坏事项用地面积这 9 个子数据库，如表 7－8 所示。

表 7－8　　海洋资源资产数据表结构

子数据库	数据指标	数据来源	数据需求	数据需求层次	对应资产负债表核算项目
海域面积及海岛数量	海域面积及海岛数量	省海洋与渔业厅统计信息	面积数据、数量数据、空间分布	市数据层	资产实物量，价值量可用于测算资产—实物量，资产—支持服务功能价值—生物多样性维持价值，资产—文化服务功能价值—教育科研价值
水产品产量	航洋捕捞产量，海洋养殖，淡水捕捞产量，淡水养殖产量	省海洋与渔业厅统计信息	重量数据、空间分布	市数据层	资产价值量，资产—海洋生态系统供给价值—水产品生产价值

续表

子数据库	数据指标	数据来源	数据需求	数据需求层次	对应资产负债表核算项目
年周转量	海洋货物年周转量及旅客年周转量	省海洋与渔业厅统计信息	数量数据、空间分布	市数据层	资产价值量，资产—海洋生态系统供给价值—航运价值
生物多样性	单位面积的海域生物种类	省海洋与渔业厅	数量数据、空间分布	市数据层	资产价值量，资产—支持服务功能价值—生物多样性维持价值
海域旅游风景区	海域旅游风景区个数	省海洋与渔业厅	数量数据、空间分布	市数据层	资产价值量，资产—文化服务功能价值—休闲娱乐功能价值
海域周围房地产总面积	海域周围房地产总面积	省海洋与渔业厅	面积数据、空间分布	市数据层	资产—文化服务功能价值—教育科研价值
海水质量	海域的海水质量	省海洋与渔业厅、省环境保护厅	数量数据、空间分布	市数据层	资产—实物量
海洋资源投入	海洋资源破坏修复，生态恢复，生态维护及生态补偿等方面的投入	省海洋与渔业厅、省环境保护厅	投入内容与金额	市数据层	负债
海洋资源破坏事项	当年内海洋资源破坏事项发生的情况与后果（包括重大自然灾害对资源的损害，正常生产生活对资源的使用）	省海洋与渔业厅、省环境保护厅	事项名称、发生时间、发生原因、过程详情和后果	市数据层	负债

3. 海洋资源资产大数据平台搭建

海洋资源管理涵盖了与海洋资源相关的所有管理活动，海洋资源数据共享平台的数据库包括将以上所有数据进行组织形成的数据集。根据海洋资源管理的应用需求，从系统结构和功能的角度进行构建，海洋资源数据共享平台及其业务应用概念模型见图 7－3。

海洋资源数据库的管理分三级进行：数据由本地维护，即由各市海洋与渔业局进行维护、管理和提交合法的本地数据；省级数据管理部门负责数据汇总、审查和更新数据库；市应用系统所连接的数据库是省级系统统一维护的共享数据平台。

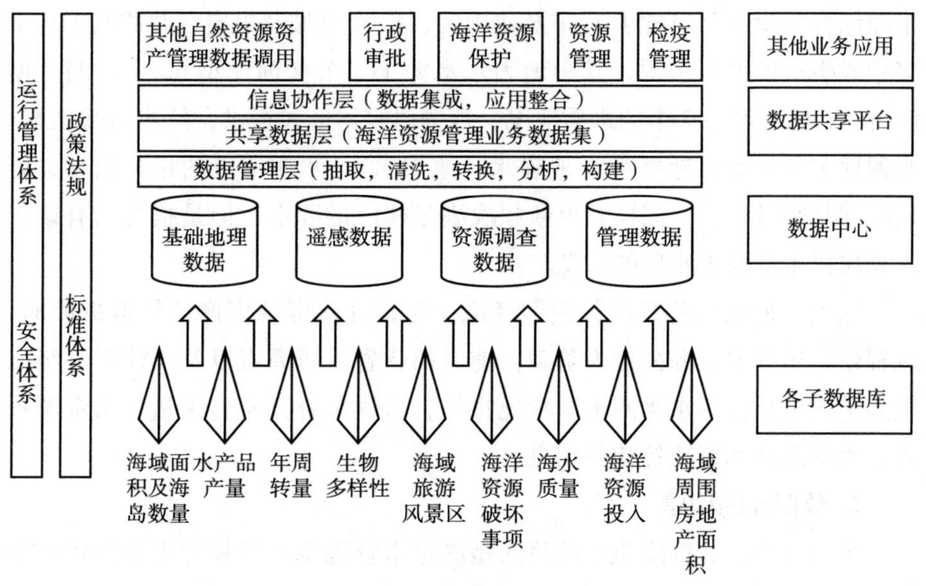

图 7－3　福建省海洋资源资产数据共享平台体系

7.4.3　水资源资产数据共享平台的搭建

1. 福建省水资源资产数据资料现状

目前，福建省水资源资产数据资料有以下四种：一是福建省水利厅公布的年度水资源公报，该公报从水资源量、蓄水动态、供用水量、水质评价和重要水事这五大方面给出了相应的数据，其中包含有明确的空间数据，更新时间是每年更新一次。水资源公报的数据年度更新的模式很好地满足了海洋资源资产数据库的需求，但缺少其他重要信息，如蓄洪量、水资源投入、水资源破坏事项等数据。二是福建省水利厅公布的水文旬报，该旬报从雨情、水情、水库蓄水这三大方面给出了相应的数据，其中包含明确的空间数据，更新时间是每旬更新一次。水文旬报所提供的数据与水资源公报提供的数据有重叠部分，其余数据资料不符合建库的要求。三是福建省环境保护厅公布的福建省水质周报，表格中提供的数据信息是 1 维的，给出水系、点位名称、断面情况，衡量水质的不同指标以及水质等级。水质周报每周更新一次，它的信息更新频次满足建库的要求，但是水质周报只有河流水质的信息。四是福建省环境保护厅公布的福建省县级以上集中式生活饮用水水源水质状况报告，检测内容包括全省 9 个设区市、平潭综合实验区、13 个县级市及建阳区、42 个县城及永定区共监测 119 个集中式生活饮用水水源，其中地表水水源 112 个（河流型 62 个、湖库型 50 个）、地下水源 7 个的水质情况，数据以表格形式提供，给出行政区划、水源地名称、水源地类型（地表水、地下水）、水质等级的相关信息，更新时间是每月一次。同样其更新频次满足建库的要求，但是报告只有该省区划居民生活饮水水质的信息。

综上 4 种现有的数据，我们考虑，在建立水资源资产核算数据库时，以福建省年度水资源公报为基础，辅以福建省水质周报以及福建省县级以上集中式生活饮用水水源水质状况报告，再详细补充年蓄洪量、水资源投入、水资源破坏事项等相关信息。

2. 数据库的构建

水资源资产数据库建立的目的是满足水资源资产核算和水资源资产负债表编制的数据要求。针对福建省的情况，考虑建立包括水资源总量、用水量、蓄水量、水质、蓄洪量、水资源投入、水资源破坏事项这 7 个子数据库，如表 7－9 所示。

表 7－9　　水资源资产数据表结构

子数据库	数据指标	数据来源	数据需求	数据需求层次	对应资产负债表核算项目
水资源总量	地表水资源总量、地下水资源总量、江河水资源总量	省水利厅水资源公报	体积数据、空间分布	市数据层、区数据层、县数据层、镇（街道）数据层以及村数据层	资产—实物量
用水量	农业用水、工业用水、城镇公共用水、居民生活用水、生态环境用水等	省水利厅水资源公报	体积数据、空间分布	市数据层、区数据层、县数据层、镇（街道）数据层以及村数据层	资产—水资源统供给价值

续表

子数据库	数据指标	数据来源	数据需求	数据需求层次	对应资产负债表核算项目
蓄水量	大型和中型水库蓄水动态	省水利厅水资源公报	体积数据、空间分布	市数据层、区数据层、县数据层、镇（街道）数据层以及村数据层	资产—调节服务功能价值—储水功能价值
水质	主要江河的水质以及相对应水质的河长、水库的水质、省界水质、国家重要水功能区水质	省水利厅水资源公报、省环境保护厅	等级数据、空间分布	市数据层、区数据层、县数据层、镇（街道）数据层以及村数据层	资产—实物量
蓄洪量	主要江河、水库等蓄洪量	省水利厅	体积数据、空间分布	市数据层，区数据层，县数据层，镇（街道）数据层以及村数据层	资产—调节服务功能价值—调蓄洪水功能价值
水资源投入	水资源破坏修复、生态恢复、生态维护及生态补偿等方面的投入	省水利厅、省环境保护厅	投入内容与金额	市数据层	负债
水资源破坏事项	当年内水资源破坏事项发生的情况与后果（包括重大自然灾害对资源的损害，正常生产生活对资源的使用）	省水利厅、省环境保护厅	事项名称、发生时间、发生原因、过程详情和后果	市数据层	负债

3. 水资源资产大数据共享平台搭建

水资源管理涵盖了与水资源相关的所有管理活动，水资源资产数据共享平台的数据库包括将以上所有数据进行组织形成的数据集。根据海洋资源管理的应用需求，从系统结构和功能的角度进行构建，水资源数据共享平台及其业务应用概念模型见图 7－4。

水资源资产数据库的管理分 3 级进行：数据由本地维护，即由各市水利局进行维护、管理和提交合法的本地数据；省级数据管理部门负责数据汇总、审查和更新数据库；市应用系统所连接的数据库是省级系统统一维护的共享数据平台。

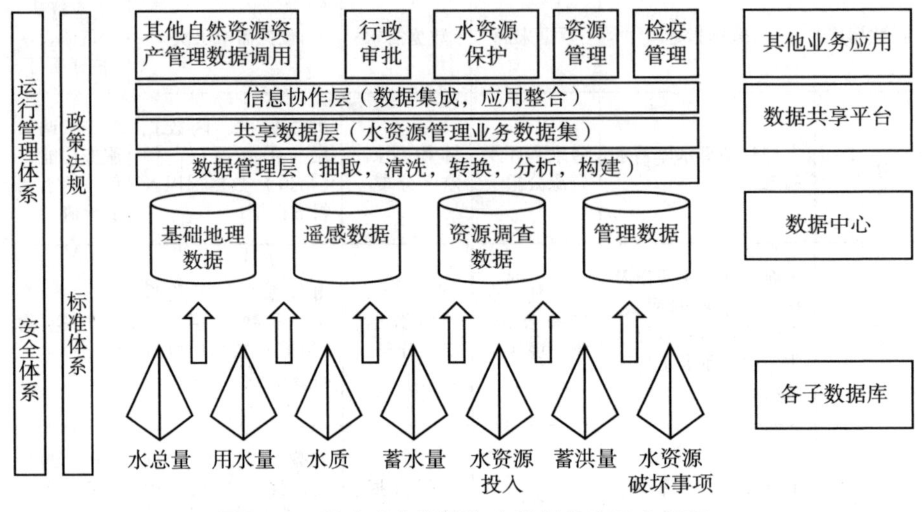

图 7-4　福建省水资源资产数据共享平台框架

7.4.4　矿产资源资产数据共享平台的搭建

1. 福建省矿产资源资产数据资料现状

目前，福建省矿产资源资产数据资料有以下两种：一是福建省国土资源厅提供的年度矿产资源储量统计库，该数据库有若干个子数据库，如非普通砂石黏土、地热、矿泉水数据库，该数据库提供的数据具有比较详细的空间分布信息，能为矿产资源资产数据库提供矿产总量、矿产品质等必要信息，更新年度为每年一次；二是福建省国土资源统计报表，该数据以表格形式提供，缺乏空间分布信息，更新年度为每年一次。从矿产资源资产数据库建立的角度来看，两种数据资料的内容有所重叠，福建省国土资源统计报表除了有矿产资源资产的详细信息以外，还有土地等环境要素的信息，但矿产资源资产的信息不如矿产资源资产数据库提供的数据信息全面，因此考虑以福建省国土资源厅年度矿产资源储量统计库提供数据资料为基础，辅之以必要的信息（如矿产资源投入、矿产资源破坏事项等重要信息）建库。

2. 数据库的构建

矿产资源资产数据库建立的目的是满足矿产资源资产核算和矿产资源

资产负债表编制的数据要求。由于矿产的勘查或开发利用阶段不同、核算的方式方法不同，矿产资产的价值由矿产资产价值、地质勘查劳动价值、潜在收益价值和环境补偿价值构成，因此针对福建省的情况，考虑建立包括矿产总量、矿产品质、矿产资源投入、矿产资源破坏事项这4个子数据库，如表7－10所示。

表7－10 矿产资源资产数据表结构

子数据库	数据指标	数据来源	数据需求	数据需求层次	对应资产负债表核算项目
矿产总量	地表水资源总量、地下水资源总量、江河水资源总量	省国土资源厅	体积数据、空间分布	市数据层、区数据层、县数据层、镇（街道）数据层以及村数据层	资产—实物量
矿产品质	主要矿产的品质	省国土资源厅	等级数据、空间分布	市数据层、区数据层、县数据层、镇（街道）数据层以及村数据层	资产—实物量
矿产资源投入	矿产资源破坏修复、生态恢复、生态维护及生态补偿等方面的投入	省国土资源厅、省环保局	投入内容与金额	市数据层	负债
矿产资源破坏事项	当年内矿产破坏事项发生的情况与后果（包括重大自然灾害对资源的损害，正常生产生活对资源的使用）	省国土资源厅、省环保局	事项名称、发生时间、发生原因、过程详情和后果	市数据层	负债

3. 矿产资源资产大数据共享平台搭建

矿产资源管理涵盖了与矿产资源相关的所有管理活动，矿产资源资产数据共享平台的数据库包括将以上所有数据进行组织形成的数据集。根据矿产资源管理的应用需求，从系统结构和功能的角度进行构建，矿产资源数据共享平台及其业务应用概念模型见图7－5。

矿产资源资产数据库的管理分3级进行：数据由本地维护，即由各市国土资源局进行维护、管理和提交合法的本地数据；省级数据管理部门负责数据汇总、审查和更新数据库；市应用系统所连接的数据库是省级系统统一维护的共享数据平台。

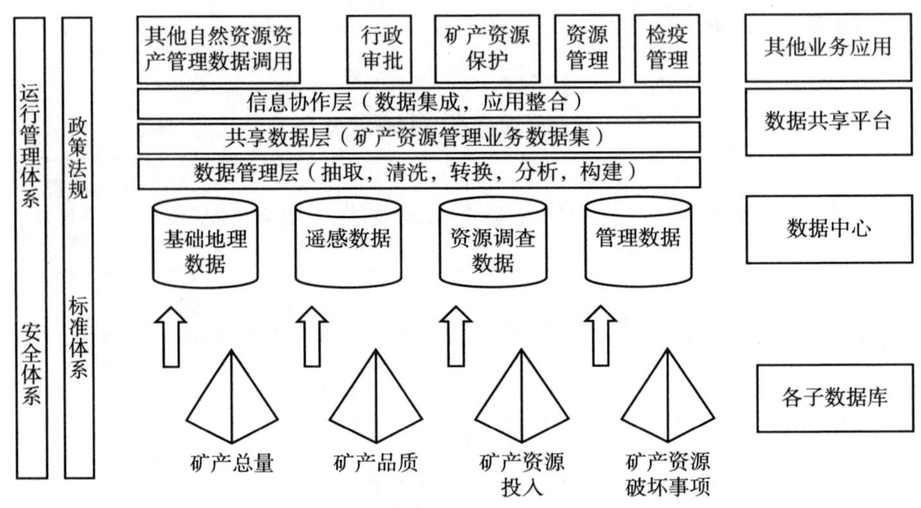

图7-5　福建省矿产资源资产数据共享平台体系

7.4.5　土地资源资产数据共享平台的搭建

1. 福建省土地资源资产数据资料现状

目前，福建省土地资源资产数据资料有以下两种：一是福建省第二次全国土地调查的数据，截至目前最新的数据是2007年福建省第二次全国土地调查的数据，第二次全国土地调查的主要内容包括：（1）在全国范围内利用遥感等先进技术，以正摄影像图为基础，逐地块实地调查土地的地类和面积，掌握全国耕地、园地、林地、工业用地、基础设施用地、金融商业服务、开发园区、房地产以及未利用土地等各类用地的分布和利用状况；（2）逐地块调查全国城乡各类土地的所有权和使用权状况，掌握国有土地使用权和农村集体土地所有权状况；（3）调查全国基本农田的数量、分布和保护状况，对每一块基本农田上图、登记、造册；（4）建立土地资源变化信息的调查统计、及时监测与快速更新机制，数据更新时间为每十年一次。二是福建省国土资源统计报表，该数据以表格形式提供，缺乏空间分布信息，更新年度为每年一次。从土地资源资产数据库建立的角度来看，福建省国土资源统计报表的更新频度满足建立土地资源资产数据库的要求，但缺乏空间信息，本书考虑以国土资源统计报表提供的数据为基础，辅以福建省第二次全国土地调查所提供的空间数据建库。

2. 数据库的构建

土地资源资产数据库建立的目的是满足土地资源资产核算和土地资源资产负债表编制的数据要求。土地资源资产的核算分为实物量的核算（面积统计，质量统计）和价值量的核算，价值核算包括经济价值、社会价值、生态价值和调节功能价值，因此针对福建省的情况，考虑建立包括土地面积、产出量、土地价格、土地质量、土地资源投入、土地资源破坏事项这 6 个子数据库，如表 7 – 11 所示。

表 7 – 11　　　　土地资源资产数据表结构

子数据库	数据指标	数据来源	数据需求	数据需求层次	对应资产负债表核算项目
土地面积	耕地面积、草地面积、湿地面积、林地面积、草地面积	省国土资源厅	面积数据、空间分布	市数据层、区数据层、县数据层、镇（街道）数据层以及村数据层	资产—实物量
产出量	土地单位面积产出量	省国土资源厅	数量数据、空间分布	市数据层、区数据层、县数据层、镇（街道）数据层以及村数据层	资产—价值量
土地质量	耕地质量等级、草地质量等级、湿地质量等级、林地质量等级、草地质量等级	省国土资源厅	数量数据、空间分布	市数据层、区数据层、县数据层、镇（街道）数据层以及村数据层	资产—实物量
土地价格	各类土地的价格	省国土资源厅	数量数据、空间分布	市数据层、区数据层、县数据层、镇（街道）数据层以及村数据层	资产—价值量

续表

子数据库	数据指标	数据来源	数据需求	数据需求层次	对应资产负债表核算项目
土地资源投入	土地资源破坏修复、生态恢复、生态维护及生态补偿等方面的投入	省国土资源厅	投入内容与金额	市数据层	负债
土地资源破坏事项	当年内矿产破坏事项发生的情况与后果（包括重大自然灾害对资源的损害、正常生产生活对资源的使用）	省国土资源厅	事项名称、发生时间、发生原因、过程详情和后果	市数据层	负债

3. 土地资源资产大数据共享平台搭建

土地资源管理涵盖了与矿产资源相关的所有管理活动，土地资源资产数据共享平台的数据库包括将以上所有数据进行组织形成的数据集。根据土地资源管理的应用需求，从系统结构和功能的角度进行构建，土地资源数据共享平台及其业务应用概念模型见图 7 –6。

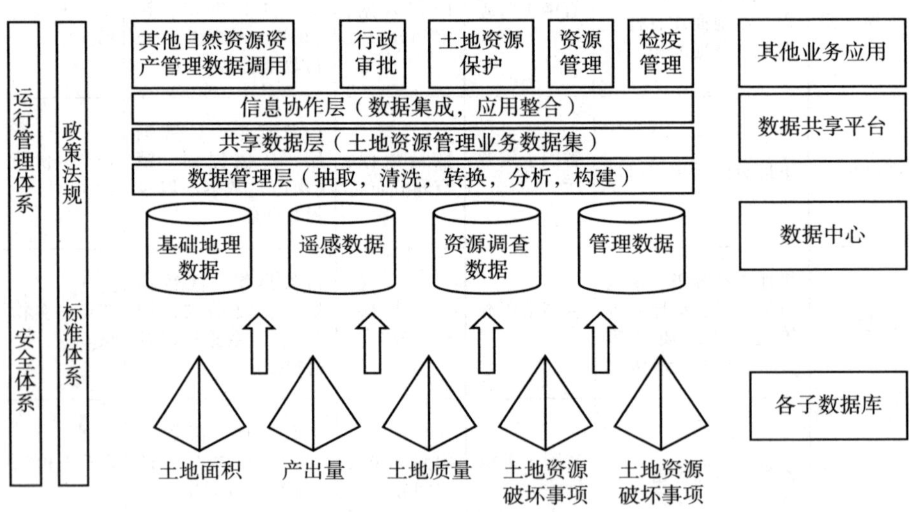

图 7 –6 福建省土地资源资产数据共享平台体系

土地资源资产数据库的管理分 3 级进行：数据由本地维护，即由各市国土资源局进行维护、管理和提交合法的本地数据；省级数据管理部门负责数据汇总、审查和更新数据库；市应用系统所连接的数据库是省级系统统一维护的共享数据平台。

7.4.6　大气资源资产数据共享平台的搭建

1. 福建省大气资源资产数据资料现状

目前，福建省大气资源资产数据资料有以下四种：一是福建省环境保护厅公布的福建省环境状况公报，更新时间是每年一次，有大气环境的相关章节，按照环境功能区分为两类，执行不同的标准，涉及主要数据信息为空气质量数据；二是福建省环境保护厅公布的大气背景质量状况周报，数据的更新时间是每周一次，详细给出了空气质量指数的有关数据以及大气地区质量的有关数据，具有详细的空间信息；三是福建省环境保护厅公布的温室气体背景质量状况周报，数据的更新时间是每周一次，详细给出了温室气体背景质量状况的有关数据，具有详细的空间信息；四是福建省环境保护厅公布的城市环境空气质量通报，数据的表现形式为表格，数据的更新时间是每月一次，根据行政区划，给出不同行政区划下的空气质量指数、综合指数、达标天数以及污染物等，具有较为详尽的空间信息。从大气资源资产数据库建立的角度来看，四种数据资料更新频次均满足建库要求，但是前三种数据信息单一、指标单一，不满足大气资源资产核算的要求，且第四种数据信息较前三者详尽，因此考虑以此为基础，辅以上述三种资料建库。

2. 数据库的构建

大气资源资产数据库建立的目的是满足大气资源资产核算和大气资源资产负债表编制的数据要求。大气资源资产的价值由生态价值和调节功能价值构成，因此，针对福建省的情况，考虑建立包括空气质量、大气背景质量、大气资源投入、大气资源破坏事项这 4 个子数据库，如表 7－12 所示。

表 7－12　　大气资源资产数据表结构

子数据库	数据指标	数据来源	数据需求	数据需求层次	对应资产负债表核算项目
空气质量	空气质量指数	省环境保护厅	数量数据、空间分布	市数据层、区数据层、县数据层、镇（街道）数据层以及村数据层	资产—实物量
大气背景质量	二氧化硫、二氧化氮、一氧化碳、臭氧日均值	省环境保护厅	数量数据、空间分布	市数据层、区数据层、县数据层、镇（街道）数据层以及村数据层	资产—实物量
大气资源投入	大气资源破坏修复、生态恢复、生态维护及生态补偿等方面的投入	省环境保护厅	投入内容与金额	市数据层	负债
大气资源破坏事项	当年内大气破坏事项发生的情况与后果（包括重大自然灾害对资源的损害，正常生产生活对资源的使用）	省环境保护厅	事项名称、发生时间、发生原因、过程详情和后果	市数据层	负债

3. 大气资源资产大数据共享平台搭建

大气资源管理涵盖了与大气资源相关的所有管理活动，大气资源资产数据共享平台的数据库包括将以上所有数据进行组织形成的数据集。根据大气资源管理的应用需求，从系统结构和功能的角度，本书构建了大气资源数据共享平台及其业务应用概念模型，见图 7－7。

大气资源资产数据库的管理分 3 级进行：数据由本地维护，即由各市环境保护局进行维护、管理和提交合法的本地数据；省级数据由管理部门负责数据汇总、审查和更新数据库；市应用系统所连接的数据库是省级系统统一维护的共享数据平台。

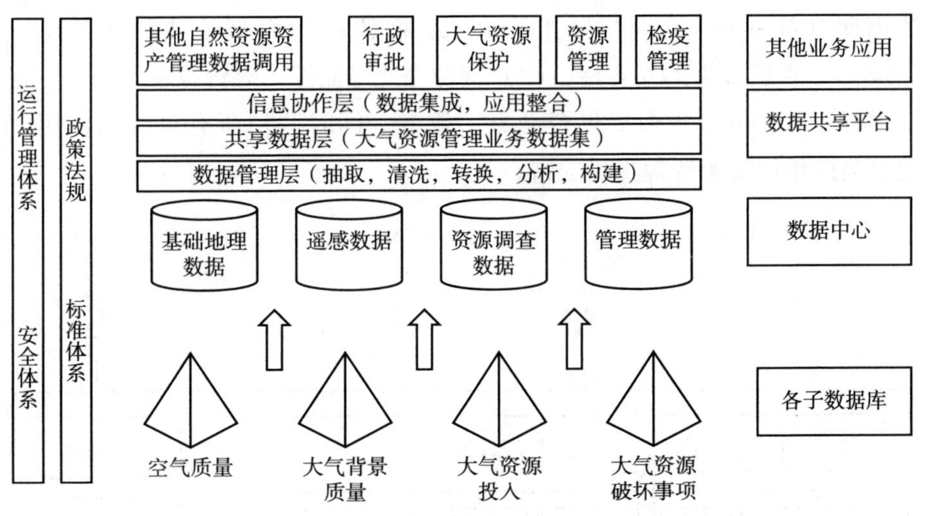

图 7－7　福建省大气资源资产数据共享平台体系

7.4.7　福建省自然资源资产数据共享平台框架

对于数据共享平台，我们具体细化给出了基于云计算的森林资源资产数据共享框架。针对自然资源资产数据的共享需求，为充分整合现有资源，我们考虑从三个层面实现自然环境数据集成共享框架，主要包括资源层、平台层和应用层（见图 7－8）。

资源层作为整个服务架构的基础，其主要功能是为平台层提供计算、存储和数据服务资源。资源层进一步可划分为物理层和虚拟层：（1）物理层主要包括计算服务器、物理存储以及计算模型等资源。（2）虚拟层通过虚拟化技术，将不同节点、异构的物理资源进行整合，形成大型资源池供平台层使用。虚拟资源管理是虚拟化技术的重要方面，实现资源部署、资源监控、实时迁移、负载管理、动态优化与备份管理等功能。

平台层作为衔接资源层和应用层的中间层，包含云服务、云平台和资源注册与监控三个部分。（1）云服务主要提供数据服务、数据加载服务、数据查询服务、计算服务和模型服务等；（2）云平台包含分布式数据存储结构，将数据分布式存储在各个节点上，数据访问时直接从各节点上读取存储的数据并进行处理，从而避免了大量数据在网络上的传输，实现了“计算向存储的迁移”，这对处理海量数据有很大的优势。主从数据库中主数据库（Master）负责写操作的负载，而读的操作则分摊到从数据库(Slave)，保证数据的安全性；(3) 资源注册与监控，对资源层中的各种资源进行注册，为云平台提供资源索引服务。同时监控所有资源的使用情况，为应用层资源管理提供支持。

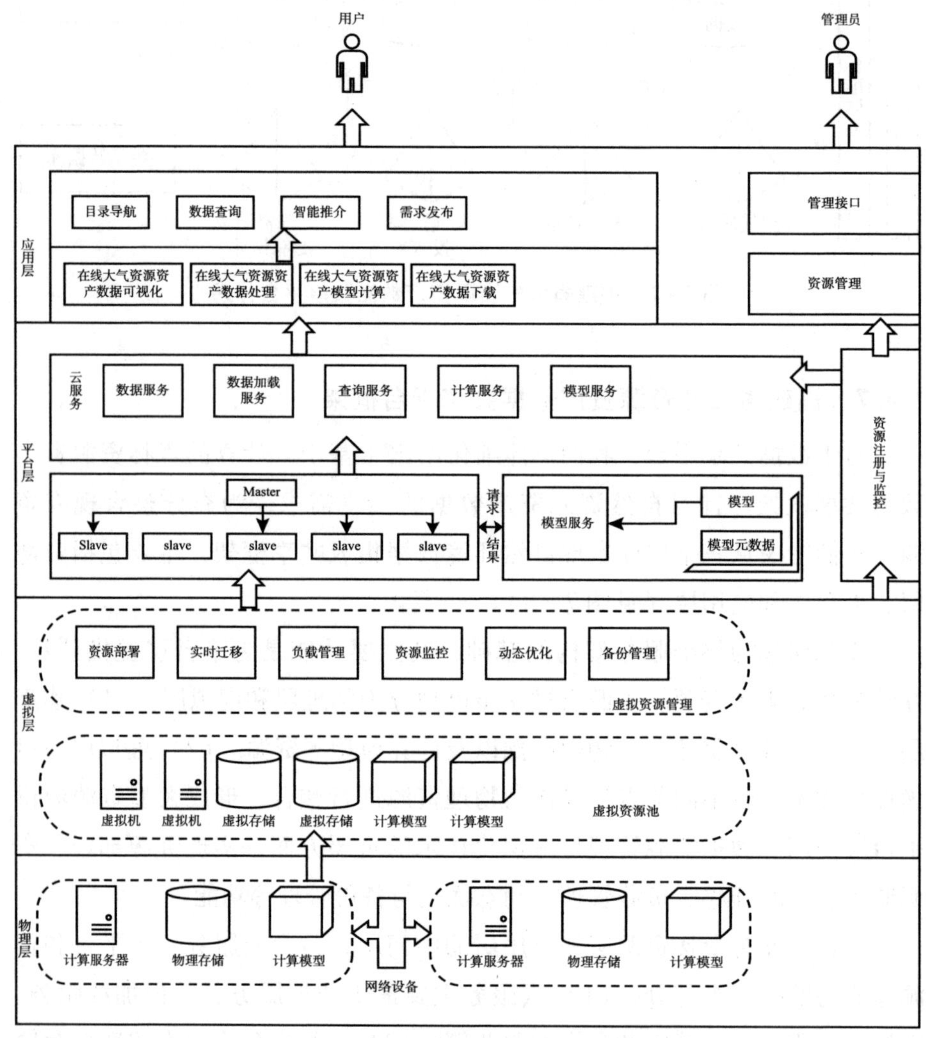

图7－8　自然资源资产数据共享平台框架

应用层作为整个框架的顶层，可以通过用户接口为用户提供交互界面，同时通过管理接口为管理员提供管理界面，管理用户的权限以及管理系统中的所有资源。用户可基于多种形式查询满足自己需求的数据资源，如数据目录导航提供按要素、专题等方式组织的数据资源目录浏览。数据查询则提供支持自动分词和语义匹配的关键词元数据搜索功能，并将搜索结果按照语义关联程度和数据应用特征（如数据服务方式、数据受关注程度、数据服务次数等）优化排序呈现给用户。同时，根据用户行为可将数据智能推荐和主动推送给用户。如果找不到所需要的数据资源时可发布自己的数据需求。同时，科研人员还可将自己的数据保存或发布到数据云中，并可将数据标识为私有或公开。为了能够利用“数据云”中已有数据生产出新的数据产品，系统还提供了在线模型调用功能。通过数据与模型，以及计算资源的整合，实现在线数据处理、计算模拟与分析等复杂服务功能。

7.5　探索自然资源资产审计常态化模式

由于审计时间等客观因素的局限，目前我国的离任审计主要采用“先离任、后审计”的模式，但是该审计模式存在一定局限性，例如，可能存在前任领导干部的行为已受到后任领导干部决策的影响，对环境损害的情况可能发生变化，不利于明确责任划分，而且审计结果出来时该领导通常已离开原岗位，不利于审计结果的问责。部门地区已提出并试行领导干部自然资源资产任中审计。因此，本书提出自然资源资产审计应常态化，从事前、事中、事后三阶段逐步开展，实行定期审计制度，结合领导干部的年度考核进行，考核范围从领导个人到领导班子成员。审计模式的改变直接影响到领导干部升迁情况，因此，在一定程度上会督促相关责任人更加关注自然资源资产的保护和合理使用。

7.6　制定结果运用办法，加大责任追究力度

对审计结果整理成书面报告，并且将审计结果向社会公示。与此同时，畅通举报渠道，接受社会公众监督，对群众举报的问题坚持每件必

查，一经落实，严格查处。此外，面对现存问题，应分析原因，提出合理化建议，以便后期可以有针对性地进行整改。建立与《中国共产党问责条例》《党政领导干部生态环境损害责任追究办法（试行）》相衔接的评价考核追责体系，并将审计结果作为领导干部任职期间业绩考核以及组织部门选拔任用领导干部的依据。对于出现重大问题的领导干部，审计机关应当及时将材料移送至司法或者纪检监察部门，并且协助相关部门对责任领导者进行调查，严格追究相关领导干部的责任。

第 8 章
结　论

8.1 研究结论

开展自然资源资产审计是实现“审计全覆盖”的重要措施之一，不仅丰富了审计的内容，也有利于在保护及合理开发自然资源资产的同时实现“绿色经济”发展的目标。本书通过收集审计署及地方审计厅局官网上从2013 年 11 月 9 日（党的十八届三中全会）到 2019 年 11 月 20 日之间公布的所有关于“自然资源资产离任审计”的信息，结合对福建省审计厅等部门单位的调研，形成以下研究结论：

（1）完善自然资源资产审计评价指标体系是实现自然资源资产管理与保护业绩评价以及实现追责机制的保障。

（2）根据自然资源资产所有权与经营权分离的原则，自然资源资产审计的对象范围可以从政府和企业这两个角度来考虑。一方面，政府承担着自然资源资产的配置权、管理权，领导干部代表政府履行这一职责，必须要将政府部门领导干部作为自然资源资产审计的对象。另一方面，从企业角度来看，企业承担着自然资源资产的经营权和开采权，企业或单位的负责人也应当成为自然资源资产审计的对象。

（3）考虑环境与经济之间的协调发展，构建涵盖经济评价指标和专项评价指标的自然资源资产审计评价指标体系。经济评价指标对该地区的生产总值等情况进行考核，指标包含生产总值增长率、地方财政收入增长率和每万元投资产出 GDP 等八个指标。本书分别从自然资源资产分类角度和生态功能区划角度构建了自然资源资产审计专项评价指标体系，从多角度为审计人员开展自然资源资产审计提供了量化评价方法。

（4）搭建大数据共享平台。大数据共享平台是实现信息共享的重要载体，根据福建省各个生态功能区的资源分布特点，分析各个自然资源资产现有的数据资料，建立各个自然资源资产子数据库，以子数据库提供的数据资料汇总为数据中心，从系统结构和功能的角度，搭建涵盖资源层、平台层、应用层的数据共享平台。

8.2 研究不足及未来研究方向

（1）本书尚存不足之处：在构建评价指标体系时，本书未对如何设置权重展开阐述。权重的设置存在主观性强的局限，本书尚未探索出适当的方法消除人为因素带来的影响，后续研究中将进一步完善评价指标体系。

（2）未来研究的方向：从自然资源资产离任审计向生态文明审计推广及延伸。面对生态环境领域的“市场失灵”，审计在生态文明建设中承担重要责任。生态文明审计是建设美丽中国的重要保证，推动生态文明建设责任常态化审计是一项新课题。目前，政府一般靠命令和市场化工具来推进生态文明建设。审计作为一种信息工具，在维护生态安全、建设生态文明中发挥着重要作用，审计机关在国土空间开发、节能资源利用、环境保护和生态文明制度建设方面可以发挥重大作用。大数据技术的广泛应用给国家经济社会运行与发展带来深刻影响，立足于大数据背景，从审计数据采集、数据处理、数据分析、组织模式等方面，分析大数据审计工作面临的挑战与困难，研究大数据审计的相关政策制度完善、审计技术方法、组织方式创新、审计标准等问题，从而加强国家审计对于生态文明建设的保驾护航作用。

参 考 文 献

[1] 安徽省审计厅课题组、戴克柱:《对自然资源资产离任审计的几点认识》，载《审计研究》2014年第6期。

[2] 毕绪岱、许云龙:《河北省森林生态经济效益研究》，载《河北林业科技》1998年第1期。

[3] 蔡春、毕铭悦:《关于自然资源资产离任审计的理论思考》，载《审计研究》2014年第5期。

[4] 蔡春、陈晓媛:《环境审计论》，中国时代经济出版社2007年版。

[5] 曹淑晶:《环境审计在离任审计中的应用》，载《江西审计与财务》1999年第7期。

[6] 曾长生、阳丽:《审山审水审空气——自然资源资产离任审计的新余实践》，载《审计与理财》2016年第5期。

[7] 陈波、卜琦:《论自然资源资产离任审计的目标与内容》，载《会计之友》2014年第36期。

[8] 陈波:《经济责任审计的若干基本理论问题》，载《审计研究》2005年第5期。

[9] 陈朝豹、耿翔宇、孟春:《胶州市领导干部自然资源资产离任审计的实践与思考》，载《审计研究》2016年第4期。

[10] 陈红蕊、黄卫果:《编制自然资源资产负债表的意义及探索》，载《环境与可持续发展》2014年第1期。

[11] 陈骏、时现:《审计全覆盖驱动下的审计技术方法创新研究》，载《审计研究》2018年第5期。

[12] 陈献东:《开展领导干部自然资源资产离任审计的若干思考》，载《审计研究》2014年第5期。

[13] 陈艳利、弓锐、赵红云:《自然资源资产负债表编制：理论基

础、关键概念、框架设计》，载《会计研究》2015 年第 9 期。

[14] 陈仲新、张新时：《中国生态系统效益的价值》，载《科学通报》2000 年第 1 期。

[15] 程亭、张龙平：《环境审计国内外研究综述》，载《经济问题探索》2012 年第 11 期。

[16] 董贤磊、余芳沁：《自然资源资产离任审计相关问题及建议》，载《商业会计》2014 年第 18 期。

[17] 杜敏、周丽旋、彭晓春：《自然资源资产核算与领导干部自然资源资产离任审计研究》，化学工业出版社 2016 年版。

[18] 杜鹏：《基于 GEP 的区域生态审计框架与实现路径研究》，载《山东社会科学》2017 年第 3 期。

[19] 杜文鹏、闫慧敏、杨艳昭：《自然资源资产负债表研究进展综述》，载《资源科学》2018 年第 5 期。

[20] 段晓男、王效科、欧阳志云：《乌梁素海湿地生态系统服务功能及价值评估》，载《资源科学》2005 年第 2 期。

[21] 范小杉、何萍：《国际森林资源资产核算进展及启示》，载《林业经济》2016 年第 10 期。

[22] 范振林：《矿产资源核算研究》，载《中国矿业》2014 年第 S1 期。

[23] 房林娜、王清文、罗丹等：《贵州省林业自然资源资产负债表（实物量表）编制工作探索——以贵阳市白云区试点工作为例》，载《中国集体经济》2015 年第 16 期。

[24] 房巧玲、李登辉：《基于 PSR 模型的领导干部资源环境离任审计评价研究——以中国 31 个省区市的经验数据为例》，载《南京审计大学学报》2018 年第 2 期。

[25] 封志明、杨艳昭、李鹏：《从自然资源核算到自然资源资产负债表编制》，载《中国科学院院刊》2014 年第 4 期。

[26] 高志辉：《基于现金流动制的自然资源资产负债表设计初探》，载《会计之友》2015 年第 6 期。

[27] 耿建新、范长有、唐洁珑：《从国家自然资源核算体系到企业自然资源资产披露——基于石油资产平衡表的探讨》，载《会计研究》2017

年第1期。

[28] 耿建新、胡天雨、刘祝君：《我国国家资产负债表与自然资源资产负债表的编制与运用初探——以SNA 2008和SEEA 2012为线索的分析》，载《会计研究》2015年第1期。

[29] 耿建新、王晓琪：《自然资源资产负债表下土地账户编制探索——基于领导干部离任审计的角度》，载《审计研究》2014年第5期。

[30] 谷树忠：《自然资源资产及其负债表编制与审计》，载《中国环境管理》2016年第1期。

[31] 郭其强、罗大庆、方江平、卢杰、任德智、傅军锋：《西藏林芝森林生态系统服务功能价值评估》，载《安徽农业科学杂志》2009年第18期。

[32] 国土资源部：《国土资源“十三五”规划纲要》，载《中国国土资源报》2016年第5期。

[33] 韩秋萍、张修玉、许振成、郑翔、谈可可、邹洁：《珠三角生态屏障区森林生态系统服务功能价值核算——以韶关市为例》，载《中国人口·资源与环境》2014年第S2期。

[34] 韩维栋、高秀梅、卢昌义、林鹏：《中国红树林生态系统生态价值评估》，载《生态科学》2000年第1期。

[35] 何亚文、魏海涛、杜云艳：《基于云计算的海洋环境数据共享平台设计与实现》，载《武汉大学学报》（信息科学版）2016年第10期。

[36] 和爱军：《浅析日本的森林公益机能经济价值评价》，载《中南林业调查规划》2002年第2期。

[37] 洪宇：《自然资源资产负债与资产离任审计协同性分析》，载《会计之友》2018年第14期。

[38] 侯元兆：《中国森林资源核算研究》，中国林业出版社1995年版。

[39] 胡文龙：《自然资源资产负债表基本理论问题探析》，载《中国经贸导刊》2014年第10期。

[40] 胡喜生、洪伟、吴承祯：《土地生态系统服务功能价值动态估算模型的改进与应用——以福州市为例》，载《资源科学》2013年第1期。

[41] 黄金曦、钟浩：《领导干部自然资源资产离任审计的探讨》，载《商业会计》2015年第10期。

[42] 黄溶冰、单建宁、时现:《绿色经济视角下的党政领导干部经济责任审计》,载《审计研究》2010 年第 4 期。

[43] 黄溶冰、赵谦:《自然资源资产负债表编制与审计的探讨》,载《审计研究》2015 年第 1 期。

[44] 纪文:《国有自然资源资产管理体制改革的建议与思考》,载《中国环境管理》2019 年第 1 期。

[45] 顾奋玲、吴佳琪:《乡镇领导干部土地资源资产离任审计探索与实践——以北京某乡镇领导干部离任审计为例》,载《审计研究》2017 年第 6 期。

[46] 江东、卓君、付晶莹等:《面向自然资源资产负债表编制的时空数据库建设》,载《资源科学》2015 年第 9 期。

[47] 姜文来:《森林涵养水源的价值核算研究》,载《水土保持学报》2003 年第 2 期。

[48] 蒋洪强、王金南、吴文俊:《我国生态环境资产负债表编制框架研究》,载《中国环境管理》2014 年第 6 期。

[49] 蒋延玲、周广胜:《中国主要森林生态系统公益的评估》,载《植物生态学报》1999 年第 5 期。

[50] 康媛媛:《浅谈地方审计机关如何实现审计监督全覆盖》,载《财经界: 学术版》2014 年第 17 期。

[51] 李博英、尹海涛:《领导干部自然资源资产离任审计方法研究基于模糊综合评价理论的分析》,载《审计与经济研究》2016 年第 6 期。

[52] 李彩霞:《自然资源资产离任审计初探》,自然资源资产离任审计专题研讨会 2014 年。

[53] 李干杰:《“生态保护红线”——确保国家生态安全的生命线》,载《求是》2014 年第 2 期。

[54] 李洁、孟志华:《环境绩效审计评价指标体系构建及应用研究——来自甘肃省环境质量数据的分析》,载《兰州商学院学报》2012 年第 3 期。

[55] 李金昌主编:《资源核算论》,海洋出版社 1991 年版。

[56] 李京、陈云浩、潘耀忠等:《生态资产定量遥感测量技术体系研

究——生态资产定量遥感评估模型》，载《遥感信息》2003 年第 3 期。

[57] 李莉：《领导干部自然资源资产离任审计面临的困难及对策》，载《劳动保障世界》2016 年第 36 期。

[58] 李明辉、张艳、张娟：《国外环境审计研究述评》，载《审计与经济研究》2011 年第 4 期。

[59] 李四能：《领导干部自然资源资产离任审计方式研究》，载《福建论坛（人文社会科学版）》2016 年第 12 期。

[60] 李伟、陈珂、胡玉可：《对自然资源资产负债表的若干思考》，载《农村经济》2015 年第 6 期。

[61] 李莹莹：《经济责任审计评价指标体系设计——以国有企业领导人员为例》，吉林大学硕士论文 2010 年。

[62] 李昭阳、汤洁、孙平安、王晨野：《松嫩平原生态资产遥感测量与生态分区研究》，载《生态经济》2008 年第 5 期。

[63] 廖忠明、陆建秀、刘良源：《东江源区森林净化环境价值核算》，载《安徽农业科学》2010 年第 10 期。

[64] 林进添：《主体功能区分类视角下的森林资源离任审计——基于福建省 ZP 县自然资源资产离任审计试点的调研》，载《福建江夏学院学报》2016 年第 1 期。

[65] 林进添：《森林资源审计理论框架的战略构建（一）——森林资源审计的要素分析》，载《兰州财经大学学报》2015 年第 5 期。

[66] 林忠华：《领导干部自然资源资产离任审计探讨》，载《审计研究》2014 年第 5 期。

[67] 刘俊民、张闽军、刘仲文：《领导干部湿地自然资源资产离任审计探索》，载《审计与理财》2016 年第 1 期。

[68] 刘明辉、孙冀萍：《论“自然资源资产负债表”的学科属性》，载《会计研究》2016 年第 5 期。

[69] 刘鸣达、黄晓姗、张玉龙等：《农田生态系统服务功能研究进展》，载《生态环境》2008 年第 2 期。

[70] 刘西友：《深化领导干部自然资源资产离任审计的途径》，载《审计月刊》2014 年第 7 期。

[71] 刘笑霞、李明辉：《苏州嵌入领导干部经济责任审计的区域环境审计实践及其评价》，载《审计研究》2014 年第 6 期。

[72] 刘长翠、张宏亮、黄文思：《资源环境审计的环境：结构、影响与优化》，载《审计研究》2014 年第 3 期。

[73] 马丽：《体现生态文明要求的干部绩效考核》，载《理论视野》2015 年第 9 期。

[74] 马垚垚、王明吉：《基于平衡计分卡的自然资源资产离任审计绩效评价研究》，载《纳税》2018 年第 24 期。

[75] 马永欢、陈丽萍、沈镭、黄宝荣、谷树忠、莫建雷：《自然资源资产管理的国际进展及主要建议》，载《国土资源情报》2014 年第 12 期。

[76] 马占东、高航、杨俊、席建超、李雪铭、葛全胜：《基于多源数据融合的南四湖湿地生态系统服务功能价值评估》，载《资源科学》2014 年第 4 期。

[77] 马志娟、廖飞、戴欣妤：《新时代资源环境审计发展现状与展望——2017 年资源环境审计暨领导干部自然资源资产离任审计理论与实践研讨会综述》，载《会计之友》2018 年第 15 期。

[78] 马志娟、邵钰贤、洪宇：《自然资源资源资产离任审计研究》，载《会计之友》2016 年第 11 期。

[79] 马志娟、宗新星：《自然资源资产离任审计及责任追究研究》，载《财政监督》2014 年第 23 期。

[80] 麦克尼利等著：《保护世界的生物多样性》，中国环境科学出版社 1991 年版。

[81] 孟祥江、侯元兆：《森林生态系统服务价值核算理论与评估方法研究进展》，载《世界林业研究》2010 年第 6 期。

[82] 苗正红、王宗明、宋开山等：《基于遥感技术的吉林省生态资产定量评估与动态监测》，载《国土资源遥感》2011 年第 2 期。

[83] 欧阳志云、王如松：《生态系统服务功能及其生态经济价值评价》，载《应用生态学报》1999 年第 5 期。

[84] 欧阳志云、王效科、苗鸿：《中国陆地生态系统服务功能及其生态经济价值的初步研究》，载《生态学报》1999 年第 5 期。

[85] 潘耀忠、史培军、朱文泉等:《中国陆地生态系统生态资产遥感定量测量》，载《中国科学：地球科学》2004 年第 4 期。

[86] 潘勇军、康文星、田大伦:《武陵源森林生态系统服务功能及其效益评估》，载《湖南林业科技》2005 年第 1 期。

[87] 彭激激:《县级审计机关开展领导干部自然资源资产离任审计的几点思考》，载《审计月刊》2016 年第 12 期。

[88] 钱水祥:《领导干部自然资源资产离任审计研究》，载《浙江社会科学》2016 年第 3 期。

[89] 钱水祥:《县级党政主要领导干部自然资源资产离任审计研究》，载《审计研究》2016 年第 4 期。

[90] 乔晓楠、崔琳、何一清:《自然资源资产负债表研究：理论基础与编制思路》，载《中共杭州市委党校学报》2015 年第 2 期。

[91] 商思争:《大数据背景下自然资源资产离任审计问题探讨——以海洋自然资源资产离任审计为例》，载《财会通讯》2018 年第 22 期。

[92] 申稳稳、张伟、王景波:《领导干部矿产资源资产离任审计评价指标体系构建》，载《技术经济与管理研究》2017 年第 5 期。

[93] 盛明泉、姚智毅:《基于政府视角的自然资源资产负债表编制探讨》，载《审计与经济研究》2017 年第 1 期。

[94] 盛永志:《改进自然资源资产离任经济责任审计评价研究——基于应用平衡计分卡原理启发》，载《商业会计》2016 年第 23 期。

[95] 石垚、王如松、黄锦楼等:《中国陆地生态系统服务功能的时空变化分析》，载《科学通报》2012 年第 9 期。

[96] 氏川、恵次:《Structures, physical flows and valuation in new System of Environmental Economic Accounting（SEEA2012)》，载《日本統計研究所報》2014 年。

[97] 宋宝中、毛锋:《矿产资源专项资金审计的基本经验》，载《现代审计与经济》2010 年第 S1 期。

[98] 孙本广:《浅谈土地出让金审计重点》，载《北方经贸》2011 年第 8 期。

[99] 孙菲:《福建文化资源简述》，载《福建论坛》（社科教育版）

2010 年第 S1 期。

［100］孙玥璠、胡洋、武艳萍等：《FAHP 在自然资源资产离任审计评价方法中的应用》，载《经济研究参考》2016 年第 37 期。

［101］孙玥璠、徐灿宇：《生态系统服务：自然资源资产核算从实物量到价值量的桥梁》，载《财务与会计》2016 年第 12 期。

［102］唐秀美、陈百明、路庆斌等：《生态系统服务价值的生态区位修正方法》，载《生态学报》2010 年第 13 期。

［103］唐洋：《关于在我国开展生态文明审计的探讨》，载《财务与会计》2014 年第 2 期。

［104］田贵良：《新时代国有自然资源资产监管体制改革的经济学逻辑》，载《甘肃社会科学》2018 年第 2 期。

［105］王红岩、高志海、李增元、王琫瑜、白黎娜、王志波、吴俊君：《县级生态资产价值评估——以河北丰宁县为例》，载《生态学报》2012 年第 22 期。

［106］王平波：《我国领导干部自然资源资产离任审计构想》，自然资源资产离任审计专题研讨会 2014 年。

［107］王让会、于谦龙、张慧芝、宁虎森：《森林生态系统生态资产核算的模式与方法》，载《生态环境》2008 年第 5 期。

［108］王社庭：《领导干部自然资源资产离任审计面临的困难及对策》，载《审计月刊》2015 年第 6 期。

［109］王顺利、刘贤德、王建宏、李晓兵、金铭、张学龙：《甘肃省森林生态系统服务功能及其价值评估》，载《干旱区资源与环境》2012 年第 3 期。

［110］王涛：《区县领导干部自然资源资产离任审计的几点思考》，载《西部财会》2016 年第 11 期。

［111］王振铎、张心灵：《地理信息技术在领导干部草原资源资产责任审计中的运用》，载《科学管理研究》2019 年第 3 期。

［112］韦娟：《关于自然资源资产离任审计的理论思考》，载《现代经济信息》2019 年第 4 期。

［113］吴姗姗、刘容子、齐连明、梁湘波：《渤海海域生态系统服务

功能价值评估》，载《中国人口·资源与环境》2008 年第 2 期。

[114] 向书坚、郑瑞坤：《自然资源资产负债表中的资产范畴问题研究》，载《统计研究》2015 年第 12 期。

[115] 肖寒、欧阳志云、赵景柱、王效科、韩艺师：《海南岛生态系统土壤保持空间分布特征及生态经济价值评估》，载《生态学报》2000 年第 4 期。

[116] 肖继辉、张沁琳：《论我国编制自然资源资产负债表的制度创新》，载《暨南学报》（哲学社会科学版）2018 年第 1 期。

[117] 肖序：《自然资源资产负债表编制框架研究》，载《会计之友》2015 年第 19 期。

[118] 谢高地、鲁春霞、成升魁：《全球生态系统服务价值评估研究进展》，载《资源科学》2001 年第 6 期。

[119] 谢高地、鲁春霞、冷允法等：《青藏高原生态资产的价值评估》，载《自然资源学报》2003 年第 2 期。

[120] 辛琨、肖笃宁：《盘锦地区湿地生态系统服务功能价值估算》，载《生态学报》2002 年第 8 期。

[121] 熊玲、万大娟、沈晨、刘挺、黄莉：《自然资源资产负债表研究进展及框架结构探讨》，载《农村经济与科技》2016 年第 23 期。

[122] 徐泓、曲婧：《自然资源绩效审计的目标、内容和评价指标体系初探》，载《审计研究》2012 年第 2 期。

[123] 徐中民、张志强、苏志勇、程国栋：《恢复额济纳旗生态系统的总经济价值——条件估值非参数估计方法的应用》，载《冰川冻土》2002 年第 2 期。

[124] 许萍、何畅：《浅谈自然资源资产离任审计》，载《财会通讯》2015 年第 7 期。

[125] 许萍、吴雯彦：《领导干部自然资源资产离任审计探究》，载《福建商学院学报》2017 年第 2 期。

[126] 许妍、高俊峰、黄佳聪：《太湖湿地生态系统服务功能价值评估》，载《长江流域资源与环境》2010 年第 6 期。

[127] 许振成、叶玉香、彭晓春、周广飞：《水资源价值核算研究进

展》，载《生态环境》2006 年第 2 期。

[128] 薛达元、包浩生、李文华：《长白山自然保护区森林生态系统间接经济价值评估》，载《中国环境科学》1999 年第 3 期。

[129] 杨斌：《干部自然资源资产离任审计》，载《审计与理财》2014 年第 6 期。

[130] 杨睿宁、杨世忠：《论自然资源资产负债表的平衡关系》，载《会计之友》2015 年第 16 期。

[131] 杨艳林、王金亮、李石华、杨超：《基于生态绿当量模式的生态资产核算研究——以抚仙湖流域为例》，载《资源开发与市场》2017 年第 5 期。

[132] 于谦龙：《基于绿当量的生态资产核算模式研究——以新疆为例》，载《统计与信息论坛》2010 年第 2 期。

[133] 余新晓、鲁绍伟、靳芳、陈丽华、饶良懿、陆贵巧：《中国森林生态系统服务功能价值评估》，载《生态学报》2005 年第 8 期。

[134] 张宏亮、刘恋、曹丽娟：《自然资源资产离任审计专题研讨会综述》，载《审计研究》2014 年第 4 期。

[135] 张宏亮、刘长翠、曹丽娟：《地方领导人自然资源资产离任审计探讨——框架构建及案例运用》，载《审计研究》2015 年第 2 期。

[136] 张华、武晶、孙才志、韩增林：《辽宁省湿地生态系统服务功能价值测评》，载《资源科学》2008 年第 2 期。

[137] 张茂震、唐小明、张旸：《省级森林资源数据共享平台构架及资源整合的研究》，载《福建林学院学报》2008 年第 2 期。

[138] 张蒲香：《与经济责任审计相结合的领导干部自然资源资产离任审计模式探讨》，载《经济视野》2016 年第 20 期。

[139] 张文：《干部“走人”先交“生态账”》，载《决策探索》2015 年第 3 期。

[140] 张晓晶、刘磊：《新时代编制自然资源资产负债表的重点难点》，载《城市与环境研究》2018 年第 1 期。

[141] 张友棠、刘帅、卢楠：《自然资源资产负债表创建研究》，载《财会通讯》2014 年第 10 期。

[142] 张玉洁、张杰、郑莉：《绿色海洋经济核算模型研究》，载《统计与决策》2015 年第 11 期。

[143] 赵同谦、欧阳志云、郑华、王效科、苗鸿：《中国森林生态系统服务功能及其价值评价》，载《自然资源学报》2004 年第 4 期。

[144] 周曦：《基于经济责任的环境审计路径选择——浅析经济责任审计中的环境保护责任审计》，载《审计研究》2011 年第 5 期。

[145] 朱鸣：《地方党政领导干部自然资源资产离任审计问题及对策研究》，南京审计大学硕士论文 2018 年。

[146] 朱婷、施从炀、陈海云、郑雪丰：《自然资源资产负债表设计探索与实证——以京津冀地区林木资源为例》，载《生态经济》2017 年第 1 期。

[147] 祝素月、夏晶晶：《对自然资源资产离任审计的思考》，载《财会研究》2014 年第 5 期。

[148] 福建省审计厅：《自然资源资产离任审计的主要内容》[DB/OL]. http://www.fjaudit.gov.cn/show.aspx? Id=100917.

[149]《资源环境审计读本》编写组：《资源环境审计读本》，中国时代经济出版社 2017 年版。

[150] Amp T H, Ren T. Evaluation Processes, Local Cadres' Behavior and Local Development Processes [J]. *Comparative Economic & Social Systems*, 2012.

[151] Black R. A New Leaf in Environmental Auditing [J]. *Internal Auditor*, 1998, 55 (3): 24-27.

[152] Boivin B, Gosselin L. Going for a Green Audit [J]. *CA Magazine*, 1991, 124 (3): 61-63.

[153] Brooks K. Reaping the Benefits of Environmental Auditing [J]. *Internal Auditing*, 2004, 19 (6): 26-36.

[154] Chiang C, Lightbody M. Financial Auditors and Environmental Auditing in New Zealand [J]. *Managerial Auditing Journal*, 2004, 19 (2): 224-234.

[155] Frank A Ward, Ari Michelsen. The Economic Value of Water in

Agriculture: Concepts and Policy Applications [J]. *Water Policy*, 2002, 4 (5): 423 - 446.

[156] Funar S, Man A, Chirla G O. The Agriculture and the Natural Resources of the European Union-an Object of External Public Audit [J]. *Bulletin of the University of Agricultural Sciences & Veterinary*, 2010 (2): 65 - 68.

[157] Gary W Luck, Gretchen C Daily, Paul R. Ehrlich. Population Diversity and Ecosystem Services [J]. *Trends in Ecology & Evolution*, 2003, 18 (7): 331 - 336.

[158] Gretchen C. Daily. *Nature's Services: Societal Dependence on Natural Ecosystems* [M]. Washington, D. C.: Island Press, 1997.

[159] Hanse L T. National Estimates of the Recrentioml Value of Strenmdlow [J]. *Water Resources Research*, 1991, 27 (2): 167 - 175.

[160] Holdren JP, Ehrlich PR. Human Population and the Global Environment [J]. *American Science*, 1974, 62 (3): 282 - 292.

[161] Kass S L, Mccarroll J M. Environmental audits: How They Can Help-and Hurt-the Corporation [J]. *Nacd Directorship*, 1995.

[162] L. E. Tozer, M. R. Mathews. Environmental Auditing: Current Practice in New Zealand [J]. *Social & Environmental Accountability Journal*, 1994, 14 (2): 5 - 8.

[163] Lang J C. Legislative, Regulatory and Juridical Dilemmas in Environmental Auditing [J]. *Eco - Management and Auditing*, 1999, 6 (3): 101 - 114.

[164] Lightbody M. Environmental auditing: The Audit Theory Gap [J]. *Accounting Forum*, 2014, 24 (2): 151 - 169.

[165] Lyon T P, Maxwell J W. Greenwash: Corporate Environmental Disclosure under Threat of Audit [J]. *Journal of Economics & Management Strategy*, 2011, 20 (1): 3 - 41.

[166] M. Özbirecikli. A Review on How CPAs Should be Involved in Environmental Auditing and Reporting for the Core Aim of it [J]. *Problems & Perspectives in Management*, 2007, 5 (2): 113 - 126.

[167] Moor P D, Beelde I D. Environmental Auditing and the Role of the Accountancy Profession: A Literature Review [J]. *Environmental Management*, 2005, 36 (2): 205 –219.

[168] Dixon R, Mousa G A, Woodhead A D. The necessary characteristics of environmental Auditors: A Review of the Contribution of the Financial Auditing Profession [J]. *Accounting Forum.*

[169] Nicolae Todea, Ionela Cornelia Stanciu, Ana Maria Joldos. Environmental Audit, A Possible Source of Information for Financial Auditors [J]. *Annales Universitatis Apulensis Series Oeconomica*, 2011 (1): 66 –74.

[170] Pearce D W, Moran D. *The Economic Value of Biodiversity* [M]. Cambridge, 1994.

[171] Power M. Expertise and the Construction of Relevance: Accountants and Environmental Audit [J]. *Accounting*, *Organizations and Society*, 1997, 22 (2): 123 –146.

[172] R, Ralph d'Arge, Rudolf de Groot, et al. The Value of the World's Ecosystem Services and Natural Capital [J]. *Nature*, 1997, 387 (15): 253 –260.

[173] Rennings K, Ziegler A, Ankele K, et al. The Influence of Different Characteristics of the EU Environmental Management and Auditing Scheme on Technical Environmental Innovations and Economic Performance [J]. *Ecological Economics*, 2006, 57 (1): 45 –59.

[174] Richard B, Howarth, Farber S. Accounting for the Value of Ecosystem Services [J]. *Ecological Economics*, 2002, 41 (3): 421 –429.

[175] Richard T. Carson. Valuation of Tropical Rainforests: Philosophical and Practical Issues in the Use of Contingent Valuation [J]. *Ecological Economics*, 1998, 24 (1): 15 –29.

[176] Richard T. Woodward and Yong – Suhk Wui. The Economic Value of Wetland Services: A Meta-analysis [J]. *Ecological Economics*, 2001, 37 (2): 257 –270.

[177] Ruth Hillary. Environmental Auditing: Concepts, Methods and De-

velopments [J]. *International Journal of Auditing*, 1998 (1): 71 -85.

[178] Serafy S. E. Pricing the invaluable: The Value of the World's Ecosystem Services and Natural Capital [J]. *Ecological Economics*, 1998, 25: 25 -27.

[179] Stanwick P A, Stanwick S D. Cut your Risks with Environmental Auditing [J]. *The Journal of Corporate Accounting & Finance*, 2001, 12 (4): 11 -14.

[180] Stanwick S D, Stanwick P A. The Relationship Between Environmental Disclosures and Financial Performance: An Empirical Study of US firms [J]. *Corporate Social Responsibility and Environmental Management*, 2000, 7 (4): 155 -164.

[181] Stensvaag J M. The Fine Print of State Environmental Audit Privileges [J]. *Social Science Electronic Publishing*, 1998, 16 (1).

[182] Thompson D, Wilson M J. Environmental auditing: Theory and applications [J]. *Environmental Management*, 1994, 18 (4): 605 -615.

[183] Tomlinson P, Atkinson S F. Environmental audits: A Literature Review [J]. *Environmental Monitoring & Assessment*, 1987, 8 (3): 239 -261.

[184] Tucker R R, Kasper J. Pressures for Change in Environmental Auditing and in the Role of the Internal Auditor [J]. *Journal of Managerial Issues*, 1998, 10 (3): 340 -354.

[185] Turner, K. Economics and Wetland Management [J]. *AMBIO*, 1991, 20 (2): 59 -63

[186] United Nations, European Commission, International Monetary Fund, Organisation for Economic Co-operation and Development World Bank. Intergrated Environmental and Economic Accounting, 2003: 452 -453.

[187] United Nations, European Commission, Food and Agriculture Organization, International Monetary Fund, Organisation for Economic Cooperation and Development, The World Bank. 2012. System of Environmental - Economic Accounting 2012: Central Framework. https: //unstats. un. org/.

[188] Van Vuren D P, Smets E M W. Analysis ecology footprints of Be-

nin, Bhutan, Costa Rica and the Netherlands [J]. *Ecological Economies*, 2000, 34 (234): 115-130.

[189] W. Neil Adger. Total Economic Value of Forests in Mexico [J]. *AMBIO*, 1995 (24): 286-296.